Die Europäische Bankenaufsichtsbehörde und ihre Befugnisse

Europäische Hochschulschriften

European University Studies

Publications Universitaires Européennes

Reihe II **Rechtswissenschaft**

Series II Law

Série II Droit

Band/Volume **5661**

Tim O. Koslowski

Die Europäische Bankenaufsichtsbehörde und ihre Befugnisse

Eine Untersuchung zu sekundärrechtlich begründeten Kompetenzen von *EU-Agenturen*

PL ACADEMIC RESEARCH

Bibliografische Information der Deutschen Nationalbibliothek
Die Deutsche Nationalbibliothek verzeichnet diese Publikation in der Deutschen Nationalbibliografie; detaillierte bibliografische Daten sind im Internet über http://dnb.d-nb.de abrufbar.

Zugl.: Bonn, Univ. Diss., 2014

D 5
ISSN 0531-7312
ISBN 978-3-631-65672-3 (Print)
E-ISBN 978-3-653-04984-8 (E-Book)
DOI 10.3726/978-3-653-04984-8

PL Academic Research ist ein Imprint der Peter Lang GmbH.
Peter Lang – Frankfurt am Main · Bern · Bruxelles · New York · Oxford · Warszawa · Wien

Diese Publikation wurde begutachtet.

www.peterlang.com

Tim O. Koslowski

Die Europäische Bankenaufsichtsbehörde und ihre Befugnisse

Eine Untersuchung zu sekundärrechtlich begründeten Kompetenzen von *EU-Agenturen*

PL ACADEMIC RESEARCH

Bibliografische Information der Deutschen Nationalbibliothek
Die Deutsche Nationalbibliothek verzeichnet diese Publikation in der Deutschen Nationalbibliografie; detaillierte bibliografische Daten sind im Internet über http://dnb.d-nb.de abrufbar.

Zugl.: Bonn, Univ. Diss., 2014

D 5
ISSN 0531-7312
ISBN 978-3-631-65672-3 (Print)
E-ISBN 978-3-653-04984-8 (E-Book)
DOI 10.3726/978-3-653-04984-8

PL Academic Research ist ein Imprint der Peter Lang GmbH.
Peter Lang – Frankfurt am Main · Bern · Bruxelles · New York · Oxford · Warszawa · Wien

Diese Publikation wurde begutachtet.

www.peterlang.com

Vorwort

Die Finanzkrise von 2007 und 2008 hat zu einer signifikanten Reformierung und Verstärkung des Finanzaufsichtsgerüsts auf EU-Ebene geführt. Bestandteil dieser Neustrukturierung ist die Gründung einer Europäischen Bankenaufsichtsbehörde in einem neuen Europäischen Finanzaufsichtssystem. Diese Arbeit beschäftigt sich mit der neuen Aufsichtsstruktur, wobei der Schwerpunkt auf der Europäischen Bankenaufsichtsbehörde und ihrer unionsrechtlichen Legitimation liegt.

Diese Arbeit lag der Rechts- und Staatswissenschaftlichen Fakultät der Rheinischen Friedrich-Wilhelms-Universität Bonn im März 2013 als Dissertation vor. Allerdings wurden die nach der Einreichung ergangene Rechtsprechung sowie in der Zwischenzeit erlassene Rechtsakte der EU vor Veröffentlichung in die Arbeit mitaufgenommen. In diesem Zusammenhang danke ich Herrn Prof. Dr. Herdegen für die Übernahme der Betreuung und die zügige Erstellung des Erstgutachtens respektive Herrn Prof. Dr. Schmidt-Preuß für die Erstellung des Zweitgutachtens.

Zu herzlichem Dank bin ich auch meiner Mutter verpflichtet, die mir das Studium ermöglicht und mich währenddessen grundlegend und nachhaltig unterstützt hat. Herzlich danken möchte ich auch meiner Verlobten Paloma Schwarz für den Rückhalt während der Bearbeitung und das intensive Lektorat der fertigen Arbeit. Schließlich möchte ich auch Nalina Koslowski für ihre konsequente und nachhaltige psychologische Unterstützung danken und allen anderen, die mich zu diesem Schritt bekräftigt und währenddessen unterstützt haben.

Luxemburg, im Juli 2014 Tim Koslowski

Inhaltsverzeichnis

Abkürzungsverzeichnis

a.A.	andere Ansicht
a.a.O.	am angeführten Ort
ABl.	Amtsblatt
Abs.	Absatz
ABS	Asset-Backed Securities
AEU(V)	Vertrag über die Arbeitsweise der Europäischen Union
a.F.	alte Fassung
AG	Die Aktiengesellschaft
AIFM	Alternative Investment Fund Manager
AIG	American International Group
AöR	Archiv des öffentlichen Rechts
Art.	Artikel
Aufl.	Auflage
AVC	Asset Value Correlation
BAC	Banking Advisory Committee
BaFin	Bundesanstalt für Finanzdienstleistungsaufsicht
BB	Betriebs Berater
BCBS	Basel Committee on Banking Supervision
BCCI	Bank of Credit and Commerce International
Bd.	Band
BIS	Bank for International Settlements
BKR	Zeitschrift für Bank- und Kapitalmarktrecht
BRD	Bundesrepublik Deutschland
BSC	Banking Supervision Committee
BverfG	Bundesverfassungsgericht
BVerfGE	Entscheidungen des Bundesverfassungsgerichts
bzw.	beziehungsweise
CCP	Central Counterparty
CCR	Counterparty Credit Risk

CCZ	Corporate Compliance Zeitschrift
CDS	Credit Default Swaps
CEBS	Committee of European Banking Supervisors
CEDEFOP	European Centre for the Development of Vocational Training
CEIOPS	Committee of European Insurance and Occupational Pensions Supervisors
CESR	Committee of European Securities Regulators
CML Rev.	Common Market Law Review
CRD	Capital Requirements Directive
CRM	Credit Risk Mitigation
CVA	Credit Value Adjustments
DDHC	Déclaration des Droits de l'Homme et du Citoyen
ders.	derselbe
d.h.	das heißt
dies.	dieselbe(n)
Dok.	Dokument
DöV	Die Öffentliche Verwaltung
DStR	Deutsches Steuerrecht
DVBl	Deutsches Verwaltungsblatt
EAR	European Agency for Reconstruction
EASA	European Aviation Safety Agency
EBA	European Banking Authority
EBC	European Banking Committee
EC	European Community
ECBS	European Committee for Banking Standard
ECDC	European Centre for Disease Prevention and Contro
ECFR	European Company and Financial Law Review
ECHA	European Chemicals Agency
ECOFIN	Rat Wirtschaft und Finanzen
EFBS	European Federation of Building Societies
EG(V)	Europäische Gemeinschaft(en), Vertrag zur Gründung der Europäischen Gemeinschaft
EGKS	Europäische Gemeinschaft für Kohle und Stahl

EIOPA	European Insurance and Occupational Pensions Authority
EIPOC	European Insurance and Occupational Pensions Committee
EMCDA	European Monitoring Centre for Drugs and Drug Addiction
EMF	European Mortgage Federation
EMRK	Europäische Menschenrechtskonvention
endg.	endgültig
ENISA	European Network and Information Security Agency
ESAs	European Supervisory Authorities
ESBG	European Savings Banks Group
ESC	European Securities Committee
ESFS	European System of Financial Supervision
ESMA	European Securities and Markets Agency
ESRB	European Systemic Risk Board
ESZB	Europäisches System der Zentralbanken
EU(V)	Europäische Union/Vertrag über die Europäische Union
EuG	Gericht der Europäischen Union
EuGH	Gerichtshof der Europäischen Gemeinschaften
EuGRZ	Europäische Grundrechte-Zeitschrift
EuR	Europarecht
Euratom	Europäische Atomgemeinschaft
Eurofund	European Foundation for the Improvement of Living and Working Condition
EUV	Vertrag über die Europäische Union
EuZW	Europäische Zeitschrift für Wirtschaftsrecht
EWG	Europäische Wirtschaftsgemeinschaft
EWGV	Vertrag zur Gründung der Europäischen Wirtschaftsgemeinschaft
EWR	Europäischer Wirtschaftsraum
EWS	Europäisches Wirtschafts- und Steuerrecht, Europäisches Währungssystem
EZB	Europäische Zentralbank
f. (ff.)	folgende Seite(n)
FRA	Fundamental Rights Agency

FS	Festschrift
FSAP	Financial Services Action Plan
FSB	Financial Stability Board
FSF	Financial Stability Forum
GA	Generalanwalt/-anwältin
GdC	Groupe de Contact
ggf.	gegebenenfalls
gem.	gemäß
GMO	Gemeinsame Marktorganisation
GO	Geschäftsordnung
GWR	Gesellschafts- und Wirtschaftsrecht
h.M.	herrschende Meinung
Hrsg.	Herausgeber
ICJ	International Court of Justice
IGH	Internationaler Gerichtshof
IMF	International Monetary Fund
IMM	Internal Models Method
INCRA	International Non-Profit Credit Rating Agency
IRBA	auf internen Ratings basierender Ansatz
IRC	Incremental Risk Charge
i.S.d.	Im Sinne des
i.S.v.	im Sinne von
i.V.m.	in Verbindung mit
IWF	Internationalen Währungsfonds
JCMS	Journal of Common Market Studies
JURA	Juristische Ausbildung
jurisPR-HaGesR	Juris PraxisReport Handels- und Gesellschaftsrecht
JuS	Juristische Schulung
JZ	Juristenzeitung
KII	Key Investor Information
KommJur.	Kommunaljurist
KritV	Kritische Vierteljahresschrift für Gesetzgebung und Rechtswissenschaft
KSA	Kreditrisikostandardansatz
KWG	Kreditwesengesetz
lit.	littera (Buchstabe), litterae (Buchstaben)
MiFID	Markets in Financial Instruments Directive

MiFIR	Markets in Financial Instruments Regulation
m.w.N.	mit weiteren Nachweisen
NJW	Neue Juristische Wochenschrift
N°	numéro
Nr.	Nummer
NTN	Niwa, Tomoe, Nishizono
NVwZ	Neue Zeitschrift für Verwaltungsrecht
NZG	Neue Zeitschrift für Gesellschaftsrecht
OGAW	Organismen für gemeinsame Anlagen in Wertpapieren
OHIM	Office for Harmonisation in the Internal Market
PIGS	Portugal, Irland, Griechenland und Spanien
REACH	Registration, Evaluation, Authorisation and Restriction of Chemicals
RiW	Recht der internationalen Wirtschaft
Rn.	Randnummer
Rs.	Rechtssache
S.	Seite
s.	siehe
SCAN	Standing Committee for Animal Nutrition
SEC	Securities and Exchange Commission
SIF	Specialised Investment Funds
Slg.	Sammlung
SLIM	Simpler Legislation for the Internal Market
sog.	sogenannt(-e,-er,-es)
SPV	Special Purpose Vehikel
SRM	Single Resolution Mechanism
SRP	Supervisory Review Process
SSM	Single Supervisory Mechanism
StoffR	Zeitschrift für Stoffrecht
S&P	Standard & Poors
u.	und
u.a.	unter andere
UCITS	Undertakings for Collective Investment in Transferable Securities
Unterabs.	Unterabsatz
U.S.A.	United States of America
VaR	value-at-risk

VersR	Versicherungsrecht
vgl.	vergleiche
VO	Verordnung
Vol.	Volume
VVDStRL	Veröffentlichungen der Vereinigung der Deutschen Staatsrechtslehre
VVG	Versicherungsvertragsgesetz
WFA	Wirtschafts- und Finanzausschusses
WM	Wertpapiermitteilungen
ZaöRV	Zeitschrift für ausländisches öffentliches Recht und Völkerrecht
ZBB	Zeitschrift für Bankenrecht und Bankwirtschaft
Ziff.	Ziffer
ZRP	Zeitschrift für Rechtspolitik

Einleitung

A. Gegenstand und Hintergrund der Untersuchung

Gegenstand der Untersuchung bildet die Verordnung (EU) Nr. 1093/2010 des Europäischen Parlaments und des Rates vom 24. November 2010 zur Errichtung einer Europäischen Aufsichtsbehörde (Europäische Bankenaufsichtsbehörde)[1]. Die Europäische Bankenaufsichtsbehörde (*European Banking Authority* – EBA[2]) mit Sitz in London ist Teil eines Maßnahmenpaketes, welches am 17. November 2010 vom Rat verabschiedet wurde[3]. Das in diesem Rahmen erlassene Verordnungsbündel bildet die rechtliche Grundlage für die Errichtung eines Europäischen Systems der Finanzaufsicht (*European System of Financial Supervision* – ESFS) mit dem Ziel, „*die angemessene Anwendung der für den Finanzsektor geltenden Vorschriften zu gewährleisten, um die Finanzstabilität zu erhalten und für Vertrauen in das Finanzsystem insgesamt und für einen ausreichenden Schutz der Kunden, die Finanzdienstleistungen in Anspruch nehmen, zu sorgen*“[4]. Im Sinne einer möglichst schnellen Reaktion auf die Finanzkrise von 2007 und 2008 ist das ESFS bereits am 1. Januar 2011 in Kraft getreten. Kernelement des ESFS bilden drei neue Aufsichtsbehörden (*European Supervisory Authorities* – ESAs). Neben der EBA für den Bankensektor wird das ESFS durch eine ESA für das Versicherungswesen und die betriebliche Altersversorgung (*European Insurance and Occupational Pensions Authority* – EIOPA) mit Sitz in Frankfurt sowie durch eine ESA für den Wertpapierbereich (*European Securities and Markets Agency* – ESMA) mit Sitz in Paris komplettiert, welche die aus dem sog. Lamfalussy-Verfahren[5] hervorgegangenen Ausschüsse ersetzen. Ferner etabliert das ESFS den Europäischen Ausschuss für Systemrisiken (*European Systemic Risk Board* – ESRB), der für die Makroaufsicht über das Finanzsystem in der EU zuständig und der Europäischen Zentralbank (EZB) angegliedert ist[6].

---

1 ABl. L 331 vom 15.12.2010, S. 12.
2 http://www.eba.europa.eu/.
3 Vgl. *Press release*, Council of the European Union, 16452/10 vom 17. November 2010.
4 Art. 2 Abs. 1 ESA-VO.
5 Näher hierzu unten, unter Teil 1/A./II./2.
6 Näher hierzu unten, unter Teil 2/B.

B. Stand der Forschung

Aufgrund der Tatsache, dass das ESFS erst seit 2011 besteht, wurden bisher nur vereinzelt Monographien zu diesem Thema veröffentlicht. Allerdings sind während des Gesetzgebungsverfahrens und nach Verabschiedung des ESFS bereits eine Reihe von wissenschaftlichen Kurzbeiträgen erschienen[7].

Matthias Herdegen hat vor Verabschiedung des ESFS eine ausführliche Studie zur Fortentwicklung der Aufsichtsstrukturen innerhalb der Europäischen Union veröffentlicht[8]. Darin werden neben der Errichtung einer Europäischen Bankenaufsicht auch das im Reformprozess diskutierte Modell des *lead supervisor* erörtert, welches dem Unionsgesetzgeber ebenfalls als Handlungsalternative zur Verfügung stand. Dieses Modell, welches von der Kommission ausgearbeitet wurde und eine Beaufsichtigung der Kreditinstitute auf Gruppenebene durch die für die Muttergesellschaft zuständige Aufsichtsbehörde vorsah, wurde jedoch aufgrund des Souveränitätsverlustes der Länder, in denen sich die Tochtergesellschaften befinden, verworfen. Da diese Studie vor Erlass des ESFS-Verordnungspakets angefertigt wurde und sich die endgültigen Verordnungsinhalte von den vorangegangenen Entwürfen unterscheiden, lässt diese Studie noch ausreichend Raum für die wissenschaftliche Untersuchung des letztendlich verabschiedeten Aufsichtsmodells.

Nach Verabschiedung des ESFS hat *Natalia Kohtamäki* 2012 eine Dissertation zum Reformprozess der Europäischen Bankenaufsicht publiziert[9]. Darin werden ebenfalls ausführlich das ESFS und die EBA analysiert. Jedoch unterscheidet sich diese Dissertation dahingehend von der vorliegenden Arbeit, als dass sich die Autorin im Gegensatz zur vorliegenden Untersuchung verstärkt mit dem Reformprozess im europäischen Finanzdienstleitungssektor, aus der das ESFS erwachsen ist, auseinandersetzt. Auch beinhaltet die Bearbeitung allgemeine Ausführungen zur Funktionsweise der Bankenaufsicht. Auf diese Punkte geht zwar auch die vorliegende Dissertation ein, sie beschäftigt sich aber intensiver mit den Verordnungsinhalten des ESFS-Paketes und insbesondere mit dem Errichtungsakt der EBA. Ein Schwerpunkt der vorliegenden Untersuchung bildet dabei die unionsrechtliche Zulässigkeit der sekundärrechtlichen Bestimmungen.

---

7 Siehe insbesondere *Hopt*, NZG 2009, 1401 ff.; *Papathanassiou/Zagouras*, WM 2010, 1584 ff.; *Wymeersch*, ECFR 2010, 240 ff.; *Moloney*, CML Rev. 2010, 1317 ff.; *Lee/McCahery/Hertig*, ECFR 2010, 171 ff.; *Partsch*, ZBB 2010, 72 ff.; *Lehmann/Manger-Nestler*, EuZW 2010, 87 ff.; *dies.*, ZBB 2011, 2 ff.; *Häde*, EuZW 2011, 662 ff.; *Baur/Boegl*, BKR 2011, 177 ff.; *Kämmerer*, NVwZ 2011, 1281 ff.; *Sonder*, BKR 2012, 8 ff.

8 *Herdegen*, Bankenaufsicht im Europäischen Verbund.

9 *Kohtamäki*, Die Reform der Bankenaufsicht in der Europäischen Union.

C. Weitere Reformen – Errichtung einer Bankenunion

Die mit Steuergeldern abgesicherte Rettung vieler in der EU ansässiger Kreditinstitute hat die Staatshaushalte der Mitgliedstaaten schwer belastet. Damit einher geht die weiter anhaltende Staatsschuldenkrise der sog. „PIGS-Staaten"[10], aber auch Italiens, die zwar nicht alleine auf der Bankenrettung beruht, durch diese aber signifikant verschärft wurde. Aus diesem Grund hat die Kommission bereits kurz nach Inkrafttreten des ESFS weitere Reformen vorgeschlagen. Kern dieser Reformen ist der Vorschlag vom 12. September 2012 zur Errichtung eines einheitlichen Aufsichtsmechanismus (*Single Supervisory Mechanism* – SSM) für Banken im Euroraum[11], welcher vom Rat am 15. Oktober 2013 angenommen wurde[12]. Mitgliedstaaten, die nicht der Währungsunion angehören, können dem Aufsichtsmodell auf freiwilliger Basis beitreten („*opt-in mechanism*"). Gleichzeitig hat die Kommission eine rasche Verabschiedung, idealerweise zum Jahreswechsel 2012/2013, für bereits eingereichte Vorschläge gefordert. Dazu zählt insbesondere das CRD IV—Paket[13] zur Verstärkung und Vereinheitlichung („*Single Rule Book*") der Eigenkapitalanforderungen für Kreditinstitute. Darüber hinaus hat die Kommission Maßnahmen zur Harmonisierung der Einlagensicherung[14] sowie zur Etablierung eines einheitlichen Rahmens für die Bankensanierung und -abwicklung (*Single Resolution Mechanism* – SRM) vorgeschlagen[15].

---

10 Portugal, Irland, Griechenland und Spanien.

11 Kommission, Vorschlag für eine Verordnung des Rates zur Übertragung besonderer Aufgaben im Zusammenhang mit der Aufsicht über Kreditinstitute auf die Europäische Zentralbank, KOM(2012) 511 endg., vom 12.09.2012.

12 Verordnung (EU) Nr. 1024/2013 des Rates vom 15. Oktober 2013 zur Übertragung besonderer Aufgaben im Zusammenhang mit der Aufsicht über Kreditinstitute auf die Europäische Zentralbank, ABl. L 287 vom 29.10.2013, S. 63.

13 Ausführlich dazu unten, unter Teil 1/A./I./3./g)/bb); siehe aber auch Kommission, Pressemitteilung, IP/11/915 vom 20. Juli 2011.

14 Kommission, Vorschlag für eine Richtlinie …/…/EU des Europäischen Parlaments und des Rates über Einlagensicherungssysteme (Neufassung), KOM(2010)368 endg., vom 12.07.2010.

15 Kommission, Vorschlag für eine Verordnung des Europäischen Parlaments und des Rates zur Festlegung einheitlicher Vorschriften und eines einheitlichen Verfahrens für die Abwicklung von Kreditinstituten und bestimmten Wertpapierfirmen im Rahmen eines einheitlichen Abwicklungsmechanismus und eines einheitlichen Bankenabwicklungsfonds sowie zur Änderung der Verordnung (EU) Nr. 1093/2010 des Europäischen Parlaments und des Rates, KOM(2014) 520 endg. vom 10. Juli 2013.

Die Annahme der verschiedenen Rechtsakte soll in ihrer Gesamtheit die Grundlage für eine integrierte „Bankenunion" bilden[16].

Mit Verabschiedung der SSM-Verordnung ging auch eine Änderung der gegenständlichen EBA-Verordnung einher[17]. Da durch Verabschiedung des SSM im Bereich der Bankenaufsicht zwischen EZB und EBA Berührungspunkte entstanden sind, wird mit einer Anpassung der EBA-Verordnung der Wechselwirkung zwischen primärer Bankenaufsicht der Eurozone und der unionsübergreifenden Bankenaufsicht Rechnung getragen. Die EBA-Änderungsverordnung sieht daher insbesondere eine Anpassung der Abstimmungsmodalitäten des Entscheidungsorgans der EBA vor, damit Mitgliedstaaten, die nicht der Eurozone angehören, nicht unverhältnismäßig benachteiligt werden. Welche Auswirkungen das SSM-Paket auf die vorliegende Untersuchung haben wird, bedarf einer näheren Analyse[18] der von Rat und Parlament verabschiedeten Rechtsakte.

Die von der Kommission, aber beispielsweise auch von Frankreich, geforderte rasche Umsetzung der Bankenunion zum 1. Januar 2013 ist insbesondere in der Bundesrepublik Deutschland auf starken Widerstand gestoßen. Dies ist zum einen auf die Kompatibilitätsfrage der Vorschläge im Verhältnis zu den EU-Verträgen zurückzuführen[19], betrifft aber zum anderen auch die Uneinigkeit über den Anwendungsbereich der bei der EZB anzusiedelnden Bankenaufsicht (Einbeziehung von Sparkassen). Allerdings konnte im Rat noch vor dem Jahreswechsel am 13. Dezember 2012 zumindest eine politische Einigung dahingehend erzielt werden, dass der Errichtung des SSM grundsätzlich zuzustimmen ist[20]. Mit der Ausübung der neuen Bankenaufsicht selbst beginnt die EZB jedoch erst am 4. November 2014[21].

---

16 Kommission, Pressemitteilung, IP/12/953 vom 12. September 2012; siehe dazu auch *Wolfers/Voland*, BKR 2014, 177 ff.; *Neumann*, EuZW-Beilage 2014, 9 ff.; *Kämmerer*, NVwZ 2013 830 ff.; *Sacarcelik*, BKR 2013, 353 ff.; *Herdegen*, WM 2012, 1889 ff.; *Ceyssens*, NJW 2013, 3704 ff.; *Dinov*, EuR 2013, 593 ff.; *Schneider*, EuZW 2013, 452 ff.; *ders.*, EuZW 2012, 721 f.; *Louis*, Cahiers de droit européen 2012, 289 ff.; *Chaltiel*, Revue de l'Union européenne 2012, 633 f.

17 Verordnung (EU) Nr. 1022/2013 des Europäischen Parlaments und des Rates vom 22. Oktober 2013 zur Änderung der Verordnung (EU) Nr. 1093/2010 zur Errichtung einer Europäischen Aufsichtsbehörde (Europäische Bankenaufsichtsbehörde) hinsichtlich der Übertragung besonderer Aufgaben auf die Europäische Zentralbank gemäß Verordnung (EU) Nr. 1024/2013, ABl. L 287 vom 29.10.2013, S. 5.

18 Siehe dazu unten, unter Teil 4.

19 Näher dazu unten, unter Teil 4.

20 Siehe Rat, Pressemitteilung, 12/528 vom 13. Dezember 2012; siehe auch Spiegel, Europäische Aufsicht: EU schafft nur Teil eins der Bankenunion, 13.12.2012.

21 Siehe Art. 33 Abs. 2 Verordnung (EU) Nr. 1024/2013.

D. Gang der Untersuchung

Die vorliegende Dissertation gliedert sich in fünf Teile. Der erste Teil dient der Darstellung der europäischen und internationalen Bankenaufsichtsstrukturen. Im Rahmen des europäischen Bereichs wird das materielle Bankenaufsichtsrecht dargestellt, welches bis dato auf Unionsebene erlassen wurde. Darüber hinaus wird die institutionelle Seite durchleuchtet, welche sich auf europäische Gremien oder Einrichtungen bezieht, die außerhalb des ESFS bestehen oder bestanden haben. Der Bereich der internationalen Aufsichtsstrukturen wird nicht abschließend behandelt, sondern beschränkt sich auf das Wesen und die Tätigkeit des Baseler Ausschusses für Bankenaufsicht. Jedoch werden im Bereich der Makroaufsicht auch Bezüge zu anderen internationalen Gremien hergestellt[22].

Der zweite Teil widmet sich dem neuen ESFS. Darin werden insbesondere die einzelnen Mitglieder des ESFS vorgestellt und auf ihre Tätigkeitsbereiche eingegangen. Dabei werden auch rechtliche Probleme diskutiert, die sich im Zusammenhang mit der Errichtung und den Aufgaben der übrigen Akteure des ESFS ergeben und nicht im Rahmen der EBA-Untersuchung abgehandelt werden.

Der dritte Teil befasst sich schließlich mit der Gründungsverordnung der EBA. Darin wird im Wesentlichen die Vereinbarkeit der EBA-Verordnung mit geltendem Unionsrecht untersucht. Innerhalb dieser Untersuchung kristallisieren sich zwei Schwerpunkte heraus. Der erste betrifft die Frage, ob sich für die Errichtung der EBA eine rechtliche Legitimation in den EU-Verträgen findet. Der zweite Schwerpunkt baut darauf auf und befasst sich mit der Problematik, wie das Wesen und die Befugnisse dieser Einrichtung ausgestaltet sein müssen, damit die im Unionsrecht bestehenden Schranken und Grundsätze gewahrt werden.

Der vierte Teil beschäftigt sich exkursartig mit den jüngsten Bemühungen zur Errichtung einer Bankenunion (SSM), welcher zum einen die Rechtmäßigkeit des Aufsichtspakets zum Gegenstand hat und zum anderen die damit verbundenen Auswirkungen auf das ESFS und insbesondere die EBA behandelt.

Die Arbeit wird durch einen fünften Teil abgerundet, in welchem die in den ersten vier Teilen entwickelten Thesen abschließend zusammengefasst werden. Zudem wird ein Ausblick des weiteren Entwicklungsprozesses prognostiziert.

E. Begriffsbestimmungen

Die Gründungsakte der drei ESAs sind überwiegend identisch. Vorschriften, die inhaltlich übereinstimmen, werden daher einheitlich als „ESA-VO“

22 Siehe dazu unten, unter Teil 2/B./III./3.

gekennzeichnet. Bei inhaltlichen Abweichungen werden die Verordnungen getrennt zitiert.

Der Integrationsprozess in Europa verläuft auf mehreren Ebenen. Dem Begriff des Europarechts kann ohne nähere Erläuterung sowohl ein weites Verständnis (Europarat) als auch ein engerer Wirkungsgrad (Europäische Union) beigemessen werden. Soweit nicht anders gekennzeichnet, bezieht sich jede Bezugnahme auf „Europa" auf den Geltungsbereich des Europarechts im engeren Sinne, d.h. das Recht der Europäischen Union mit ggf. Geltung für den EWR.

Der Begriff der „Europäischen Agentur" oder „Europäischen Einrichtung" bezieht sich, sofern nicht anders gekennzeichnet, auf eine vom Unionsgesetzgeber durch Rechtsakt gegründete selbständige juristische Person mit eigener Rechtspersönlichkeit, die keine ausdrückliche Ermächtigung im Primärrecht der EU findet.

Das „Europäische Bankenaufsichtsrecht" ist nicht im technischen Sinne zu verstehen. Der Begriff bezieht sich vielmehr auf alle vom Unionsgesetzgeber erlassenen oder noch zu erlassenden Rechtsakte, die die Regulierung und/oder Beaufsichtigung von Kredit- und Finanzinstituten ggf. mit Geltung für den EWR zum Gegenstand haben.

Der Begriff der „Finanzinstitute" ist weiter gefasst als der der „Kreditinstitute". Er umfasst zum einen alle Kreditinstitute aber zum anderen auch alle Wertpapierfirmen, Finanzkonglomerate und sonstigen Unternehmen, die von der EBA und den nationalen Bankenaufsichtsbehörden beaufsichtigt werden.

Teil 1: Europäische und internationale Aufsichtsstrukturen

Das europäische Bankenaufsichtsrecht wurde bislang von einem dezentralisierten Ansatz geprägt. In materieller Hinsicht existiert kein „europäisches Bankgesetz“[23], welches beispielsweise durch eine EU-Verordnung[24] in den Mitgliedstaaten zur direkten Anwendbarkeit führen würde. Der Regelungsinhalt des europäischen Bankenrechts konzentriert sich auf die Formulierung von Mindeststandards, die in den Mitgliedstaaten auch durch darüber hinaus gehende strengere Bestimmungen in das nationale Recht umgesetzt werden können[25]. Da diese Zweckrichtung mittels des Erlasses von Richtlinien i.S.d. Art. 288 Abs. 3 AEU vorwiegend der Abstimmung und Anpassung nationaler Gesetze dient, wird dem EU-Bankrecht teilweise auch die Eigenständigkeit der Gesetzgebung abgesprochen[26]. Auf internationaler Ebene leistet der Baseler Ausschuss für Bankenaufsicht eine wichtige Vorarbeit für die Erarbeitung der in den Richtlinien enthaltenen Aufsichtsstandards[27].

In Bezug auf institutionelle Strukturen fehlte es dem Bankensektor vor Inkrafttreten des ESFS an einem supranationalen Aufsichtsorgan. Es wurden zwar bereits zuvor auf EU-Ebene mehrere Ausschüsse ins Leben gerufen[28], deren Vergleichbarkeit mit den nationalen Bankaufsichtsbehörden aber aufgrund ihres Aufgabenbereichs fraglich erscheint. Inwiefern die EBA nunmehr eine den nationalen Behörden übergeordnete zentrale Aufsichtsbehörde der EU darstellt, bedarf einer genaueren Untersuchung ihrer Aufsichtsbefugnisse.

Der vorliegende Abschnitt soll sich zunächst vorwiegend auf eine Darstellung europäischer und internationaler Bankenaufsichtsstrukturen außerhalb des am 1. Januar 2011 in Kraft getretenen ESFS konzentrieren, was jedoch eine Bezugnahme auf Letzteres nicht völlig ausschließen soll, da insbesondere neuere

---

23 *Kolassa* in: Schimansky/Bunte/Lwowski, Bankrechtshandbuch, § 135 Rn. 9.

24 Zumindest vor Erlass der CRD-IV-Verordnung; näher hierzu unten, unter Teil 1/A./I./3./g)/bb).

25 Vgl. *Ohler* in: Derleder/Knops/Bamberger, Handbuch zum deutschen und europäischen Bankrecht, § 63 Rn. 10.

26 So *Kolassa* in: Schimansky/Bunte/Lwowski, Bankrechtshandbuch, § 135 Rn. 10.

27 Näher hierzu unten, unter Teil 1/B.

28 Näher hierzu unten, unter Teil 1/A./II.

Regulierungsbemühungen, wie das CRD-IV Paket[29], eine Mitarbeit des ESFS bzw. der EBA am Normsetzungsverfahren vorsehen.

A. Europäische Aufsichtsstrukturen

I. Materielles Bankenaufsichtsrecht

Das zwischen den beaufsichtigten Banken und den Bankenaufsichtsbehörden bestehende Aufsichtsverhältnis[30] wird durch das materielle Bankenaufsichtsrecht näher konkretisiert. Es bildet den Rahmen für die vom beaufsichtigten Adressatenkreis (Kredit- und Finanzinstitute) einzuhaltenden Bestimmungen und die von den staatlichen Einrichtungen (Aufsichtsbehörden) zu erlassenden Aufsichtsmaßnahmen. Nur im Anwendungsbereich des materiellen Bankenaufsichtsrechts werden aufsichtsrechtliche Pflichten der Banken begründet und aufsichtsbehördliche Maßnahmen legitimiert.

Die nationalen Aufsichtsbehörden der Mitgliedstaaten wenden grundsätzlich nationales Aufsichtsrecht an, welches jedoch durch das Instrument der Richtlinie vom Unionsgesetzgeber signifikant beeinflusst werden kann. Zudem können die nationalen Aufsichtsbehörden durch die Handlungsform der Verordnung[31] auch zur direkten und unmittelbaren Anwendung europäischer Aufsichtsvorschriften verpflichtet werden.

Bei einer europäischen Aufsichtsbehörde, wie der EBA oder auch der bei der EZB geplanten Bankenunion, verhält es sich anders. Sie können nur vom Unionsgesetzgeber erlassene Rechtsvorschriften anwenden, da die EU-Verträge keine Ermächtigungen zur Anwendung des nationalen Aufsichtsrechtes enthalten und ansonsten der Grundsatz der begrenzten Einzelermächtigung (Art. 5 Abs. 1 Satz 1, Abs. 2 EU) ausgehebelt würde. So enthält auch die Gründungsverordnung der EBA zur Bestimmung und Eingrenzung ihres Tätigkeitsbereiches eine Verweisungsnorm in Art. 1 Abs. 2 EBA-VO, wonach die EBA nur im Bereich des auf Unionsebene erlassenen materiellen Bankenaufsichtsrechts tätig wird.

---

29 Siehe dazu unten, unter Teil 1/A./I./3./g)/bb).

30 Grundlegend zum Wesen der Bankenaufsicht *Brocker* in: Derleder/Knops/Bamberger, Handbuch zum deutschen und europäischen Bankrecht, § 65 Rn. 1 ff.; vgl. *Fischer* in: Schimansky/Bunte/Lwowski, Bankrechtshandbuch, § 125 Rn. 1 ff.; ferner *Wohlmannstetter* in Hopt/Wohlmannstetter, Handbuch Corporate Governance von Banken, S. 52 ff.

31 Siehe beispielsweise die CRD-IV Verordnung; näher dazu unten, unter Teil 1/A./I./3./g)/bb).

Für europäische Aufsichtsbehörden sind daher ausschließlich die auf Unionsebene erlassenen Aufsichtsvorschriften maßgeblich.

1. *Entstehung auf Unionsebene*

Die Kommission begann Anfang der 70er Jahre mit der Harmonisierung des Bankenaufsichtsrechts durch die Erarbeitung von Richtlinienentwürfen. Bis zu diesem Zeitpunkt wurde die Aufsicht der Kreditinstitute durch nationale Vorschriften bestimmt. Die Marktfreiheiten, insbesondere die Niederlassungsfreiheit und die Dienstleistungsfreiheit sowie die Freiheit des Kapital- und Zahlungsverkehrs ermöglichten den Kreditinstituten die Etablierung und den Ausbau des grenzüberschreitenden Bankgeschäfts. Da die Zulassung zur Ausübung der Bankgeschäfte aber in den einzelnen Mitgliedstaaten sehr unterschiedlich geregelt wurde, mussten zur Erleichterung der Aufnahme und der Ausübung der Tätigkeit der Kreditinstitute in anderen Mitgliedstaaten nunmehr auch die aufsichtsrechtlichen Bestimmungen angepasst und mit der Beseitigung der „störendsten Unterschiede“ zwischen den einzelnen nationalen Rechts- und Verwaltungsvorschriften[32] begonnen werden.

2. *Rechtliche Grundlage*

Die so vom Rat und teilweise unter Mitwirkung des Europäischen Parlaments erlassenen Richtlinien wurden regelmäßig auf die Vorschrift des Art. 57 Abs. 2 Sätze 1 und 3 EGV bzw. des Art. 47 Abs. 2 Sätze 1 und 3 EG (Art. 53 Abs. 1 AEU) gestützt. Der in der Vorschrift verwendete Begriff der Koordinierung stellt indes keine Einschränkung der Rechtsetzungsbefugnis der EU dar, sondern ist vielmehr mit den sonstigen in diesem Kontext verwendeten Begriffen wie der Harmonisierung und der Rechtsangleichung vergleichbar[33] und räumt dem Unionsgesetzgeber einen weiten Ermessensspielraum zur Bestimmung des im jeweiligen Regelungszusammenhang erforderlichen Schutzniveaus ein[34]. Für den Bankensektor erscheint diese Rechtsgrundlage angemessen, da sich der Regelungsgehalt der Bankenaufsicht auf die Aufnahme und die Ausübung des Bankgeschäftes beschränkt und an diese strenge Bedingungen knüpft, die für grenzübergreifende Kreditinstitute im EU-Raum auch einheitlich koordiniert

32 Vgl. Erwägungsgrund 2 Richtlinie 77/780/EWG, ABl. L 322 vom 17.12.1977, S. 30.

33 Vgl. *Bröhmer* in: Calliess/Ruffert, EUV/AEUV, Art. 53 AEUV Rn. 10; *Schlag* in: Schwarze, EU-Kommentar, Art. 53 AEUV, Rn. 19; *Fischer* in: Lenz/Borchardt, EU-Verträge, Art. 53 AEUV, Rn. 2.

34 EuGH, Rs. C-168/98, Slg. 2000, I-9161, Rn. 32 – *Luxemburg/Parlament u. Rat.*

werden sollten, um einer Aufsichtsarbitrage oder einem Aufsichts-*Shopping* entgegenzuwirken. In der Praxis hat die Auslegung der Koordinierungsbefugnis bislang auch noch nicht zur Nichtigerklärung der betreffenden Richtlinie geführt[35].

3. *Rechtsakte der EU*

a) Versuch der Vollharmonisierung

Zu Beginn der bankenrechtlichen Regulierung auf europäischer Ebene verfolgte die Kommission zunächst einen umfassenden Harmonisierungsversuch mit der Ausarbeitung eines „Europäischen KWGs"[36], allerdings ohne institutionelle Konsequenzen, wie etwa durch Errichtung eines „EG-Aufsichtsamtes"[37]. Ein hierzu vollständiger Entwurf der Kommission lag auch 1972 vor[38]. Jedoch wurde dieses Vorhaben aufgrund seiner Reichweite und insbesondere auch aufgrund der Erweiterung der Europäischen Gemeinschaften um das Vereinigte Königreich[39], Dänemark und Irland im Jahre 1973 nicht weiter verfolgt. Stattdessen diente der Entwurf der Rechtsangleichung des Bankensektors durch Einzelrichtlinien. Auf die wichtigsten dieser Richtlinien soll im Folgenden kurz eingegangen werden[40].

b) Erste Koordinierung der Bankenaufsicht

Zur Aufhebung der Beschränkungen der Niederlassungsfreiheit und des freien Dienstleistungsverkehrs für selbständige Tätigkeiten der Kreditinstitute und

35 Die BRD hatte in der nachfolgenden Rechtssache erfolglos Nichtigkeitsklage gegen die Richtlinie 94/19/EG des Europäischen Parlaments und des Rates vom 30. Mai 1994 über Einlagensicherungssysteme (ABl. L 135 vom 31.05.1994) erhoben, u. a. mit der Begründung, Art. 57 Abs. 2 Sätze 1 und 3 EGV würden als Rechtsgrundlage alleine nicht ausreichen: EuGH, Rs. C-233/94, Slg. 1997, I-2441 Rn. 10 ff. – *Deutschland/Parlament u. Rat.*

36 *Troberg*, WM 1991, 1745 ff. (1745).

37 *Lutter*, Europäisches Unternehmensrecht, S. 79.

38 Entwurf einer Richtlinie zur Koordinierung der Rechts- und Verwaltungsvorschriften für die Aufnahme und Ausübung der selbständigen Tätigkeit der Kreditinstitute (Dok. XIV/508/72).

39 So auch in Bezug auf den Beitritt des Vereinigten Königreichs *Troberg*, WM 1991, 1745 ff. (1745).

40 Eine ausführliche Übersicht der im Bereich der Bankenaufsicht erlassenen Richtlinien findet sich bei *Partsch*, Droit bancaire et financier europèen, S. 209 ff.; *Schnyder*, Europäisches Banken- und Versicherungsrecht, S. 11 ff.; siehe auch die Auflistung unter http://www.uni-leipzig.de/bankinstitut/service/eurecht.php?&topic= Bankauf sicht zuletzt aktualisiert am 26.05.2008.

anderer finanzieller Einrichtungen wurde ebenfalls im Jahre 1973 vom Rat eine Richtlinie[41] erlassen. Diese Richtlinie wurde jedoch schnell gegenstandslos, da ihr Inhalt in dem Regelungsbereich der damaligen Art. 52 EGV (Art. 43 EG [Art. 49 AEU]) und Art. 59 EGV (Art. 49 EG [Art. 56 AEU]) aufging und der EuGH zudem 1974 die unmittelbare Anwendbarkeit der Niederlassungs-[42] sowie der Dienstleistungsfreiheit[43] ausgesprochen hatte. Daher wurde auch erst die darauffolgende Richtlinie als sog. „Erste Bankenrichtlinie"[44] tituliert. In dieser Ersten Bankenrechtskoordinierungsrichtlinie wurden die ersten heute noch gültigen Standards einer einheitlichen Bankenaufsicht festgelegt. Sie etablierte den Begriff des „Kreditinstituts"[45] und gab die einzuhaltenden Mindestvoraussetzungen für die Zulassungserteilung vor[46].

c) Aufsicht auf konsolidierter Basis

Die erste Bankenrechtskoordinierungsrichtlinie enthielt jedoch nur das Prinzip der Einzelaufsicht[47]. Dadurch konnten Kreditinstitute durch Auslandsgründungen eine mehrfache Nutzung ihres Eigenkapitals ohne aufsichtsrechtliche Konsequenzen erreichen. Um diesem Umstand entgegen zu wirken, wurde 1983 eine Konsolidierungsrichtlinie[48] erlassen, die sich ausschließlich auf die Beteiligung eines Kreditinstituts in anderen Kredit- oder Finanzinstituten beschränkte[49]. Für diesen Fall sah die Richtlinie eine konsolidierte Beaufsichtigung der betroffenen Institute unter zwischenstaatlicher Kooperation der involvierten Mitgliedstaaten bzw. Aufsichtsbehörden vor[50]. Die

41 Richtlinie 73/183/EWG des Rates vom 28. Juni 1973 zur Aufhebung der Beschränkungen der Niederlassungsfreiheit und des freien Dienstleistungsverkehrs für selbständige Tätigkeiten der Kreditinstitute und anderer finanzieller Einrichtungen, ABl. L 194 vom 28.06.1973, S. 1.

42 EuGH, Rs. 2/74, Slg. 1974, 631 Rn. 32 – *Reyners.*

43 EuGH, Rs. 33/74, Slg. 1974, 1299 Rn. 24 ff. – *van Binsbergen.*

44 Erste Richtlinie 77/780/EWG des Rates zur Koordinierung der Rechts- und Verwaltungsvorschriften über die Aufnahme und Ausübung der Tätigkeit der Kreditinstitute, ABl. L 322 vom 17.12.1977, S. 30.

45 Art. 1 Richtlinie 77/780/EWG.

46 Art. 3 Richtlinie 77/780/EWG.

47 Vgl. *Schnyder*, Europäisches Banken- und Versicherungsrecht, S. 128.

48 Richtlinie 83/350/EWG des Rates über die Beaufsichtigung der Kreditinstitute auf konsolidierter Basis, ABl. L 193 vom 18.07.1983, S. 18.

49 Vgl. Erwägungsgrund 6 Richtlinie 83/350/EWG.

50 Art. 4 Richtlinie 83/350/EWG.

Konsolidierungsrichtlinie von 1983 wurde durch eine spätere Richtlinie von 1992[51] abgelöst, die die Beaufsichtigung von Kreditinstituten auf konsolidierter Basis erweiterte. Umfasst wurden nunmehr auch solche Konzerngruppen, bei denen die Muttergesellschaft selbst kein Kreditinstitut ist, aber zumindest eine ihrer Tochtergesellschaften (sog. Finanz-Holdinggesellschaft[52]). Für die unterschiedlichen Konzernstrukturen statuiert die Richtlinie zudem eine zuständigkeitsrechtliche Verteilung der Behördenkompetenzen für die konsolidierte Aufsicht[53].

d) Zweite Koordinierung der Bankenaufsicht

Im Jahr 1989 folgte ein weiterer Schritt zur Koordinierung der Bankenaufsicht. Dem waren wichtige Änderungen für das Rechtsetzungsverfahren auf Gemeinschaftsebene vorangegangen. Durch die Einheitliche Europäische Akte von 1986[54] wurde Art. 100a EGV (Art. 95 EG [Art. 114 AEU]) in den EWG-Vertrag eingefügt. Die auf Art. 57 Abs. 2 EGV (Art. 47 Abs. 2 EG [Art. 53 Abs. 1 AEU]) gestützte Koordinierungsarbeit wurde dadurch erheblich erleichtert, da somit das Einstimmigkeitserfordernis für den Erlass von (Koordinierungs-)Richtlinien aufgegeben wurde und die qualifizierte Mehrheit des Rates fortan ausreichte. Die Einführung der Vorschrift diente insbesondere der Umsetzung des Weißbuches der Kommission zur Vollendung des Binnenmarktes von 1985[55]. Nach dem Weißbuch der Kommission hat die Verwirklichung eines gemeinsamen Binnenmarktes auch eine umfassende Integration der Finanzmärkte zum Gegenstand. Dabei sollte nicht nur die grenzübergreifende Aufsicht der Finanzinstitute koordiniert, sondern auch einheitliche Voraussetzungen zur Ausübung ihrer Tätigkeit festgelegt werden[56]. Die zweite Koordinierungsrichtlinie[57] wurde daher

---

51 Richtlinie 92/30/EWG des Rates vom 6. April 1992 über die Beaufsichtigung von Kreditinstituten auf konsolidierter Basis, ABl. L 110 vom 28.04.1992, S. 52.

52 Art. 1 Richtlinie 92/30/EWG.

53 Vgl. Art. 4 Richtlinie 92/30/EWG; siehe auch die Übersicht bei *Schnyder*, Europäisches Banken- und Versicherungsrecht, S. 129.

54 ABl. L 169 vom 29.06.1987, S. 1.

55 Weißbuch der Kommission, Dok. KOM(85) 310 endg., Vollendung des Binnenmarktes, 1985.

56 Vgl. Weißbuch KOM(85) 310 endg., Rn. 101 ff.

57 Zweite Richtlinie 89/646/EWG des Rates vom 15. Dezember 1989 zur Koordinierung der Rechts- und Verwaltungsvorschriften über die Aufnahme und Ausübung der Tätigkeit der Kreditinstitute und zur Änderung der Richtlinie 77/780/EWG, ABl. L 386 vom 30.12.1989, S. 1.

im Paket mit zwei weiteren wichtigen Richtlinien, zur Eigenmittelausstattung[58] und zu Solvabilitätskoeffizienten[59] von Kreditinstituten erlassen. Dadurch konnten bedeutende Grundsätze einer gemeinschaftlichen Bankenaufsicht etabliert werden.

aa) Sitzlandkontrolle – EU-Pass

Nach dem in der zweiten Koordinierungsrichtlinie umgesetzten Vorschlag der Kommission sollte eine weitere Harmonisierung der Überwachung der Finanzinstitute auf dem Grundsatz der „Heimatlandskontrolle" basieren[60]. Dies bedeutet, dass die Bankenaufsicht über ein Kreditinstitut grundsätzlich der Aufsichtsbehörde des Herkunftsmitgliedstaates obliegt[61]. Ziel dieser Sitzlandkontrolle ist es, die grenzübergreifende Tätigkeit des Kreditinstitutes zu vereinfachen. Sofern ein Kreditinstitut eine Zulassung bei der Aufsichtsbehörde seines Sitzlandes erteilt bekommen hat, kann dieses i.S.d. Art. 18 Richtlinie (89/646/EWG) seine Tätigkeit durch eine Zweigniederlassung oder den grenzübergreifenden Dienstleistungsverkehr in den übrigen Mitgliedstaaten erbringen, ohne dass es hierzu einer weiteren Zulassung in einem anderen Mitgliedstaat bedarf. Diese Vorschrift manifestiert die gegenseitige Anerkennung der Aufsicht und Zulassung im gesamten EU-Raum. Sinngemäß fungiert die im Sitzstaat erteilte Zulassung als „Europäischer Pass"[62].

bb) Instrumente der Finanzaufsicht

Die Einführung des Europäischen Passes durch die Erteilung einer unionsweit gültigen Zulassung erfordert, im Sinne eines homogenen nicht den Wettbewerb verzerrenden Aufsichtsrechts, dass auch die Voraussetzungen für die Erteilung der Zulassung in den einzelnen Mitgliedstaaten vereinheitlicht werden. Zwei elementare Kriterien bilden hierbei die ausreichende Ausstattung des Kreditinstitutes mit Eigenmitteln und die Gewichtung der in den Aktiva enthaltenen Risikograde.

---

58 Richtlinie 89/299/EWG des Rates vom 17. April 1989 über die Eigenmittel von Kreditinstituten, ABl. L 124 vom 05.05.1989, S. 16.

59 Richtlinie 89/647/EWG des Rates vom 18. Dezember 1989 über einen Solvabilitätskoeffizienten für Kreditinstitute, ABl. L 386 vom 30.12.1989, S. 14.

60 Weißbuch KOM(85) 310 endg., Rn. 103.

61 Vgl. Art. 3 Richtlinie (89/646/EWG).

62 *Lehnhoff*, WM 1993, 277 ff. (280); *Horn*, ZBB 1994, 130 ff. (133); *Brocker* in: Schwennicke/Auerbach, KWG, § 53b Rn. 1.

(1) Eigenmittel

Die Ausstattung des Kreditinstitutes mit angemessen Eigenmitteln dient in erster Linie dem Schutz der Bankengläubiger. Sie ist zugleich ein wichtiges Indiz für die Zahlungsfähigkeit des Kreditinstituts und stellt das wohl präziseste Instrument der Bankenaufsicht[63] dar. Die vorgenannte Eigenmittelrichtlinie gibt die als Eigenmittel in Frage kommenden Bestandteile vor[64] und begrenzt die prozentuale Beteiligung einzelner Elemente in den Gesamteigenmitteln[65]. Zudem unterscheidet sie nach der Qualität der Bestandteile der Eigenmittel zwischen Basiseigenmitteln (Kernkapital[66]) und ergänzenden Eigenmitteln (Ergänzungskapital)[67].

(2) Solvabilitätskoeffizient

Die Festlegung ausreichender Eigenmittel wird durch die Berechnung des Solvabilitätskoeffizienten weiter verfeinert. Die Qualität der Aktiva wird anhand von Risikograden gemessen und verbessert dadurch die Beurteilung der Zahlungsfähigkeit des Kreditinstitutes. Dabei werden die Gesamteigenmittel zu den risikogewichteten Aktiva und den außerbilanzmäßigen Geschäften ins Verhältnis gesetzt, vgl. Art. 3 Abs. 1 Richtlinie (89/647/EWG). Nach Art. 6 der gleichen Richtlinie werden die einzelnen Aktiva von den Aufsichtsbehörden ihrem Risiko nach mit einem Prozentsatz zwischen null und hundert entsprechend gewichtet. Der sich daraus ergebende Koeffizient muss i.S.v. Art. 10 Abs. 1 der genannten Richtlinie mindestens 8% betragen, um den aufsichtsrechtlichen Bestimmungen zu genügen, sog. Solvabilitätskoeffizient.

e) Einzelfallrichtlinien

Weitere Richtlinien wurden aufgrund von besonderen Zwischenfällen erlassen oder betreffen im Gegensatz zu den Koordinierungsrichtlinien nur bestimmte Teilbereiche der Bankenaufsicht. Die Umsetzung dieser Richtlinien garantiert zusätzliche wichtige Sicherheitsmaßnahmen.

---

63 *Kolassa* in: Schimansky/Bunte/Lwowski, Bankrechtshandbuch, § 137 Rn. 1.

64 Vgl. Art. 2 Richtlinie 89/299/EWG.

65 Vgl. Art. 6 Richtlinie 89/299/EWG.

66 Zu den unterschiedlichen Begriffen vgl. Aufstellung bei *Kolassa* in: Schimansky/Bunte/Lwowski, Bankrechtshandbuch, § 137 Rn. 10.

67 Vgl. Erwägungsgrund 8 und 10 Richtlinie 89/299/EWG.

aa) BCCI-Richtlinie

Im Juli 1990 deckte der Konkurs eines international agierenden Bankhauses der *Bank of Credit and Commerce International* (BCCI) Schwächen[68] bei der Beaufsichtigung von Bankgruppen mit unübersichtlicher Konzernstruktur auf. Das im Jahre 1972 mit Sitz in Luxemburg[69] und auf den Kaimaninseln[70] gegründete Kreditinstitut ermöglichte durch die Errichtung eines undurchsichtigen Netzes von Unternehmensbeteiligungen den Transfer illegaler Gelder und beteiligte sich zudem durch die Vergabe von Großkrediten am Waffenhandel, Geldwäsche und korrupten Staats-Regimen[71]. Mangels ausreichender Besicherung der gewährten Darlehen konnten die Geschäftspraktiken des rasant gewachsenen internationalen Bankkonzerns langfristig keinen Bestand haben. Die in den 80er Jahren mit 400 Zweigstellen in 73 Ländern[72] vertretene *BCCI-Group* befindet sich noch heute im Liquidationsprozess[73].

Zur Verbesserung der Rahmenbedingungen für die Beaufsichtigung von Kreditinstituten, Versicherungsunternehmen, Wertpapierfirmen und Organismen für gemeinsame Anlagen in Wertpapieren (OGAW) wurde dann 1995 die sog. BCCI-Richtlinie[74] erlassen. Die BCCI-Richtlinie nimmt in ihren Erwägungsgründen selbst nur Bezug auf „bestimmte Ereignisse"[75]. Allerdings ergibt sich aus der Stellungnahme des Wirtschafts- und Sozialausschusses zur vorgenannten Richtlinie, dass insbesondere der BCCI-Fall Auslöser für den Erlass dieser Richtlinie gewesen ist[76]. Dennoch spricht die zeitliche Verzögerung des

68 Zu den einzelnen Schwächen bzw. den im Kontext mit dem BCCI-Fall erörterten Richtlinienvorschlägen siehe *Priesemann*, WM 1994, 1155 ff. (1157 f.).

69 Amtsblatt des Großherzogtums Luxemburg, Memorial C, Recueil des Sociétés et Associations, 1972 Nr. 187, S. 8933 ff.

70 Vgl. *Romeike*, RISKNEWS 04/2004, 52 ff. (53).

71 Siehe dazu: *Napoleoni*, Die Ökonomie des Terrors, S. 146 ff.

72 Vgl. *Napoleoni*, Die Ökonomie des Terrors, S. 146.

73 Vgl. Amtsblatt des Großherzogtums Luxemburg, Memorial C, Recueil des Sociétés et Associations, 2010 Nr. 165, S. 7879 ff.

74 Richtlinie 95/26/EG des Europäischen Parlaments und des Rates vom 29. Juni 1995 zur Änderung der Richtlinien 77/780/EWG und 89/646/EWG betreffend Kreditinstitute, der Richtlinien 73/239/EWG und 92/49/EWG betreffend Schadensversicherungen, der Richtlinien 79/267/EWG und 92/96/EWG betreffend Lebensversicherungen, der Richtlinie 93/22/EWG betreffend Wertpapierfirmen sowie der Richtlinie 85/611/EWG betreffend bestimmte Organismen für gemeinsame Anlagen in Wertpapieren (OGAW) zwecks verstärkter Beaufsichtigung dieser Finanzunternehmen, ABl. L168 vom 18.07.1995, S. 7.

75 Erwägungsgrund 1 Richtlinie 95/26/EG.

76 Ziff. 1.2. der Stellungnahme, ABl. C 52 vom 19.02.1994, S. 15.

Richtlinienerlasses von ca. 4 ½ Jahren nicht gerade für die Regelungseffizienz des Europäischen (Bank-)Rechts[77]. Durch die Richtlinie werden die nationalen Aufsichtsbehörden insbesondere dazu ermächtigt, Unternehmen der oben genannten Art die Zulassung zu versagen, wenn diese mit anderen natürlichen oder juristischen Personen „eng verbunden"[78] sind, d.h. durch entsprechende Beteiligungen und/oder Kontrollbefugnisse, und die Beaufsichtigung der betreffenden nationalen Behörden behindern. In Anlehnung an den BCCI-Fall ist von einer Behinderung der Aufsichtsarbeit gerade dann auszugehen, wenn die mit dem aufsichtspflichtigen Institut eng verbundenen Unternehmen in einem Drittstaat ansässig sind, deren Aufsichtsbehörden nicht mit den nationalen Aufsichtsbehörden des EU-Raums kooperieren und daher einen für die konsolidierte Aufsicht notwendigen Informationsaustausch blockieren.

bb) Großkredite

Ein weiterer wichtiger Aspekt der Bankenaufsicht ist die Überwachung und Kontrolle von Großkrediten, der erstmals 1992 den Inhalt einer Richtlinie[79] ausfüllte. Kredite mit einem im Verhältnis zur Eigenmittelausstattung des Kreditinstitutes hohen Volumen, die an einen einzelnen Kunden vergeben werden, beinhalten ein sog. Konzentrationsrisiko. Dieses Risiko steigt mit der Höhe des Kreditvolumens und der sinkenden Anzahl von Kreditnehmern. Eine übermäßige Konzentration von Krediten auf einzelne Kunden oder Gruppen kann zu einem unannehmbaren Ausmaß von Verlusten führen[80], welches nicht immer allein durch die Eigenmittelausstattung der Kreditinstitute aufgefangen werden kann. Der Grundsatz einer angemessenen Eigenmittelausstattung wurde daher durch die vorgenannte Richtlinie um den Gesichtspunkt der Risikostreuung ergänzt[81].

Die Großkreditrichtlinie qualifiziert Kredite als „Großkredite", wenn ihr Wert mindestens 10% der Eigenmittel des Kreditinstitutes beträgt[82]. Großkredite unterliegen einer Meldepflicht bei den jeweiligen nationalen Aufsichtsbehörden[83]. Auch setzt die Großkreditrichtlinie dem Kreditvolumen eine Obergrenze. Ein einzelner Kredit darf demzufolge nicht mehr als 25% der Eigenmittel des

---

77 Vgl. dazu *Krimphove*, EuR 2007, 597 ff. (614).

78 Vgl. insbesondere Erwägungsgrund 3 und Art. 2 Richtlinie 95/26/EG.

79 Richtlinie 92/121/EWG des Rates vom 21. Dezember 1992 über die Überwachung und Kontrolle der Großkredite von Kreditinstituten, ABl. L 29 vom 05.02.1993, S. 1.

80 Erwägungsgrund 4 Richtlinie 92/121/EWG.

81 *Kolassa* in: Schimansky/Bunte/Lwowski, Bankrechtshandbuch, § 137 Rn. 22.

82 Art. 3 Abs. 1 Richtlinie 92/121/EWG.

83 Art. 3 Abs. 2 Richtlinie 92/121/EWG.

Kreditinstitutes betragen. Ferner darf die Summe aller vergebenen Großkredite eines Kreditinstitutes nicht mehr als das Achtfache seiner Eigenmittel übersteigen[84]. Diese recht klaren Bestimmungen von Meldepflichten und Obergrenzen werden durch Ausführungen zu Konzerngruppierungen ergänzt, die unter bestimmten Voraussetzungen zu einer Einheit zusammengefasst werden[85], da ansonsten die Großkreditregelungen durch eine Aufteilung des Kredites auf einzelne Konzerngesellschaften umgangen werden könnten[86]. Des Weiteren enthält die Richtlinie zahlreiche Ausnahmemöglichkeiten[87], beispielsweise für solche Kredite, die durch hinreichende Sicherheiten abgesichert sind.

f) Kodifizierungsprozess

Zur Vereinheitlichung der zahlreichen Richtlinien, die in den vergangenen Jahrzehnten erlassen wurden, startete die Kommission 1996 die SLIM-Initiative („*Simpler Legislation for the Internal Market*“[88]). Von dem SLIM-Programm war nicht nur der Bankensektor betroffen. Es handelte sich vielmehr um ein allgemeines Projekt, bei dem 17 Bereiche der Gesetzgebung auf Vereinfachungsmöglichkeiten untersucht wurden. Für die Bankrechtsvorschriften ergab die Untersuchung, dass diese aufgrund ihrer hohen Technizität und Komplexität keiner wesentlichen Vereinfachung zugänglich seien[89]. Erörtert wurden daher nur geringfügige Änderungen. Möglich war allerdings, die wichtigsten Einzelrichtlinien in einer einheitlichen Richtlinie zusammenzufassen. In diesem Zusammenhang wird von einer „Kodifizierung“[90] der Rechtsvorschriften gesprochen.

aa) Erste Kodifizierte Bankenrichtlinie

Infolge des Kodifizierungsprozesses im Rahmen des SLIM-Projektes wurde 2000 eine erste kodifizierte Richtlinie[91] für das Tätigkeitsfeld der Kreditinstitute

---

84 Art. 4 Abs. 3 Richtlinie 92/121/EWG.

85 „Gruppe verbundener Kunden“, vgl. Art. 1 lit. m), Art. 3 Abs. 1 Richtlinie 92/121/EWG.

86 Vgl. *Kolassa* in: Schimansky/Bunte/Lwowski, Bankrechtshandbuch, § 137 Rn. 23.

87 Art. 4 Abs. 7 Richtlinie 92/121/EWG.

88 Vgl. http://ec.europa.eu/internal_market/simplification/index_en.htm.

89 Vgl. Berichte der Kommission, KOM(97) 618 endg., S. 10 ff. und KOM(99) 88 endg., S. 12.

90 Vgl. Erwägungsgrund 1 Richtlinie 2000/12/EG; Berichte der Kommission, KOM(97) 618 endg., S. 11 und KOM(99) 88 endg., S. 12.

91 Richtlinie 2000/12/EG des Europäischen Parlaments und des Rates vom 20. März 2000 über die Aufnahme und Ausübung der Tätigkeit der Kreditinstitute, ABl. L 126 vom 26.05.2000, S. 1.

erlassen. Die kodifizierte Bankenrichtlinie von 2000 vereinte erstmals die sieben wichtigsten zuvor erlassenen Bankenrichtlinien, namentlich die Nichtdiskriminierungs-, die Erste und Zweite Koordinierungs-, die Eigenmittel-, die Solvabilitäts-, die Großkredite- und die Konsolidierungsrichtlinie[92]. Bei der oben dargestellten BCCI-Richtlinie handelt es sich um eine Änderungsrichtlinie, die mit den übrigen elf Änderungsrichtlinien in dem Regelwerk mit aufgeht. Richtlinien, die speziellere Bereiche des Bankenrechtes betreffen, wie etwa Bankbilanzen[93], Einlagensicherung[94], Geldwäsche[95] oder Zahlungsverkehr[96], blieben in der Kodifizierungsrichtlinie unberücksichtigt.

bb) Zweite Kodifizierte Bankenrichtlinie

Die mehrmals angepasste[97] erste Kodifizierungsrichtlinie wurde 2006 in Anlehnung an eine vom Baseler Ausschuss für Bankenaufsicht verabschiedeten

---

92 Vgl. Erwägungsgrund 1 Richtlinie 2000/12/EG.

93 Richtlinie 86/635/EWG des Rates vom 8. Dezember 1986 über den Jahresabschluss und den konsolidierten Abschluss von Banken und anderen Finanzinstituten, ABl. L 372 vom 31.12.1986, S. 1, sog. Bankbilanzrichtlinie (BBR).

94 Richtlinie 94/19/EG des Europäischen Parlaments und des Rates vom 30. Mai 1994 über Einlagensicherungssysteme, ABl. L 135 vom 31.05.1994, S. 5, zuletzt geändert durch die sog. Ausschussstruktur-Richtlinie 2005/1/EG, näher hierzu unten, unter Teil 1/A./I./3./a)/aa).

95 Richtlinie 91/308/EWG des Rates vom 10. Juni 1991, ABl. L 166 vom 28.06.1991, S. 77, aufgehoben durch Richtlinie 2005/60/EG des Europäischen Parlaments und des Rates vom 26. Oktober 2005, ABl. L 309 vom 25.11.2005, S. 15, beide jeweils zur Verhinderung der Nutzung des Finanzsystems zum Zwecke der Geldwäsche und der Terrorismusfinanzierung; zur lückenlosen Rückverfolgbarkeit von Geldtransfers mit dem Zweck der Aufdeckung von Geldwäsche oder Terrorismusfinanzierung siehe ferner Verordnung (EG) Nr. 1781/2006 des Europäischen Parlaments und des Rates vom 15. November 2006 über die Übermittlung von Angaben zum Auftraggeber bei Geldtransfers, ABl. L 345 vom 08.12.2006, S. 1.

96 Richtlinie 97/5/EG des Europäischen Parlaments und des Rates vom 27. Januar 1997 über grenzüberschreitende Überweisungen, ABl. L 43 vom 14.02.1997, S. 25, aufgehoben durch Richtlinie 2007/64/EG des Europäischen Parlaments und des Rates vom 13. November 2007 über Zahlungsdienste im Binnenmarkt, zur Änderung der Richtlinien 97/7/EG, 2002/65/EG, 2005/60/EG und 2006/48/EG sowie zur Aufhebung der Richtlinie 97/5/EG, ABl. L 319 vom 05.12.2007, S. 1; Richtlinie 98/26/EG des Europäischen Parlaments und des Rates vom 19. Mai 1998 über die Wirksamkeit von Abrechnungen in Zahlungs- sowie Wertpapierliefer- und –abrechnungssystemen, ABl. L 166 vom 11.06.1998, S, 45.

97 Beispielsweise durch Richtlinie 2000/28/EG des Europäischen Parlaments und des Rates vom 18. September 2000 zur Änderung der Richtlinie 2000/12/EG über die

Rahmenvereinbarung (Basel II[98]) durch eine zweite Kodifizierungsrichtlinie[99] novelliert. Umfasst wurde neben der ersten Kodifizierungsrichtlinie auch die erstmals 1993 erlassene und mehrmals abgeänderte Kapitaladäquanzrichtlinie[100], die durch eine weitere Richtlinie[101] ebenfalls neugefasst wurde und häufig zusammen mit der zweiten Kodifizierungsrichtlinie unter der englischen Abkürzung „CRD" (*Capital Requirements Directive*) zusammengefasst wird. Die Kapitaladäquanzrichtlinie richtet sich in erster Linie an Wertpapierfirmen. Jedoch sind auch Kreditinstitute umfasst, sobald ihr Wertpapiergeschäft 5% des gesamten Geschäftsvolumens beträgt und dieses einen absoluten Betrag von 15 Millionen Euro übersteigt, wobei temporäre Schwankungen bis zu einer Grenze von 6% und 20 Millionen Euro toleriert werden[102]. Die Novellierung der CRDs hat im Zuge der Finanzkrise verstärkt an Bedeutung gewonnen und wird in den nächsten Jahren den aufsichtsrechtlichen Rahmen des Banksektors prägen.

g) Aktuelle Entwicklungen

Auch die CRD von 2006 wurde seitdem wiederholt durch zahlreiche Änderungsrichtlinien angepasst[103]. Wesentliche Änderungen brachten insbesondere

---

Aufnahme und Ausübung der Tätigkeit der Kreditinstitute, ABl. L 275 vom 27.10.2000, S. 37; Richtlinie 2004/69/EG der Kommission vom 27. April 2004 zur Änderung der Richtlinie 2000/12/EG des Europäischen Parlaments und des Rates hinsichtlich der Definition der „multilateralen Entwicklungsbanken", ABl. L 125 vom 28.04.2004, S. 44.

98 Näher hierzu unten, unter Teil 1/B./III.

99 Richtlinie 2006/48/EG des Europäischen Parlaments und des Rates vom 14. Juni 2006 über die Aufnahme und Ausübung der Tätigkeit der Kreditinstitute (Neufassung), ABl. L 177 vom 30.06.2006, S. 1.

100 Richtlinie 93/6/EWG des Rates vom 15. März 1993 über die angemessene Eigenkapitalausstattung von Wertpapierfirmen und Kreditinstituten, ABl. L 141 vom 11.06.1993, S. 1.

101 Richtlinie 2006/49/EG des Europäischen Parlaments und des Rates vom 14. Juni 2006 über die angemessene Eigenkapitalausstattung von Wertpapierfirmen und Kreditinstituten (Neufassung), ABl. L 177 vom 30.06.2006, S. 201.

102 Vgl. Art. 18 Ziff. 2 Richtlinie 2006/49/EG.

103 Richtlinie 2007/18/EG der Kommission vom 27. März 2007 zur Änderung der Richtlinie 2006/48/EG des Europäischen Parlaments und des Rates hinsichtlich des Ausschlusses bzw. der Aufnahme bestimmter Institute aus ihrem bzw. in ihren Anwendungsbereich und hinsichtlich der Behandlung der Forderungen an multilaterale Entwicklungsbanken, ABl. L 87 vom 28.03.2007, S. 9.; Richtlinie 2007/44/EG des Europäischen Parlaments und des Rates vom 5. September 2007 zur Änderung der Richtlinie 92/49/EWG des Rates sowie der Richtlinien 2002/83/EG, 2004/39/EG, 2005/68/

die während und nach der Finanzkrise in Kraft getretenen Richtlinien (CRD II und CRD III).

aa) CRD II und CRD III

Im Vorfeld von Basel III wurden bereits Inhalte zur Bestimmung und Bemessung neuer Risikoarten[104] aus den Lehren der Finanzkrise entwickelt, welche auf EU-Ebene durch CRD II[105] im Jahr 2009 und CRD III[106] im Jahr 2010 umgesetzt wurden.

In Bezug auf das Eigenkapital trägt CRD II zur Verschärfung der Kriterien der Anerkennungsfähigkeit von Kapitalinstrumenten bei. Dies gilt insbesondere

---

EG und 2006/48/EG in Bezug auf Verfahrensregeln und Bewertungskriterien für die aufsichtsrechtliche Beurteilung des Erwerbs und der Erhöhung von Beteiligungen im Finanzsektor, ABl. L 247 vom 21.09.2007, S. 1; Richtlinie 2007/64/EG des Europäischen Parlaments und des Rates vom 13. November 2007 über Zahlungsdienste im Binnenmarkt, zur Änderung der Richtlinien 97/7/EG, 2002/65/EG, 2005/60/EG und 2006/48/EG sowie zur Aufhebung der Richtlinie 97/5/EG, ABl. L 319 vom 05.12. 2007, S. 1; Richtlinie 2008/24/EG des Europäischen Parlaments und des Rates vom 11. März 2008 zur Änderung der Richtlinie 2006/48/EG über die Aufnahme und Ausübung der Tätigkeit der Kreditinstitute im Hinblick auf die der Kommission übertragenen Durchführungsbefugnisse, ABl., L 81 vom 20.03.2008, S. 38; Richtlinie 2009/83/EG der Kommission vom 27. Juli 2009 zur Änderung bestimmter Anhänge der Richtlinie 2006/48/EG des Europäischen Parlaments und des Rates mit technischen Bestimmungen über das Risikomanagement, ABl. L 196 vom 28.07.2009, S. 14; Richtlinie 2009/110/EG des Europäischen Parlaments und des Rates vom 16. September 2009 über die Aufnahme, Ausübung und Beaufsichtigung der Tätigkeit von E-Geld-Instituten, zur Änderung der Richtlinien 2005/60/EG und 2006/48/EG sowie zur Aufhebung der Richtlinie 2000/46/EG, ABl. L 267 vom 10.10.2009, S. 7; Richtlinie 2010/16/EU der Kommission vom 9. März 2010 zur Änderung der Richtlinie 2006/48/EG des Europäischen Parlaments und des Rates hinsichtlich des Ausschlusses eines Instituts aus ihrem Anwendungsbereich, ABl. L 60 vom 10.03.2010, S. 15.

104 Näher hierzu unten, unter Teil 1/B./IV.

105 Richtlinie 2009/111/EG des Europäischen Parlaments und des Rates vom 16. September 2009 zur Änderung der Richtlinien 2006/48/EG, 2006/49/EG und 2007/64/EG hinsichtlich Zentralorganisation zugeordneter Banken, bestimmter Eigenmittelbestandteile, Großkredite, Aufsichtsregelungen und Krisenmanagement, ABl. L 302 vom 17.11.2009, S. 97.

106 Richtlinie 2010/76/EU des Europäischen Parlaments und des Rates vom 24. November 2010 zur Änderung der Richtlinien 2006/48/EG und 2006/49/EG im Hinblick auf die Eigenkapitalanforderungen für Handelsbuch und Wiederverbriefungen und im Hinblick auf die aufsichtliche Überprüfung der Vergütungspolitik, ABl. L 329 vom 14. 12. 2010, S. 3.

für die Anrechnung und die Obergrenze von hybriden Finanzinstrumenten. Ein weiterer wichtiger Punkt ist die Behandlung der Verbriefung[107]. Mittels des durch CRD II neu eingeführten Art. 122a dürfen Kreditinstitute nur in solche Verbriefungsprodukte investieren, bei denen mindestens 5% des Nominalwertes der verbrieften Positionen vom sog. Originator, Sponsor oder ursprünglichen Kreditgeber gehalten werden.

Als Folgeproblematik wurde dann im Rahmen von CRD III das Thema der Weiterverbriefung aufgegriffen. Bei Weiter- oder Wiederverbriefungen wurde die Risikogewichtung wesentlich höher (mindestens 20%) angesetzt, als bei einfachen Verbriefungen (mindestens 7%). Zudem sind zusätzliche Sorgfaltspflichten (*due diligence*-Prüfungen) zu beachten. Ferner können Geldmarktpapiere, bei denen nicht das Risiko des Forderungspools, sondern effektiv das des Kreditinstitutssponsors übernommen wird, nicht als Weiterverbriefungen angesehen werden[108].

Des Weiteren wurde die Vergütungspolitik an ein solides und wirksames Risikomanagement gekoppelt, um die Entlohnung risikobereiter Praktiken zu unterbinden, vgl. Änderungen von Art. 22 und Art. 54 Richtlinie 2006/48/EG. Schließlich wurde die Kapitalunterlegung von Marktrisiken verschärft und durch neue Bestimmungen der Kreditrisikomessung erweitert[109].

bb) CRD IV

Mit dem als Basel III[110] titulierten Maßnahmenpaket hat der Baseler Ausschuss für Bankenaufsicht umfassend auf die Finanzkrise reagiert. Zur Umsetzung der Baselbestimmungen hat die Kommission das CRD-IV-Regulierungspaket[111] verabschiedet. Dieses besteht aus einer Verordnung[112] und einer Richtlinie[113].

---

107 Die Bündelung von Vermögenswerten im Rahmen von illiquiden ABS-Verbriefungen wird als einer der wesentlichen Faktoren für die Finanzkrise von 2007 und 2008 angesehen; näher hierzu unten, unter Teil 3/A./V./1.

108 Siehe Erwägungsgrund 24, Richtlinie 2010/76/EU.

109 Wie beispielsweise durch eine *Incremental Risk Charge*, siehe auch unten, unter Teil 1/B./IV.

110 Näher hierzu unten, unter Teil 1/B./IV.

111 Zu den Inhalten des CRD-IV-Pakets ausführlich *Kirchhartz*, GWR 2013, 395 ff.; siehe ferner noch zum Entwurf *Schulte-Mattler/Manns*, WM 2011, 2069 ff.

112 Verordnung (EU) Nr. 575/2013 des Europäischen Parlaments und des Rates vom 26. Juni 2013 über Aufsichtsanforderungen an Kreditinstitute und Wertpapierfirmen und zur Änderung der Verordnung (EU) Nr. 646/2012, ABl. L 176 vom 27.06.2013, S. 1.

113 Richtlinie 2013/36/EU des Europäischen Parlaments und des Rates vom 26. Juni 2013 über den Zugang zur Tätigkeit von Kreditinstituten und die Beaufsichtigung

Damit hat sich die Kommission zum ersten Mal für einen unmittelbar wirkenden Rechtsakt in diesem Bereich entschieden.

(1) Rechtsgrundlage der Verordnung

Die Ausgestaltung als „Europäisches Gesetz“ soll die Einführung eines einheitlichen Regelwerkes („*Single Rule Book*“) gewährleisten[114]. Da die bislang herangezogene Rechtsgrundlage, Art. 53 Abs. 1 AEU, nur auf Richtlinien anwendbar ist, hat die Kommission die CRD-IV-Verordnung auf die Rechtsangleichungskompetenz gem. Art. 114 Abs. 1 AEU gestützt. Die Wahl der Verordnung sei zudem erforderlich, da die derzeit in Kraft befindlichen Richtlinien den Mitgliedsstaaten zahlreiche Optionen und Ermessensspielräume einräumen, die zu einer unterschiedlichen Ausgestaltung der Beaufsichtigung in den einzelnen Ländern führe. Auch die hohe Anzahl an erlassenen Änderungsrichtlinien, Kodifizierungen und Neufassungen habe die Intensität der Abweichungen nicht verringern können[115].

Die CRD-IV-Verordnung ist grundsätzlich zu begrüßen. Die Wahl des Rechtsaktes erhöht die Rechtssicherheit im Europäischen Bankenaufsichtsbereich. Jedoch ist zu beachten, dass auch Richtlinien, je nach Ausgestaltung ihres Inhaltes, dem Wirkungsgrad einer Verordnung nahe kommen können[116]. Dies ist hier aber nicht der Fall, da den Mitgliedstaaten weiterhin ein großer Ermessungsspielraum im Hinblick auf das „Wie“ der Aufsicht überlassen wurde. Häufig legten die Richtlinien nur aufsichtsrechtliche Mindestanforderungen fest. Daher waren die Mitgliedstaaten regelmäßig berechtigt, strengere als die in den Richtlinien festgelegten Maßnahmen zu erlassen[117]. Ein damit einhergehendes Aufsichtsgefälle behindert die Ausübung der grenzübergreifenden Tätigkeit und führt zu einer nicht homogenen Ausgestaltung der Wettbewerbsbedingungen.

(2) Regelungsinhalte des CRD-IV-Regulierungspaketes

CRD-IV-Richtlinie und CRD-IV-Verordnung bilden ein Gesamtpaket, da sich beide Rechtsakte isoliert betrachtet auf einen Teilaspekt der Bankenaufsicht

---

von Kreditinstituten und Wertpapierfirmen, zur Änderung der Richtlinie 2002/87/EG und zur Aufhebung der Richtlinien 2006/48/EG und 2006/49/EG, ABl. L 176 vom 27.06.2013, S. 338.

114 Vgl. Vorschlag der Kommission, KOM(2011) 452, S. 12 f.

115 Vorschlag der Kommission, KOM(2011) 452, S. 9 f.

116 Siehe *Sydow*, JZ 2009, 373 ff. (374 f.); *Prokopf*, Das gemeinschaftsrechtliche Instrument der Richtlinie, S. 53 f.

117 Vgl. nur Erwägungsgrund 15, 28, 47 und Art. 113 Abs. 1, Richtlinie 2006/48/EG a.a.O.

beschränken. Während sich der Regelungsgehalt der Richtlinie auf die Zugangsvoraussetzungen zum Bankengeschäft (einschließlich der Bedingungen für die Ausübung der Niederlassungs- und Dienstleistungsfreiheit) und Grundsätze der Bankenaufsicht konzentriert, beschäftigt sich die Verordnung mit den detaillierten Aufsichtsanforderungen der betroffenen Institute. Neu ist an diesem Konzept auch, dass nunmehr Kreditinstitute und Wertpapierfirmen einer einheitlichen Beaufsichtigung unterworfen werden. Letztere waren zuvor nur Gegenstand der Kapitaladäquanzrichtlinie (2006/49/EG). Wesentliche Neuerungen der CRD-IV-Richtlinie sind im Einzelnen die Verbesserung im Bereich Corporate Governance, die Möglichkeit von Sanktionen, Einführung von Kapitalpuffern und die Verschärfung der Aufsichtsregeln. Die Verordnung befasst sich mit den Themen Eigenkapital, Liquidität, Verschuldungsquote und Ausfallrisiko des Kontrahenten. Inhaltlich orientieren sich die aufgeführten Bereiche des CRD-IV-Paketes weitestgehend an den Bestimmungen von Basel III[118].

(3) Ausarbeitung von Regulierungsstandards

Die CRD-IV-Verordnung weist auch der EBA eine bedeutende Rolle zu. In über 50 Bestimmungen des Dokuments wird die EBA zur Präzisierung und Vereinheitlichung der in der Verordnung festgelegten Bestimmungen angewiesen, technische Regulierungs- und Umsetzungsstandards vorzulegen. Die Kommission hat das Recht, die vorgelegten Standards der EBA als delegierte Rechtsakte zu erlassen.

Hinsichtlich der Festlegung von Regulierungsstandards hatte die Kommission in ihrem Entwurf den aus der Lamfalussy-Struktur[119] ergebenden einzigartigen Charakter des Finanzdienstleistungssektors hervorgehoben, gleichsam aber Bedenken geäußert, ob die Beschränkung ihrer Rolle in Bezug auf den Erlass von delegierten Rechtsakten und Durchführungsmaßnahmen im Einklang mit Art. 290 und Art. 291 AEU steht[120].

(4) Inkrafttreten

Das CRD-IV-Paket ersetzt vollständig die CRD (2006/48/EG und 2006/49/EG). Ursprünglich sollten die neuen Aufsichtsvorschriften bereits am 01.01.2013 in Kraft getreten sein. Aufgrund fehlender Einigung über den konkreten Inhalt ist

118 Näher hierzu unten, unter Teil 1/B./IV.

119 Näher hierzu unten, unter Teil 1/A./II./2.

120 Vorschläge der Kommission, KOM(2011) 452, S. 11; KOM(2011) 453, S. 11; näher dazu unten, unter Teil 3/C./III./2./b)/dd).

das Regelungspaket jedoch erst am 27.06.2013 mit Wirkung zum 1. Januar 2014 verabschiedet worden.

Die Übergangsvorschriften des Basel III-Paketes enthalten ferner zahlreiche Schonfristen für die neuen Eigenkapital- und Liquiditätsregeln, die den beaufsichtigten Instituten eine schrittweise Anpassung der erhöhten Anforderungen erlaubt[121], welches nicht alle Regelungsinhalte direkt am 1. Januar 2014 zur Anwendung kommen.

II. Europäische Gremien

1. Beratender Bankenausschuss

Durch die erste Bankenrechtskoordinierungsrichtlinie wurde das erste Gremium im Bankensektor auf EU-Ebene geschaffen. Art. 11 Abs. 1 Richtlinie (77/780/EWG) bestimmte die Einsetzung des Beratenden Ausschusses (besser bekannt unter der englischen Abkürzung „BAC“ – *Banking Advisory Committee*). Das BAC setzte sich aus höchstens drei Vertretern eines jeden Mitgliedstaates und der Kommission zusammen, wobei sich nur Vertreter der Mitgliedsstaaten zum Vorsitzenden des BAC wählen lassen durften[122]. Wie die Bezeichnung des Ausschusses erkennen lässt, stand seine unterstützende Tätigkeit bei der von der Kommission zu überwachenden ordnungsgemäßen Anwendung der Nichtdiskriminierungs- und der ersten Bankenrechtskoordinierungsrichtlinie im Vordergrund[123]. Die Richtlinie stellt außerdem klar, dass das BAC ein rein internes Gremium ist und sich nicht mit Rechtsfragen beschäftigt, die eine Außenwirkung gegenüber einzelnen Kreditinstituten entfalten[124]. Mit diesem Hinweis wird unter Ausschluss jeglicher Vollzugsbefugnisse noch einmal die beratende Funktion des bei der Kommission eingesetzten BAC betont. In Bezug auf die Regelungsbefugnis wurden dem BAC indes mehr Rechte eingeräumt. Änderungen der Richtlinien, die rein technischer Natur sind, durfte die Kommission in Eigenregie vornehmen, aber nur unter vorheriger Konsultation des BAC[125]. Diese Durchführungsbefugnisse der Kommission richten sich nach den Vorschriften des sog. Komitologiebeschlusses[126]. Danach wird die Kommission beim Erlass von Durchführungsmaßnahmen

121 Näher hierzu unten, unter Teil 1/B./IV.

122 Vgl. Art. 11 Abs. 4 und 5 Richtlinie 77/780/EWG.

123 Vgl. Art. 11 Abs. 2 Richtlinie 77/780/EWG.

124 Vgl. Art. 11 Abs. 3 Richtlinie 77/780/EWG.

125 Vgl. Erwägungsgrund 67 und Art. 60 Abs. 2 Richtlinie 2000/12/EG.

126 Beschluss 1999/468/EG des Rates vom 28. Juni 1999 zur Festlegung der Modalitäten für die Ausübung der der Kommission übertragenen Durchführungsbefugnisse,

durch Ausschüsse unterstützt. Derzeit bestehen ungefähr 300 dieser Ausschüsse[127]. Die von den Ausschüssen im Komitologieverfahren abzugebenden Stellungnahmen haben für die Kommission je nach Verfahrensart eine unterschiedliche Bindungswirkung. Der BAC wurde dem Regelungsverfahren[128] i.S.d. Art. 5 des genannten Beschlusses zugeordnet. Nach dem Regelungsverfahren kann die Kommission nur dann die betreffende Maßnahme erlassen, wenn sie mit der Stellungnahme des Ausschusses übereinstimmt (Art. 5 Abs. 3). Im Übrigen sind die von der Stellungnahme abweichenden Maßnahmen unverzüglich dem Rat vorzulegen (Art. 5 Abs. 4). Auf diesem Wege wurden beispielsweise die Richtlinie 91/31/EWG der Kommission vom 19. Dezember 1990[129] und die Richtlinie 94/7/EG der Kommission vom 15. März 1994[130] jeweils zur technischen Anpassung der Definition der „multilateralen Entwicklungsbanken“ in der Richtlinie 89/647/EWG des Rates über einen Solvabilitätskoeffizienten für Kreditinstitute erlassen.

2. *Lamfalussy-Verfahren*

a) Einsetzung der Level 2-Ausschüsse

Ende der 90er Jahre stellte die Kommission einen Aktionsplan für Finanzdienstleistungen (FSAP – *Financial Services Action Plan*[131]) auf. Dieser sah die Etablierung eines integrierten Finanzdienstleistungs- und Kapitalmarktes bis Ende

---

ABl. L 184 vom 17.07.1999, S. 23; zur Stärkung der Mitwirkungsrechte des Europäischen Parlaments abgeändert durch: Beschluss 2006/512/EG vom 17. Juli 2006 zur Änderung des Beschlusses 1999/468/EG zur Festlegung der Modalitäten für die Ausübung der der Kommission übertragenen Durchführungsbefugnisse, ABl. L 200 vom 22.07.2006, S. 11; abgelöst wurde der Komitologiebeschluss durch die Verordnung (EU) Nr. 182/2011 des Europäischen Parlaments und des Rates vom 16. Februar zur Festlegung der allgemeinen Regeln und Grundsätze, nach denen die Mitgliedstaaten die Wahrnehmung der Durchführungsbefugnisse durch die Kommission kontrollieren, ABl. L 55 vom 28.02.2011, S. 13.

127 http://europa.eu/legislation_summaries/institutional_affairs/decisionmaking_process/l10118_de.htm.

128 Durch den Komitologiebeschluss von 1999 wurden die 1987 etablierten fünf Verfahrensarten auf drei reduziert. Zu den Verfahrensarten im Einzelnen siehe *Mensching*, EuZW 2000, 268 ff.; die den Komitologiebeschluss ablösende Verordnung (EU) Nr. 182/2011 beschränkt sich nunmehr auf zwei Verfahrensarten (Beratungs- und Prüfverfahren), siehe dazu *Herdegen*, Europarecht, S. 187.

129 ABl. L 17 vom 23.01.1991, S. 20.

130 ABl. L 89 vom 06.04.1994, S. 17.

131 Mitteilung der Kommission, Finanzdienstleistungen – Umsetzung des Finanzmarktrahmens: Aktionsplan, KOM(99) 232 vom 11.05.1999.

2005 vor. Während der Umsetzung des FSAP stellte sich bereits früh die Reformbedürftigkeit des Gesetzgebungsverfahrens sowie der Struktur der Ausschüsse heraus. Zu diesem Zweck beauftragte der Rat (ECOFIN) am 17. Juli 2000 einen Ausschuss der Weisen, dessen Vorsitz von Baron *Alexandre Lamfalussy* geführt wurde. In seinem Schlussbericht[132] kam der Ausschuss u.a. zu dem Ergebnis, dass das Mitentscheidungsverfahren i.S.v. Art. 251 EG (Art. 294 AEU) zu langwierig und unflexibel sei[133]. Zur Beschleunigung der Gesetzgebungspraxis entwickelte der Ausschuss ein 4-Stufenkonzept, das sog. *Lamfalussy*-Verfahren[134]. Teil dieses Konzeptes war auch die Einsetzung zwei neuer Ausschüsse, der sog. *Level 2*-Ausschüsse (oder auch *Level 2-Committees*). Da sich der *Lamfalussy*-Bericht nur auf die Regulierung der Europäischen Wertpapiermärkte beschränkte, hat die Kommission im Juni 2001 zunächst die zwei Beschlüsse 2001/527/EG[135] und 2001/528/EG[136] zur Einsetzung des Ausschusses der europäischen Wertpapierregulierungsbehörden (*Committee of European Securities Regulators* – CESR) und zur Einsetzung des Europäischen Wertpapierausschusses (*European Securities Committee* – ESC) gefasst. Aufgrund der grundsätzlichen positiven Bewertung[137] des *Lamfalussy*-Prozesses wurden bestimmte Aspekte des 4-Stufenkonzepts auf den Banken- und den Versicherungssektor ausgeweitet[138]. Zu diesen Aspekten zählte insbesondere die Etablierung der *Level 2*-Ausschüsse für die beiden vorgenannten Bereiche. Für den Versicherungssektor wurde somit der Ausschuss der Europäischen Aufsichtsbehörden für das Versicherungswesen und die betriebliche Altersversorgung (*Committee of European Insurance and Occupational Pensions Supervisors* - CEIOPS) und der Ausschuss für das Versicherungswesen und die betriebliche Altersversorgung (*European Insurance and Occupational Pensions Committee* – EIPOC) eingesetzt[139].

---

132 Schlussbericht des Ausschusses der Weisen über die Regulierung der Europäischen Wertpapiermärkte vom 15.02.2001, http://ec.europa.eu/internal_market/securities/docs/lamfalussy/wisemen/final-report-wise-men_de.pdf.

133 Schlussbericht des Ausschusses der Weisen vom 15.02.2001, S. 21.

134 Hierzu ausführlich *Schmolke*, NZG 2005, 912 ff.; vgl. Schlussbericht des Ausschusses der Weisen vom 15.02.2001, S. 8 ff.

135 ABl. L 191 vom 13.07.2001, S. 43.

136 ABl. L 191 vom 13.07.2001, S. 45.

137 Zu den Kritikpunkten vgl. *Schmolke*, NZG 2005, 912 ff. (915 ff.).

138 Vgl. *Commission Staff Working Document*, The Application of the Lamfalussy Process to EU Securities Markets Legislation, A preliminary assessment by the Commission services vom 15.11.2004, SEC(2004) 1459, S. 12 ff.

139 Beschlüsse 2004/6/EG und 2004/9/EG der Kommission vom 05.11.2003 zur Einsetzung der oben bezeichneten Ausschüsse, ABl. L 3 vom 07.01.2005, S. 30 und S. 34.

aa) Europäischer Bankenausschuss

Im Bankensektor wurden ebenfalls zwei neue Ausschüsse gegründet. Einer davon ist der Europäische Bankenausschuss (*European Banking Committee* – EBC[140]). Das EBC führt die Arbeit des BAC fort. Letzteres wurde durch die Ausschussstrukturrichtlinie[141] aufgelöst[142], welche die bestehenden Richtlinien an die neue Ausschussstruktur des *Lamfalussy*-Prozesses angepasst hat. Die an das EBC übertragenen Befugnisse dienen weiterhin der Unterstützung der Kommission, vgl. Art. 151 Richtlinie (2006/48/EG). Im Unterschied zum BAC führt beim EBC nun ein Vertreter der Kommission den Vorsitz[143]. Neben der Mitentwicklung von Umsetzungsmaßnahmen im Komitologieverfahren erfüllt das EBC auch weiterhin eine beratende Funktion mit Hinblick auf Fragen des Bankwesens[144]. Das EBC erstellt Info-Briefe (früher Newsletter), in welchen es über aktuelle Themen des Bankenbereichs und seine Tätigkeit berichtet[145]. Derzeit zählt dazu beispielsweise die kürzlich getroffene Rahmenvereinbarung des Baseler Ausschusses für Bankenaufsicht (Basel III[146]) und die neuen CRDs (CRD III und CRD IV)[147].

bb) Ausschuss der Europäischen Bankaufsichtsbehörden

Der zweite Ausschuss, der im Rahmen des *Lamfalussy*-Prozesses für den Banksektor eingesetzt wurde, ist der Ausschuss der Europäischen Bankaufsichtsbehörden (*Committee of European Banking Supervisors* – CEBS[148]). Ähnlich dem EBC kam auch dem CEBS eine beratende Funktion insbesondere bei der Ausarbeitung von Entwürfen von Durchführungsbestimmungen der Kommission

---

140 Beschluss 2004/10/EG der Kommission vom 05.11.2003 zur Einsetzung des Europäischen Bankenausschusses (EBC), ABl. L 3 vom 07.01.2005, S. 36.

141 Richtlinie 2005/1/EG des Europäischen Parlaments und des Rates vom 9. März 2005 zur Änderung der Richtlinien 73/239/EWG, 85/611/EWG, 91/675/EWG, 92/49/EWG und 93/6/EWG des Rates sowie der Richtlinien 94/19/EG, 98/78/EG, 2000/12/EG, 2001/34/EG, 2002/83/EG und 2002/87/EG des Europäischen Parlaments und des Rates zur Schaffung einer neuen Ausschussstruktur im Finanzdienstleistungsbereich, ABl. L 79 vom 24.03.2005, S. 9.

142 Vgl. Erwägungsgrund 15 Richtlinie 2005/1/EG.

143 Art. 3 Abs. 1 Beschluss 2004/5/EG.

144 Vgl. Art. 2 Beschluss 2004/5/EG.

145 Einsehbar unter http://ec.europa.eu/internal_market/bank/ebc/index_en.htm.

146 Näher hierzu unten, unter Teil 1/B./IV.

147 EBC Info-letter, Issue 3, December 2010, S. 1 ff.

148 Beschluss 2004/5/EG der Kommission vom 05.11.2003 zur Einsetzung des CEBS, ABl. L 3 vom 07.01.2005, S. 28.

zu. Jedoch handelte es sich um eine von der Kommission losgelöste unabhängige Beratergruppe mit Sitz in London, die sich aus hochrangigen Vertretern der nationalen Aufsichtsbehörden für Kreditinstitute, der EU-Zentralbanken und der EZB zusammensetzte. Gleichwohl war die Kommission in den Ausschusssitzungen des CEBS vertreten[149]. Vor Übermittlung seiner Stellungnahme an die Kommission hatte das CEBS frühzeitig und umfassend Marktteilnehmer, Verbraucher und Endnutzer zu konsultieren[150].

Eine Gruppe aus Vertretern der nationalen Aufsichtsbehörden (*Groupe de Contact* - GdC) hatte sich bereits Mitte der 70er Jahre gebildet, um praktische Fragen, insbesondere in Bezug auf in mehreren Mitgliedstaaten ansässige und/oder tätige Kreditinstitute, zu erörtern. Insoweit hatte die erste Bankenrichtlinie (77/780/EWG) die Verpflichtung zur engen Zusammenarbeit der nationalen Aufsichtsbehörden ausgesprochen[151] und das BAC beschäftigte sich ausdrücklich nicht mit Problemen, die einzelne Kreditinstitute betrafen[152]. Die GdC wurde dann später als Expertengruppe in das CEBS eingegliedert.

b) Erweiterung der Aufgaben / Level 3-Ausschüsse

Stufe 3 des *Lamfalussy*-Verfahrens, die der verstärkten Zusammenarbeit der Regulierungsbehörden gewidmet wurde, sah eine Erweiterung der Aufgaben des CESR, CEIOPS und CEBS vor[153]. Zur Verbesserung der gemeinsamen und einheitlichen Umsetzung der EU-Vorschriften waren die drei Ausschüsse nunmehr berufen, einheitliche Leitlinien für die auf nationaler Ebene zu verabschiedenden Verwaltungsvorschriften aufzustellen, gemeinsame Empfehlungen zu Auslegungsfragen herauszugeben, gemeinsame Standards für nicht unter die Rechtsvorschriften der EU fallende Fragen zu setzen, Regulierungspraktiken zu vergleichen und zu überprüfen sowie in regelmäßigen Abständen *Peer Reviews* durchzuführen.

---

149 Vgl. Art. 3 Abs. 1 und 3 Beschluss 2004/5/EG.

150 Art. 5 Abs. 1 Beschluss 2004/5/EG.

151 Art. 7 Abs. 1 Richtlinie 77/780/EWG.

152 Siehe oben unter Teil 1/A./II./1. bzw. Art. 11 Abs. 3 Richtlinie 77/780/EWG.

153 Der Schlussbericht selbst bezieht sich nur auf die Aufgaben des CESR, da die Erweiterung des *Lamfalussy*-Konzeptes auf den Banken- und Versicherungsbereich, wie oben dargestellt, erst später beschlossen wurde; vgl. Schlussbericht des Ausschusses der Weisen vom 15.02.2001, S. 46 ff.; Beschlüsse 2009/78/EG und 2009/79/EG der Kommission vom 23. Januar 2009 zur Einsetzung des CEBS und des CEIOPS, ABl. L 25 vom 29.01.2009, S. 23 und S. 28.

Die Arbeit der Ausschüsse wurde damit unabhängiger. In materieller Hinsicht war der Wirkungsgrad ihrer Tätigkeit jedoch weiter beschränkt. Die von den Ausschüssen ausgearbeiteten Leitlinien, Empfehlungen oder Standards waren rechtlich nicht verbindlich[154] und erfüllten daher eher den Zweck einer Orientierungs- oder Auslegungshilfe.

Mit Umsetzung der dritten Stufe des *Lamfalussy*-Konzeptes in allen drei Bereichen wurden CESR, CEIOPS und CEBS auch häufig als *Level 3*-Ausschüsse bzw. *Committees* bezeichnet. Die letzte und vierte Stufe des *Lamfalussy*-Plans hatte hingegen keinen Einfluss mehr auf die Aufgaben der Ausschüsse[155].

3. *Weitere Europäische Zusammenschlüsse*

Neben den genannten Gremien besteht eine Reihe von europäischen Vereinigungen, Verbänden und Ausschüssen mit Relevanz für das Bankwesen. Zu nennen ist beispielsweise die Europäische Bausparkassenvereinigung (*European Federation of Building Societies* – EFBS[156]), die *Leaseurope*[157], die *EU Federation for the Factoring and Commercial Finance Industry*[158], der Europäische Hypothekenverband (*European Mortgage Federation* – EMF[159]), *Eurofinas*[160] für auf Verbraucherkredite spezialisierte Einrichtungen, der Europäische Sparkassenverbund (*European Savings Banks Group* – ESBG[161]) oder der Europäische Ausschuss für Bankstandards (*European Committee for Banking Standards* – ECBS[162]). Die Konsultation dieser Einrichtungen durch die Kommission ist grundsätzlich nicht obligatorisch und mit der Einbindung einzelstaatlicher Interessenvertretungen auf nationaler Ebene vergleichbar[163].

B. Internationale Aufsichtsstrukturen - Baseler Ausschuss

Der Baseler Ausschuss für Bankenaufsicht (*Basel Committee on Banking Supervision* – BCBS) ist ein internationales Gremium, das von den Präsidenten

154 Vgl. nur Art. 3 Beschluss 2009/78/EG.
155 Vgl. Schlussbericht des Ausschusses der Weisen vom 15.02.2001, S. 49 ff.
156 http://www.efbs.org/.
157 http://www.leaseurope.org/.
158 http://www.euf.eu.com/.
159 http://www.hypo.org/Content/Default.asp.
160 http://www.eurofinas.org/.
161 http://www.esbg.eu/.
162 http://www.ecbs.org/.
163 Vgl. *Kolassa* in: Schimansky/Bunte/Lwowski, Bankrechtshandbuch, § 135 Rn. 10 f.

der Zentralbanken der G-10-Länder im Jahr 1974 gegründet wurde. Die Gründung erfolgte insbesondere als Reaktion auf den Zusammenbruch der Herstatt-Bank[164], welcher infolge von nicht mehr tragbaren Verlusten mit hoch spekulativen Devisengeschäften die Vertrauenswürdigkeit der Finanzmärkte in Frage stellte.

Mittlerweile hat sich die Anzahl der Mitglieder des BCBS mehr als verdoppelt[165]. Sofern der Zentralbank eines Landes nicht die Bankenaufsicht obliegt wird das Land im BCBS zusätzlich durch den Leiter der entsprechenden Bankenaufsichtsbehörde vertreten. Das BCBS tritt in der Regel vier Mal im Jahr zusammen. Mangels eigenen Verwaltungsunterbaus werden die Sitzungen des BCBS bei der Bank für Internationalen Zahlungsausgleich (*Bank for International Settlements* - BIS[166]) abgehalten, bei der sich auch das Sekretariat befindet. Die im Rahmen des BCBS getroffenen Vereinbarungen entfalten keine völkerrechtliche Bindung[167]. Ungeachtet ihres *soft law*-Charakters konstituieren sie dennoch eine entscheidende Vorgabe für Gesetzesänderungen auf nationaler und unionsrechtlicher Ebene. Aufgrund der internationalen Ausrichtung vieler Kreditinstitute ist es zudem wichtig, dass sich die Bankenaufsichtsbehörden über den EU-Raum hinaus auf gewisse Mindeststandards und gemeinsame Grundsätze einigen, damit sich die Kreditinstitute nicht durch Aufsichts-*shopping* einer effektiven Kontrolle entziehen.

I. Baseler Konkordat

Erste Ziele der internationalen Bankenaufsichtszusammenkunft wurden kurz nach dem Konkurs der Herstatt Bank im Jahr 1975 im sog. Baseler Konkordat[168]

164 Näher dazu: *Blei*, Früherkennung von Bankenkrisen – dargestellt am Beispiel der Herstatt-Bank, S. 10 ff.

165 Zu den Mitgliedern zählen derzeit: Argentinien, Australien, Belgien, Brasilien, China, Deutschland, Frankreich, Hong Kong, Indien, Indonesien, Italien, Japan, Kanada, Korea, Luxemburg, Mexiko, die Niederlande, Russland, Saudi Arabien, Singapur, Süd Afrika, Spanien, Schweden, Schweiz, Türkei, das Vereinigte Königreich und die U.S.A. - http://www.bis.org/about/factbcbs.htm.

166 http://www.bis.org/about/index.htm; näher zur Rolle der BIS: *Herdegen*, Internati onales Wirtschaftsrecht, S. 229.

167 *Herdegen*, Internationales Wirtschaftsrecht, S. 63 und 230; vgl. *Hirte/Heinrich* in: Derleder/Knops/Bamberger, Handbuch zum deutschen und europäischen Bankrecht, § 73 Rn. 10.

168 *Committee on Banking Regulations and Supervisory Practices* (ursprüngliche Bezeichnung des BCBS), Report on the supervision of banks' foreign establishments

festgehalten. Im Fokus dieses Dokuments stand die Beaufsichtigung von Niederlassungen ausländischer Kreditinstitute[169], unabhängig von der Form der Niederlassung (*branch, subsidiary, joint venture or consortium*). Das Erfordernis internationaler Zusammenarbeit auf diesem Gebiet wurde damit begründet, dass sich keine ausländische Niederlassung der Aufsicht entziehen dürfe und dabei jeden Staat eine gewisse Pflicht träfe, deren Beaufsichtigung in seinem Einzugsgebiet in einem ausreichenden Maße zu gewährleisten[170]. Bei der Beaufsichtigung von ausländischen Niederlassungen wurden drei Aspekte besonders hervorgehoben: Solvabilität, Liquidität und Devisengeschäfte[171]. Letzterer Aspekt ist wohl den hoch riskanten Devisengeschäften der Herstatt Bank geschuldet.

II. Eigenkapitalvereinbarung (Basel I)

Die bereits im Baseler Konkordat unter den Stichworten Solvabilität und Liquidität angesprochenen aufsichtsrechtlichen Aspekte wurden anschließend im sog. Baseler Eigenkapitalakkord von 1988 (*Basel Capital Accord* – Basel I[172]) weiter konkretisiert. Basel I enthält klare Vorgaben für die Eigenkapitalausstattung von Kreditinstituten, die von der Europäischen Gemeinschaft kurz darauf im Jahr 1989 durch die Eigenmittelrichtlinie (89/299/EWG) und die Solvabilitätsrichtlinie (89/647/EWG) umgesetzt wurden[173]. Der Akkord legt insbesondere die zulässigen Elemente und ihre prozentuale Gewichtung für das Kernkapital (*core capital*) und das Ergänzungskapital (*supplementary capital*) fest[174]. Des Weiteren wurde der in der Solvabilitätsrichtlinie übernommene Solvabilitätskoeffizient auf 8% festgesetzt (*standard ratio of capital to weighted risk assets*[175]).

– Concordat, BS/75/44e vom 26.09.1975, ersetzt im Mai 1983 durch: *BCBS*, Principles for the Supervision of the Banks' foreign establishments (Concordat), jeweils einsehbar auf der Internetpräsenz der BIS.

169 Der Baseler Ausschuss verwendet aufgrund der über den EU-Raum hinausgehenden Dimension vorwiegend den Begriff der „Banken" während der Begriff der „Kreditinstitute" ein unionsrechtlich geprägter Begriff ist, vgl. oben unter Teil 1/A./I./3./b).

170 Vgl. Konkordat (1975), S. 1 f.; Konkordat (1983), S. 2 f.

171 Konkordat (1975), S. 2 ff.; Konkordat (1983), S. 4 ff.

172 *BCBS*, International convergence of capital measurement and capital standards (updated to April 1998), Juli 1988.

173 Näher hierzu oben, unter Teil 1/A./I./3./d).

174 Vgl. Eigenkapitalakkord (Basel I), S. 3 ff.

175 Eigenkapitalakkord (Basel I), S. 13.

III. Novellierung des Eigenkapitalakkords (Basel II)

Im Juni 1999 wurden erste Vorschläge zur Überarbeitung der Basel I-Vereinbarung vom BCBS veröffentlicht. Ein wichtiger Aspekt war dabei die Handhabung bzw. die Verringerung von Kreditrisiken (*credit risk mitigation* -CRM[176]). Nach den Bestimmungen von Basel I erfolgte die Eigenkapitalunterlegung von Kreditgeschäften pauschal mit einem Solvabilitätskoeffizienten von 8%. Abgesehen von wenigen Ausnahmen wurde die prozentuale Unterlegung mit Eigenkapital daher grundsätzlich losgelöst vom konkreten Kreditrisiko im Einzelfall und der Bonität des Kreditnehmers festgelegt. Die mangelnde Differenzierung der Kreditrisiken im Verhältnis zur Höhe der Eigenkapitalunterlegung wurde deshalb vielfach kritisiert[177] und veranlasste schließlich den Baseler Ausschuss zur Überarbeitung der Eigenkapitalvereinbarung. Nach mehreren Konsultationsrunden ist dann im Juni 2004 die als Basel II bekannte Rahmenvereinbarung[178] vom BCBS verabschiedet worden. An den Kernpunkten der Eigenkapitalvereinbarung von 1988, wie der Definition hinsichtlich der als Eigenkapital anrechenbaren Elemente sowie das allgemeine Erfordernis, die gewichteten Risikoaktiva mit mindestens 8% des Eigenkapitals zu unterlegen, wurde weiter festgehalten. Die Definition des aufsichtsrechtlich anrechenbaren Eigenkapitals unterliegt allerdings kleinen Anpassungen[179] und die Berechnung des Solvabilitätskoeffizienten wird um einen weiteren Faktor ergänzt.

Neben den bereits von Basel I behandelten Eigenkapitalanforderungen treten zwei weitere neue Regelungsinhalte hinzu, die Bestandteil eines „Drei-Säulen-Ansatzes“ sind:

---

176 Näher dazu: *BCBS*, Newsletter No. 2, Update on work on the New Basel Capital Accord, September 2001.

177 Vgl. *Volkenner/Walter*, DStR 2004, 1399 ff. (1399).

178 *BCBS*, Internationale Konvergenz der Eigenkapitalbemessung und der Eigenkapitalanforderungen, Überarbeitete Rahmenvereinbarung, Juni 2004; in einer weiteren Version von 2006 werden im Juli 2005 veröffentlichte Praxisempfehlungen unter dem Titel „*The Application of Basel II to Trading Activities and the Treatment of Double Default Effects*“ zusätzlich mitberücksichtigt, vgl. *BCBS*, Internationale Konvergenz der Eigenkapitalbemessung und der Eigenkapitalanforderungen Überarbeitete Rahmenvereinbarung, Umfassende Version, Juni 2006, S. 4 ff. Die folgenden Verweise beziehen sich auf die Version von 2004.

179 Vgl. Rahmenvereinbarung (Basel II), S. 10 und 12.

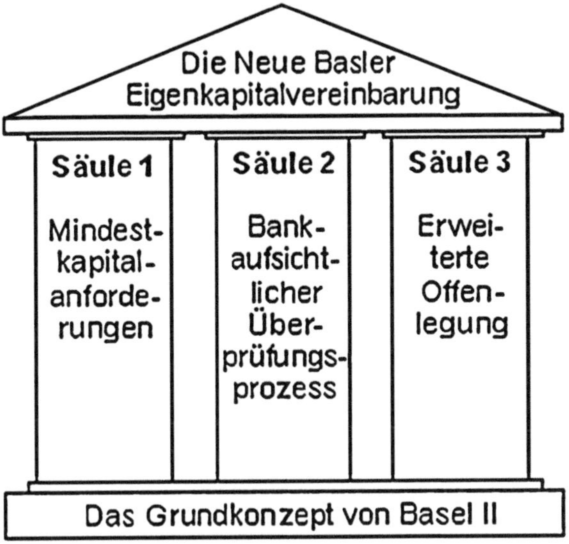

(Quelle: Deutsche Bundesbank[180]*)*

1. Mindestkapitalanforderungen

Die nun unter der ersten Säule zusammengefassten Voraussetzungen an das Mindestkapital der Kreditinstitute (*minimum capital requirements*) berücksichtigen verstärkt die faktischen Ausfallrisiken. Zur Berechnung des Kreditrisikos und den damit verbundenen Mindestkapitalvoraussetzungen können die Kreditinstitute zwischen zwei Methoden wählen. Die eine Methode betrifft die Messung des Risikos anhand von standardisierten Risikogewichtungen unterstützt durch externe Bonitätsbeurteilungen (Kreditrisikostandardansatz - KSA[181]). Bis auf die Anpassung einzelner Risikogewichtungen entspricht dieser Ansatz den bisherigen Bewertungsgrundsätzen. Nach der zweiten Methode können Banken ein eigenes internes Rating-System verwenden, das zwingend von der zuständigen Bankenaufsicht genehmigt werden muss (auf internen Ratings basierender Ansatz - IRBA[182]). Innerhalb des IRB-Ansatzes besteht wiederum die Wahl

180 http://www.bundesbank.de/bankenaufsicht/bankenaufsicht_basel.php.

181 Rahmenvereinbarung (Basel II), S. 15 ff.

182 Rahmenvereinbarung (Basel II), S. 45 ff.; näher dazu *Dragomir*, European Prudential Banking Regulation and Supervision, S. 135 ff.

zwischen zwei Varianten, dem Basisansatz und dem fortgeschrittenen Ansatz[183]. Durch den IRB-Ansatz wird Banken ermöglicht, ihre Kapitalberechnungen anhand interner Risikomessverfahren stärker den tatsächlichen Transaktionsrisiken anzupassen. Ein Vorteil gegenüber externen Ratings kann auch darin erblickt werden, dass die jeweilige Bank aufgrund jahrelanger Kundenbeziehungen meist über mehr Informationen des Kreditnehmers verfügt[184] und daher das Gesamtrisiko besser beurteilen kann als eine Ratingagentur.

Ferner wird nunmehr zur Berechnung des Solvabilitäskoeffizienten das operationelle Risiko miteinbezogen. Darunter versteht die Baseler Rahmenvereinbarung die Gefahr von Verlusten, die infolge einer Unzulänglichkeit oder des Versagens von internen Verfahren, Menschen und Systemen oder infolge externer Ereignisse eintreten[185]. Umfasst sind auch Rechtsrisiken, wie beispielsweise die potentielle Verpflichtung zu Geldstrafen[186]. Auch zur Berechnung des operationellen Risikos bestehen verschiedene Ansätze (Basisindikator-, Standard- und fortgeschrittene Messansätze[187]) auf die zurückgegriffen werden kann.

2. *Bankenaufsichtliches Überprüfungsverfahren*

Die zweite Säule betrifft die aufsichtsrechtliche Absicherung einer angemessenen Kapitalausstattung der Kreditinstitute. Die Baseler Rahmenvereinbarung hat für das aufsichtsrechtliche Überprüfungsverfahren, den sog. *Supervisory Review Process* (SRP), vier zentrale Grundsätze entwickelt. Der erste Grundsatz stellt die Verpflichtung für Banken auf, über ein Verfahren zur Beurteilung der Angemessenheit ihrer gesamten Eigenkapitalausstattung im Verhältnis zu ihrem Risikoprofil sowie über eine Strategie für den Erhalt ihres Eigenkapitals zu verfügen[188]. Danach müssen die Banken insbesondere darlegen, dass ihre Eigenkapitalunterlegung mit dem Gesamtrisikoprofil im Einklang steht. Mögliche negative Ereignisse und Veränderungen der Marktkonditionen sollen durch strenge und zukunftsorientierte Stresstests frühzeitig erkannt werden[189]. Der

183 Rahmenvereinbarung (Basel II), S. 52; näher dazu: *Jungmichel*, WM 2003, 1201 ff. (1203 f.).

184 *Roth/Kokemoor*, WM 2000, 2409 ff. (2411).

185 Rahmenvereinbarung (Basel II), S. 127.

186 Nicht erfasst sind jedoch strategische Risiken oder Reputationsrisiken, vgl. Rahmenvereinbarung (Basel II), S. 127.

187 Rahmenvereinbarung (Basel II), S. 127 ff; näher dazu: *Jungmichel*, WM 2003, 1201 ff. (1206 f.).

188 Rahmenvereinbarung (Basel II), S. 147 ff.

189 Vgl. Rahmenvereinbarung (Basel II), S. 147.

zweite Grundsatz betrifft die Überprüfung und die Bewertung der bankinternen Beurteilungen und Strategien zur angemessenen Eigenkapitalausstattung durch die Aufsichtsbehörden. Dabei wird auch die Fähigkeit der Banken untersucht, ihre aufsichtsrechtlichen Eigenkapitalanforderungen zu überwachen und deren Einhaltung sicherzustellen. Neben den von der Bankenaufsicht zu genehmigenden internen Ratingsystemen nach dem IRB-Ansatz sind zudem die Ergebnisse aus Sensitivanalysen und Stresstests für die Kapitalplanung miteinzubeziehen. Sofern die Untersuchungsergebnisse nicht zufriedenstellend sind, sollen aufsichtsrechtliche Maßnahmen ergriffen werden[190]. Der dritte Grundsatz spricht die Erwartung aus, dass Banken über eine höhere Eigenkapitalausstattung als die regulatorischen Mindestquoten verfügen und die Bankenaufsicht die Möglichkeit haben sollte, eine über dem Minimum liegende Eigenkapitalausstattung zu verlangen[191]. Der vierte und letzte Grundsatz verpflichtet die Bankenaufsicht zum frühzeitigen Eingreifen, um zu verhindern, dass das Eigenkapital unter die Mindestausstattung fällt, die nach dem jeweiligen Risikoprofil notwendig ist. Für den Fall, dass das Eigenkapital nicht erhalten oder wieder ersetzt wird, sollen die Aufsichtsbehörden eine schnelle Abhilfe fordern[192].

3. *Erweiterte Offenlegung*

Die mit dem Begriff Marktdisziplin (*market discipline*) umschriebene dritte Säule hat einen ergänzenden Charakter zu den ersten beiden Säulen. Sie betrifft die Offenlegungspflichten der Kreditinstitute. Die halbjährliche Veröffentlichung von Kerninformationen über den Anwendungsbereich, das Eigenkapital, die Risikopositionen, die Risikomessverfahren und – daraus abgeleitet – die Angemessenheit der Eigenkapitalausstattung einer Bank soll Marktteilnehmern die Möglichkeit zur besseren Bewertung der wirtschaftlichen Situation einräumen[193]. Das Dokument unterscheidet zwischen qualitativen und quantitativen zu veröffentlichenden Informationen. Dabei gilt die Pflicht zur Offenlegung nur für die oberste Konsolidierungsebene der Bankengruppe[194]. Des Weiteren kommt den Offenlegungsbestimmungen mit Basel II eine verstärkte

---

190 Rahmenvereinbarung (Basel II), S. 150 f.

191 Rahmenvereinbarung (Basel II), S. 152.

192 Rahmenvereinbarung (Basel II), S. 152 f.

193 Rahmenvereinbarung (Basel II), S. 163 ff.

194 Eine Ausnahme besteht in der Offenlegung der Gesamt- und Kernkapitalquoten der bedeutenden Banktochtergesellschaften durch das Mutterunternehmen, wenn eine solche Analyse innerhalb der Gruppe angezeigt ist, Rahmenvereinbarung (Basel II), S. 166 ff.

Bedeutung zu, da den Banken nunmehr aufgrund der internen Ratingsysteme ein erhöhter Ermessensspielraum in Bezug auf ihre Eigenkapitalanforderungen eingeräumt wird[195].

4. *Umsetzung in der EU*

Auf EU-Ebene wurden die in der Rahmenvereinbarung manifestierten Grundsätze zeitnah im Jahr 2006 durch die, auch einfach als „Bankenrichtlinie" bezeichnete, zweite Kodifizierungsrichtlinie (2006/48/EG) und durch die Kapitaladäquanzrichtlinie (2006/49/EG), welche häufig als eine einheitliche „Kapitalanforderungsrichtlinie" unter der englischen Abkürzung „CRD" zusammengefasst werden, übertragen[196].

IV. Reaktionen auf die Finanzkrise (Basel III)

Neben strukturellen Veränderungen hat die Finanzkrise von 2007 und 2008 auch eine inhaltliche Revision der bankaufsichtsrechtlichen Bestimmungen zur Folge gehabt. Im Juli 2009 wurden zunächst zusätzliche Ausfallrisiken in das Basel II-Rahmenwerk miteinbezogen[197]. Die Anforderungen an die Eigenkapitalunterlegung wurden um eine „*Incremental Risk Charge*" (IRC) ergänzt, die aus konkretem Anlass zusätzliche Eigenmittel zur Absicherung des Ausfallrisikos (*default risk*) der Forderungsschuldner und des Kreditmigrationsrisikos (*credit migration risk*) für eine interne oder externe Bewertungsabstufung (*rating downgrade*) im Handelsbuch verlangt[198]. Die IRC umfasst Risiken, die durch das Wert-Risikoverhältnis (*value-at-risk* – VaR) nicht abgedeckt sind und zumeist illiquide Finanzprodukte betreffen.

Auf EU-Ebene wurden diese Neuerungen durch Verabschiedung der Richtlinien CRD II und CRD III aufgenommen[199].

Die ausführliche Antwort des Baseler Ausschusses auf die Finanzmarktkrise erfolgte dann allerdings in einem umfassenden Reformpaket, welches allgemein unter dem Begriff „Basel III" zusammengefasst wird. Das im Dezember 2010

---

195 Vgl. Rahmenvereinbarung (Basel II), S. 163.

196 Näher hierzu oben, unter Teil 1/A./I./3./f)/bb).

197 *BCBS*, Guidelines for computing capital for incremental risk in the trading book – final version, Juli 2009.

198 Vgl. S. 3 der Guidelines.

199 Näher hierzu oben, unter Teil 1/A./I./3./g)/aa).

veröffentlichte Basel-III-Paket[200] befasst sich mit den von den zwanzig wichtigsten Industrie- und Schwellenländern (G-20[201]) auf dem Gipfel in Pittsburgh im September 2009 ausgemachten Schwachstellen[202] und setzt den in Toronto im Juni 2010 weiter konkretisierten und in Seoul im November 2010 beschlossenen Aktionsplan (*The Seoul Action Plan*[203]) um. Die in diesem Paket vorgeschlagenen Maßnahmen sollen das Risikomanagement, die Führungsstrukturen und die Resistenz des Bankensektors gegenüber jeder Art von Schocks aus Stresssituationen im Finanzsektor und in der Wirtschaft verbessern. Gleichzeitig sollen das Transparenzgebot und die Offenlegungspflichten für Banken weiter verstärkt werden[204].

1. *Eigenkapital*

Unter Basel III werden die Eigenkapitalklassen neu definiert. An der Unterscheidung zwischen Kernkapital (*Tier-1-Capital*) und Ergänzungskapital (*Tier-2-Capital*) wird weiterhin festgehalten. Jedoch wird das Kernkapital nunmehr in zwei Unterklassen aufgeteilt, hartes Kernkapital (*Common-Equity-Tier-1-Capital*) und ergänzendes Kernkapital (*Additional-Tier-1-Capital*). Das Ergänzungskapital wird zukünftig keine Unterklassen mehr enthalten. Die Einordnung als *Tier-2-Capital* erfolgt nach Maßgabe eines Kriterienkataloges, der 14 Punkte[205] umfasst. Drittrangige Eigenkapitalinstrumente (*Tier-3-Capital-Instruments*) werden abgeschafft[206]. Das Kernkapital soll der Verlustabsorption während des laufenden Geschäftsgangs (*Going-Concern-Capital*) dienen und das Ergänzungskapital Forderungen im Fall der Liquidation, Auflösung oder Insolvenz (*Gone-Concern-Capital*) abdecken.

---

200 *BCBS*, Basel III: A global regulatory framework for more resilient banks and banking systems, December 2010 – revised version June 2011; *BCBS*, Basel III: International framework for liquidity risk measurement, standards and monitoring, December 2010; *BCBS*, Guidance for national authorities operating the countercyclical capital buffer, December 2010.

201 http://www.g20.org/.

202 Vgl. *G-20*, Leaders' Statement, The Pittsburgh Summit, 24.-25.09.2009, S. 7 ff.

203 *G-20*, The G20 Seoul Summit Leaders' Declaration, 11.-12.11.2010, S. 1 ff., 6 ff.

204 Vgl. *BCBS*, Internationaler Regulierungsrahmen für Banken (Basel III), http://www.bis.org/bcbs/basel3_de.htm; hierzu *Becker/Böttger/Ergün/Müller*, DStR 2011, 375 ff.; *Manns/Schulte-Mattler*, WM 2010, 1577 ff.

205 *BCBS*, Basel III: A global regulatory framework for more resilient banks and banking systems, S. 18 f.

206 *BCBS*, Basel III: A global regulatory framework for more resilient banks and banking systems, S. 2.

Des Weiteren werden zusätzliche Kapitalpuffer ins Leben gerufen. Zum einen gibt es einen schrittweise ansteigenden Kapitalerhaltungspuffer (*Capital Conservation Buffer*) von 0,625% (01.01.2016) bis 2,5% (01.01.2019). Dieser verpflichtet die Banken in krisenfreien Zeiten einen zusätzlichen Eigenkapitalbestand aufzubauen. Sobald Verluste generiert werden, kann die betroffene Bank dieses zusätzliche Eigenkapital zur Kompensation als Puffer nutzen. Zum anderen enthält das Aufsichtspaket, ebenfalls beginnend zum 01.01.2016, einen antizyklischen Kapitalpuffer (*Countercyclical Capital Buffer*), der je nach Wirtschaftslage (Expansion oder Rezession) eine variable Eigenkapitalquote ausweist. Diese kann zwischen 0 und 2,5% liegen und wird von den zuständigen Behörden in regelmäßigen Abständen festgelegt. Den Banken wird die jeweilig aufzubringende Kapitalquote 12 Monate vor Inkrafttreten mitgeteilt, um entsprechend auf die veränderten Eigenkapitalanforderungen angemessen reagieren zu können[207]. Beide Puffer sind ausschließlich mit hartem Kernkapital auszustatten.

Damit wird die Eigenkapitalausstattungsquote von derzeit 8% bis zum 01.01.2019 auf 13%[208] steigen, wobei der Anteil des harten Kernkapitals, einschließlich vorgenannter Kapitalpuffer, 9,5% betragen muss[209].

2. *Liquidität*

Neben der angemessenen Eigenkapitalausstattung ist die ausreichende Liquidität ein ebenso wichtiges Element für die Stabilität des Bankensektors. Das klassische Bankgeschäft lebt von der Zinsmarge, die sich aus der Differenz der für das Einlagengeschäft gewährten und der für die Kreditvergabe erhobenen Zinsen, ergibt. Verlieren die Einleger das Vertrauen in das Institut, so wie es in der jüngsten Finanzkrise vermehrt geschehen ist, kommt es zu einer erhöhten Rückforderung der Einlagen (*Bank Run*). Dies kann zu Liquiditätsengpässen führen. Ein weiterer Faktor für die Beeinflussung der Liquidität ist zudem die Gewichtung illiquider Vermögenswerte in der Bilanz des Instituts und

207 Dies gilt sinngemäß nur für eine Erhöhung des Puffers; Entscheidungen zur Senkung des Puffers entfalten hingegen eine sofortige Wirkung, vgl. *BCBS*, Basel III: A global regulatory framework for more resilient banks and banking systems, S. 58.

208 Wobei die genaue Höhe des bereitzustellenden Eigenkapitals von der Höhe des antizyklischen Kapitalpuffers abhängt. Beträgt dieser 2,5%, so ergibt sich eine Quote von 13%.

209 Zu den Übergangsfristen siehe Übersicht *BCBS*, Basel III: A global regulatory framework for more resilient banks and banking systems, Annex 4. Der antizyklische Kapitalpuffer ist der Übersicht hinzuzurechnen.

die Fristentransformation[210]. Die unzureichende Liquidität einiger Institute während der Finanzkrise hat das BCBS zur Aufstellung von Prinzipien für ein solides bankenaufsichtsrechtliches Liquiditätsrisikomanagement[211] bewegt. Zur Vervollständigung dieser Prinzipien hat das BCBS zwei Standards entwickelt[212]:

Die Liquiditätsdeckungsquote (*Liquidity Coverage Ratio* – LCR) dient zur Feststellung der kurzfristig zur Verfügung stehenden liquiden Mittel. Anhand der LCR lässt sich berechnen, ob die hoch liquiden Aktiva (*high-quality liquid assets*) des Instituts zur Deckung der Nettomittelabflüsse innerhalb eines 30-tägigen Stressscenarios ausreichen würden.

Zur Ermittlung der langfristigen Liquiditätsversorgung dient die *Net Stable Funding Ratio* (NSFR). Die NSFR muss einen Mindestwert an soliden Refinanzierungsmöglichkeiten, auf welche das Institut innerhalb von einem Jahr zurückgreifen kann, im Verhältnis sowohl zu den Liquiditätsprofilen der bilanziellen Vermögenswerte als auch zu potentiellen Liquiditätsengpässen aufgrund außerbilanzieller Verbindlichkeiten vorweisen.

3. *Verschuldungsquote*

Ein weiteres Merkmal der Finanzkrise war die exzessive Anhäufung bilanzieller und außerbilanzieller Schulden im Bankensektor. Um eine weitere Verschuldung der Bankinstitute zu vermeiden, hat das BCBS mit Basel III die Einführung einer transparenten nicht risikobasierten Verschuldungsquote (*Leverage Ratio*) eingeführt[213]. Die *Leverage Ratio* besteht zunächst für den Zeitraum vom 01.01.2013 bis zum 01.01.2017 auf Basis der neuen Definition des Kernkapitals (*Tier-1-Capital*) aus einer festen Maximalquote von 3%[214]. Sie wird neben den bilanziellen auch außerbilanzielle Positionen und Derivate umfassen. Allerdings erfolgt die Einführung der Verschuldungsquote zunächst nur zu

---

210 Vgl. *Günther*, WM 2010, 825 ff. (827).

211 *BCBS*, Principles for Sound Liquidity Risk Management and Supervision, September 2008.

212 Siehe dazu *BCBS*, Basel III: A global regulatory framework for more resilient banks and banking systems, S. 8 ff.

213 Siehe dazu *BCBS*, Basel III: A global regulatory framework for more resilient banks and banking systems, S. 61 ff.

214 Auch hier greifen zusätzliche Übergangsvorschriften, vgl. *BCBS*, Basel III: A global regulatory framework for more resilient banks and banking systems, S. 63; zur praktischen Berechnung der Verschuldungsquote siehe *Haug* in: Schimansky/Bunte/Lwowski, Bankrechtshandbuch, § 133 a. Rn. 54.

Testzwecken, um eine Einschätzung vornehmen zu können, ob die Höhe und die Kriterien zur Festlegung der *Leverage Ratio* ein taugliches Aufsichtsmittel darstellen.

4. Kontrahentenrisiko

Abgesehen von der qualitativen und quantitativen Verbesserung der Kapitaldecke trägt die angemessene Berücksichtigung aller wesentlichen Risiken zur Komplettierung des Baseler Rahmenwerkes bei. Neben den vorgenannten Ursachen sei auch die unzulängliche Erfassung von bilanziellen, außerbilanziellen und derivativen Risiken ein Schlüsselelement zur Ausweitung der Finanzkrise gewesen, weshalb sich das BCBS entschlossen hat, die Anforderungen für die Bemessung des Kontrahentenrisikos (*Counterparty Credit Risk* – CCR) weiter zu verschärfen[215]. Institute, die sich interner Bemessungsgrundlagen (*Internal Models Method* – IMM) bedienen, müssen zukünftig eine unabhängige *Risk Control Unit* für die Umsetzung des CCR Managementsystems und eine *Collateral Management Unit* zur Handhabung von *Margin Calls* unterhalten. Neuerungen ergeben sich auch in Bezug auf die Berechnung potentieller Ausfallrisiken bei OTC-Derivaten. Sich daraus ergebende Anpassungen der Kreditbewertung (*Credit Value Adjustments* – CVA) werden über eine zusätzliche Verpflichtung zur Eigenkapitalunterlegung (*Capital Charge*) abgesichert[216]. Ferner wurden die Multiplikatoren der *Asset Value Correlation* (AVC) für regulierte Finanzinstitutionen mit einer Bilanzsumme von mehr als 100 Mrd. USD und für alle nicht regulierten Finanzinstitutionen erhöht[217].

5. Umsetzung in der EU

Die aufsichtsrechtlichen Bestimmungen von Basel III werden in der EU durch das am 27.6.2013 verabschiedete CRD IV-Paket[218] umgesetzt, welches ab 2014 bis 2019 entsprechend der vorangegangen Darstellung eine schrittweise Erhöhung der Eigenmittelanforderungen vorsieht.

---

215 Siehe dazu *BCBS*, Basel III: A global regulatory framework for more resilient banks and banking systems, S. 29 ff.

216 Siehe dazu *BCBS*, Basel III: A global regulatory framework for more resilient banks and banking systems, S. 31 ff.

217 Vgl. *BCBS*, Basel III: A global regulatory framework for more resilient banks and banking systems, S. 39 f.

218 Näher hierzu oben, unter Teil 1/A./I./3./g)/bb).

C. Resümee und Ausblick

Lange Zeit war das Europäische Bankenaufsichtsrecht von einer Vielzahl schrittweise erlassener Einzelrichtlinien geprägt. Die anfangs von der Kommission vorgebrachte Idee, ein „Europäisches KWG“ zu verabschieden, wäre zweifelsfrei der übersichtlichere und stringentere Ansatz gewesen. Mit diesen Argumenten ließen sich die politischen Hürden aber leider nicht überwinden. Dennoch konnten durch die sukzessive Harmonisierung des Bankensektors wichtige Instrumente, wie der EU-Pass, die konsolidierte Aufsicht und verschiedene Mechanismen zur Eigenkapitalunterlegung, implementiert werden. Mit Kodifizierung der Bankenrichtlinien im Rahmen des SLIM-Projektes beginnend zur Jahrtausendwende konnten die Vorschriften vereinheitlicht werden. Ein wichtiger Schritt in die richtige Richtung ist der Kommission mit dem neuen CRD-IV-Paket gelungen, das neben der traditionellen Richtlinie auch erstmals eine Verordnung enthält. Die unmittelbare Rechtswirkung der aufsichtsrechtlichen Vorgaben ohne Ermessenspielräume und Ausnahmetatbestände ist eine wichtige Voraussetzung für ein homogen ausgestaltetes Bankenaufsichtsrecht, das über die Formulierung von Mindeststandards hinausgeht.

Auch die institutionelle Ebene der EU-Bankenaufsicht zeichnete sich bislang durch einen dezentralisierten Ansatz aus. Damit unterlag den einzelnen nationalen Aufsichtsbehörden der Mitgliedstaaten vor Inkrafttreten des ESFS ausschließlich das Recht der Beaufsichtigung. Den Europäischen Ausschüssen, insbesondere dem CEBS, kam nur eine beratende Funktion zu.

Von zentraler Bedeutung war und ist die Tätigkeit des Baseler Ausschusses für Bankenaufsicht sowohl auf internationaler als auch auf europäischer Ebene. Obwohl seine Vorgaben rechtlich nicht bindend sind, werden sie zumindest innerhalb der EU mit einer gewissen Konsequenz in Unionsrecht transformiert. Insbesondere die seit 2006 erlassenen CRDs dienen überwiegend der Umsetzung von aufsichtsrechtlichen Bestimmungen des BCBS.

Das Basel III-Paket bzw. seine Umsetzung durch CRD IV in der EU wird die Anforderungen an die Kapitalunterlegung in den kommenden Jahren weiter verschärfen. Insbesondere die Erhöhung der harten Kernkapitalquote wird sicherlich zu einer verbesserten Stabilität des europäischen Bankensektors beitragen. Auch die Überwachung der Liquidität ist ein wichtiger Faktor, um die Widerstandsfähigkeit der Banken in Stresssituationen zu gewährleisten. Aufgrund des bis zum 01.01.2019 ausgelegten Umsetzungszeitraumes dürften die betroffenen Institute ausreichend Zeit haben, die jährlich ansteigenden Vorgaben zu erfüllen. Mit den verschärften Eigenkapitalanforderungen gehen aber auch erhebliche finanzielle

Belastungen einher, die sich zwangsläufig auf die Rentabilität und die Refinanzierungsmöglichkeiten der Banken auswirken werden. Diesbezüglich wird im Einzelfall die Anpassung oder Aufgabe des jeweiligen Geschäftsmodelles zu überlegen sein. Neben Basel III geplante Maßnahmen, wie die Einführung einer Finanztransaktionssteuer[219], könnten weitere Kosten für die Bankenlandschaft verursachen.

Schließlich werden für systemrelevante Banken zukünftig zusätzliche Anforderungen an die Verlustabsorptionsfähigkeit gestellt werden[220].

Einen unverschuldeten regulatorischen Schwachpunkt hat das neue Aufsichtspaket jedoch aus der Natur der Sache heraus und zwar in Bezug auf die Rolle der Ratingagenturen. Die Verschärfung und Verdichtung von Risikopositionen erscheint nutzlos, wenn das im Einzelfall vergebene Rating die tatsächlichen Risiken des Produktes nicht widerspiegelt. Die Fehleinschätzung von Ausfallrisiken und die damit verbundene Vergabe von nicht treffsicheren Bewertungen vor der Finanzkrise im Zeitraum von 2004 bis 2007, insbesondere in Bezug auf strukturierte Produkte (*Asset-Backed-Securities* – ABS), haben essentiell dazu beigetragen, dass Kreditrisiken geringer eingeschätzt wurden. Viele sog. Senior Tranchen[221] der ABS-Verbriefungen wurden mit der besten Bonität (*Triple A-Rating*) ausgewiesen. Die daraus resultierende Unterschätzung des Ausfallrisikos wird überwiegend auf Mängel der Rating-Methoden zurückgeführt[222].

Dies ist jedoch eine Problematik, die auf EU-Ebene nicht alleine gelöst werden kann, da die drei einflussreichsten Ratingagenturen, Moody's, Fitch und Standard & Poors (S&P) ihren Sitz in den U.S.A. haben und 95% der Bonitätsbewertungen[223] für sich beanspruchen. Zwar hat die EU in Bezug auf die Verschärfung der Aufsicht von Ratingagenturen eine Verordnung[224] auf den Weg

---

219 Siehe dazu *Fischer zu Cramburg*, NZG 2010, 460.

220 *BCBS*, Global systemically important banks: Assessment methodology and the additional loss absorbency requirement, November 2011.

221 Die Senior Tranchen werden bei etwaigen Ausfällen nach dem sog. Wasserfallprinzip vorrangig zu den Junior Tranchen bedient. Das sich daraus ergebende Rangverhältnis richtet sich nach der Bonität der einzelnen Tranchen. Siehe dazu auch *Zeising*, BKR 2007, 311 ff (314).

222 *The High Level Group on Financial Supervison in the EU*, Report, 25 February 2009, S. 9 f.; abrufbar unter http://ec.europa.eu/internal_market/finances/docs/de_larosiere_report_de.pdf.

223 *Winterfeld* in: Schimansky/Bunte/Lwowski, Bankrechtshandbuch, § 124 a. Rn. 137.

224 Verordnung (EG) Nr. 1060/2009 des Europäischen Parlamentes und des Rates vom 16. September 2009 über Ratingagenturen, ABl. L 302 vom 17.11.2009, S. 1; siehe auch Verordnung (EU) Nr. 513/2011 des Europäischen Parlaments und des Rates vom 11. Mai 2011 zur Änderung der Verordnung (EG) Nr. 1060/2009

gebracht, diese erfasst jedoch nur Ratingagenturen mit Sitz innerhalb der EU[225]. Ihr Einfluss dürfte daher nur von marginaler Bedeutung sein[226]. Das Ratingoligopol hingegen kann unmittelbar nur vom U.S.-amerikanischen Gesetzgeber[227] reguliert werden. Eine Harmonisierung dieser Aufsichtsdiskrepanz würde in letzter Konsequenz eine internationale Lösung[228] auf den Plan rufen, die zum jetzigen Zeitpunkt aufgrund der einseitigen Interessenlage unwahrscheinlich erscheint.

über Ratingagenturen, ABl. L 145 vom 31.05.2011, S. 30, näher dazu unten unter Teil 2/C./IV./2./2./d); Verordnung (EU) Nr. 462/2013 des Europäischen Parlaments und des Rates vom 21. Mai 2013 zur Änderung der Verordnung (EG) Nr. 1060/2009 über Ratingagenturen, ABl. L 146 vom 31.05.2013, S. 1, siehe dazu auch *Blaurock*, EuZW 2013, 608 ff.

225 Vgl. beispielsweise Art. 14 Abs. 1 Verordnung (EG) Nr. 1060/2009.

226 So auch *Winterfeld* in: Schimansky/Bunte/Lwowski, Bankrechtshandbuch, § 124 a. Rn. 137.

227 Zu den im Dezember 2008 von der SEC erlassenen Regularien siehe *Möschel*, ZRP 2009, 129 ff (132).

228 Siehe dazu beispielsweise den Vorschlag der Bertelsmann-Stiftung zur Errichtung einer internationalen Ratingagentur, Blueprint for INCRA: An International Non-Profit Credit Rating Agency, vom 17. April 2012, abrufbar unter http://www.bertelsmann-stiftung.de/cps/rde/xchg/bst.

Teil 2: Das Europäische System der Finanzaufsicht

A. Überblick

Die jüngste Finanzkrise von 2007 und 2008 hat erhebliche Schwachstellen bei der Einzel- und der Systemaufsicht offenbart. Dies hat insbesondere seine Ursache darin, dass die Finanzaufsicht im EU-Raum bislang, wie im vorhergehenden Abschnitt dargestellt, dezentral ausgerichtet war. Ein ausschließlich von den nationalen Aufsichtsbehörden geprägter Ansatz erscheint aber aufgrund der Integration und Verknüpfung der europäischen Finanzmärkte mit vielen grenzüberschreitend tätigen Finanzinstituten nicht mehr ausreichend, um eine lückenlose Finanzaufsicht zu gewährleisten. Bereits vor und während der Finanzkrise hatte das Europäische Parlament daher eine stärker integrierte europäische Aufsicht gefordert[229].

Im November 2008 beauftragte die Kommission eine hochrangige Expertengruppe unter dem Vorsitz von Jacques de Larosière. Auf der Grundlage des sog. *de-Larosière-Berichts*[230] legte die Kommission im September 2009 ihre Reformpläne für neue europäische Aufsichtsorgane zur Ausübung der gemeinschaftlichen Finanzaufsicht, einschließlich der Bereiche Banken, Versicherungen und Wertpapierunternehmen, vor[231].

---

229 Entschließungen des Europäischen Parlaments vom 13. April 2001, ABl. C 40 vom 7.2.2001, S. 453; vom 21. November 2002, ABl. C 25 E vom 29.1.2004, S. 394; vom 11. Juli 2007, ABl. C 175 E vom 10.7.2008, S. 392 und vom 23. September 2008, ABl. C 8 E vom 14.1.2010, S. 26.

230 *The High Level Group on Financial Supervison in the EU*, Report, 25 February 2009; abrufbar unter http://ec.europa.eu/internal_market/finances/docs/de_larosiere_report_de.pdf (de-Larosière-Bericht).

231 Kommission, Vorschlag für eine Verordnung des Europäischen Parlaments und des Rates über die gemeinschaftliche Finanzaufsicht auf Makroebene und zur Einsetzung eines Europäischen Ausschusses für Systemrisiken, 23.09.2009, KOM(2009) 499; dies., Vorschlag für eine Verordnung des Parlaments und des Rates zur Einrichtung einer Europäischen Bankenaufsichtsbehörde, 23.09.09, KOM(2009) 501 endg.; dies., Vorschlag für eine Verordnung des Parlaments und des Rates zur Einrichtung einer Aufsichtsbehörde für das Versicherungswesen und die betriebliche Altersvorsorge, 23.09.09, KOM(2009) 502 endg.; dies., Vorschlag für eine Verordnung des Parlaments und des Rates zur Einrichtung einer Europäischen Wertpapieraufsichtsbehörde, 23.09.09, KOM(2009) 503 endg.http://beck-online.beck.de/

Nachdem mit dem Europäischen Parlament am 7. September 2010 eine Einigung über die wesentlichen Elemente des Vorschlages erzielt wurde, hat der Rat das europäische Finanzaufsichtspaket am 17. November 2010 verabschiedet[232].

Die in diesem Rahmen erlassenen Rechtsakte[233] sehen die Errichtung eines Europäischen Systems der Finanzaufsicht (*European System of Financial Supervison* – ESFS) vor. Das ESFS folgt dabei einem zweigliedrigen Aufbau. Der eine Teil richtet sich an die Beaufsichtigung des Finanzsystems als Ganzes (Makroebene) und der andere Teil betrifft die sektorenspezifische Einzelaufsicht (Mikroebene).

Auf Makroebene sorgt ein neuartiges bei der EZB angesiedeltes Gremium für die Analyse von Systemrisiken. Bedrohungen, die sich global gegen die Finanzstabilität der Union richten, sollen dadurch frühzeitig erkannt und eingedämmt werden.

Die Beaufsichtigung auf Mikroebene wird durch drei neue „EU-Behörden" sichergestellt. Analog zu den *Level 3*-Ausschüssen[234] beziehen sich die Aufgabengebiete der Europäischen Aufsichtsbehörden (ESAs) auf den Bankensektor, den Wertpapierbereich und das Versicherungswesen sowie die betriebliche Altersversorgung. Damit folgt der Aufbau der ESAs dem sog. Silo-Modell[235], das für jeden der vorgenannten Teilbereiche ein separates Aufsichtsorgan vorsieht.

Der Vorschlag[236], sowohl die makroprudentielle als auch die mikroprudentielle Aufsicht innerhalb der EZB aufzuhängen, hat sich demzufolge nicht durchgesetzt[237]. Dagegen würde im Übrigen auch der Wortlaut des Art. 127 Abs. 6 AEU sprechen[238].

Der Europäische Gesetzgeber hat die Errichtung des ESFS einheitlich auf die Rechtsangleichungskompetenz des Art. 114 AEU gestützt. Sowohl die

---

Default.aspx?vpath=bibdata\zeits\euzw\2010\cont\euzw.2010.87.2.htm&pos=2&hlwords=europ%c3%a4ische%c3%90finanzaufsicht%c3%90lehmann - FNA3#FNA3

232 Vgl. *Press release*, Council of the European Union, 16452/10 vom 17. November 2010.

233 Verordnungen (EU) Nr. 1092-1095/2010, ABl. L 331 vom 15.12.2010, S. 1 ff.

234 Näher dazu oben, unter Teil 1/A./II./2.

235 Auf nationaler Ebene findet sich das Silo-Modell z.B. in Italien oder den Niederlanden; *Lee/McCahery/Hertig*, ECFR 2010, 171 ff. (175).

236 So beispielsweise *Lee/McCahery/Hertig*, ECFR 2010, 171 ff.; siehe auch de-Larosière-Bericht, S. 48 f.; ferner, beschränkt auf die Bankenaufsicht, *Richter*, Eine zentrale Bankenaufsichtsbehörde?, S. 95 ff.

237 Zu den Gründen siehe de-Larosière-Bericht, S. 49.

238 So auch *Häde*, EuZW 2011, 662 ff. (662).

Einsetzung des ESRB als auch die Etablierung der ESAs sollen somit ihre Legitimation in dieser Vorschrift finden.

Das ESFS ist bereits am 1. Januar 2011 in Kraft getreten. Die Mitglieder des ESFS haben daher ihre Tätigkeit sehr kurzfristig nach Verabschiedung der Rechtsakte aufgenommen.

B. Makroprudentielle Aufsicht - ESRB

Vor Inkrafttreten des ESFS richteten sich die unionsrechtlichen Aufsichtsregeln in erster Linie an einzelne Unternehmen unter der Vernachlässigung von Systemaspekten. Die Einrichtung eines unabhängigen Gremiums, das sich nicht nur auf den Bankensektor beschränkt, sondern auf alle Finanzbereiche erstreckt, erschien daher zweckmäßig[239]. In diesem Kontext wurde mit der Verordnung (EU) Nr. 1092/2010[240] der Europäische Ausschuss für Systemrisiken (ESRB[241]) ins Leben gerufen. Der ESRB besitzt keine eigene Rechtspersönlichkeit[242] und wurde deshalb organisatorisch an die EZB angebunden[243]. Beim ESRB handelt sich weder um ein Organ der EU[244] noch um eine Europäische Behörde[245]. Er stellt institutionell eine Neuheit im Unionsrecht dar[246].

Durch das Aussprechen von Warnungen und/oder Empfehlungen soll der ESRB zu einer vorzeitigen Erkennung von Systemrisiken und zur Verbesserung

239 Vgl. de-Larosière-Bericht, S. 45.

240 Verordnung (EU) Nr. 1092/2010 des Europäischen Parlaments und des Rates vom 24. November 2010 über die Finanzaufsicht der Europäischen Union auf Makroebene und zur Errichtung eines Europäischen Ausschusses für Systemrisiken, ABl. L 331 vom 15.12.2010, S. 1 (ESRB-VO).

241 http://www.esrb.europa.eu; siehe auch *Hopt*, NZG 2009, 1401 ff. (1404 f.); *Papathanassiou/Zagouras*, WM 2010, 1584 ff.; *Wymeersch*, ECFR 2010, 240 ff. (250 ff.); *Ferran/Alexander*, European Law Review 2010, 751 ff. (769); *Lehmann/Manger-Nestler*, EuZW 2010, 87 ff. (91 f.); *Baur/Boegl*, BKR 2011, 177 ff. (179 f.); *Moloney*, CML Rev. 2010, 1317 ff. (1379 ff.); *Hartig*, EuZW 2012, 775 ff.

242 Erwägungsgrund 15 ESRB-VO.

243 Verordnung (EU) Nr. 1096/2010 des Rates vom 17. November 2010 zur Betrauung der Europäischen Zentralbank mit besonderen Aufgaben bezüglich der Arbeitsweise des Europäischen Ausschusses für Systemrisiken, ABl. L 331 vom 15.12.2010, S. 162.

244 Vgl. Aufzählung in Art. 13 Abs. 1 EU.

245 Näher zu den Europäischen Behörden bzw. Agenturen unten, unter Teil 3/B./I.

246 Nach der Kommission handelt es sich bei dem ESRB um „ein vollkommen neues, in dieser Form bisher nicht dagewesenes europäisches Gremium“, KOM(2009) 499, S. 4.

der Finanzstabilität beitragen. Allerdings entfalten die Maßnahmen des ESRB keine unmittelbare rechtliche Wirkung[247].

Inhaltlich ergeben sich aus dem Aufgabengebiet des ESRB gewisse Anknüpfungspunkte zum Tätigkeitsspektrum der EZB bzw. des Europäischen Systems der Zentralbanken (ESZB). Nach Art. 127 Abs. 5 AEU trägt das ESZB zur reibungslosen Durchführung der von den zuständigen Behörden auf dem Gebiet der Aufsicht über Kreditinstitute und der Stabilität des Finanzsystems ergriffenen Maßnahmen bei. Vor Einsetzung des ESRB bediente sich das ESZB eines nach Art. 9.1 GO der EZB[248] errichteten Ausschusses für Bankenaufsicht (*Banking Supervision Committee* – BSC[249]). In Zusammenarbeit mit der EZB untersuchte dieser das Finanzsystem auf Stabilitätsrisiken[250] und Schockresistenz[251]. Wie die Vorschrift des Art. 127 Abs. 5 AEU und die Bezeichnung des ESZB-Ausschusses aber erkennen lassen, lag der Schwerpunkt der Tätigkeit des BSC im Bankensektor[252]. Dies soll sich nun mit dem erweiterten Aufgabenbereich des ESRB ändern, um die Verflechtungen der einzelnen Teilbereiche der Finanzmärkte stärker zu berücksichtigen. Mit Etablierung des ESRB wurde der ESZB-Ausschuss für Bankenaufsicht am 16. Dezember 2010 aufgelöst[253].

---

247 Die ERSB-VO selbst spricht dies nicht ausdrücklich aus, vgl. aber KOM(2009) 499, S. 5; ferner *Hopt*, NZG 2009, 1401 ff. (1405); *Papathanassiou/Zagouras*, WM 2010, 1584 ff (1586); zu mittelbaren Wirkungen wie dem Mechanismus „Handeln oder rechtfertigen“ siehe näher unten, unter Teil 2/B./III./2./a); allgemein zur Reichweite von *soft law* im Unionsrecht siehe *Wellens/Borchardt*, European Law Review 1989, 267 ff. (285 ff.).

248 Beschluss 2004/257/EG der Europäischen Zentralbank vom 19. Februar 2004 zur Verabschiedung der Geschäftsordnung der Europäischen Zentralbank, ABl. L 80 vom 18.03.2004, S. 33, zuletzt geändert durch Beschluss 2009/328/EG vom 19. März 2009, ABl. L 100 vom 18.04.2009, S. 10.

249 Näher dazu *Grande*, Euredia. No. 3 (1999), 425 ff.

250 In diesem Zusammenhang hat der damalige Vorsitzende des BSC, Edgar Meister, auch schon von der „makro-prudenziellen“ Analyse gesprochen, *Meister*, Rede anlässlich der CFSresearch conference zu „Latest developments in managing operational risk“ in Eltville, vom 19.03.2004, S. 14.

251 Seit Ende 2004 veröffentlichte die EZB auf halbjährlicher Basis Berichte über die Stabilität des Finanzsystems im Euroraum „Financial Stability Review“ einsehbar auf der Internetpräsenz der EZB.

252 Näher dazu EZB, Jahresbericht 2010, S. 154.

253 Vgl. EZB, Jahresbericht 2010, S. 220.

I. Rechtsgrundlage

1. Errichtung des ESRB

Auch wenn es sich bei dem ESRB nur um eine Einrichtung mit *soft law*-Charakter handelt, unterliegt er dennoch den Grenzen, die für das übrige Unionsrecht zur Anwendung kommen[254]. Dies gilt insbesondere für das Prinzip der begrenzten Einzelermächtigung gem. Art. 5 Abs. 1 Satz 1, Abs. 2 EU, das grundsätzlich für jeden Rechtsakt der EU eine vertragliche Grundlage verlangt. Jedoch findet sich weder im EU- noch im AEU-Vertrag eine ausdrückliche Regelung, die zur Gründung von europäischen Einrichtungen *sui generis* ermächtigt. Fraglich ist daher, ob die Errichtung des ESRB auf eine zulässige Rechtsgrundlage gestützt werden kann. Die ESRB-VO greift hierfür auf Art. 114 AEU zurück[255]. Nach Art. 114 Abs. 1 Satz 2 erlässt das Europäische Parlament und der Rat gemäß dem ordentlichen Gesetzgebungsverfahren und nach Anhörung des Wirtschafts- und Sozialausschusses die Maßnahmen zur Angleichung der Rechts- und Verwaltungsvorschriften der Mitgliedstaaten, welche die Errichtung und das Funktionieren des Binnenmarkts zum Gegenstand haben.

a) Gefahr der Nichtigerklärung

Nach Ansicht des Unterhauses des Vereinigten Königreichs bestünden zumindest Zweifel an der Heranziehung von Art. 114 AEU, da die Errichtung zahlreicher EU-Einrichtungen nicht auf die vorgenannte Vorschrift, sondern auf Art. 352 AEU bzw. Art. 308 EG gestützt wurde[256]. Ferner gehe auch der Bezug zum Binnenmarkt nicht eindeutig aus den Gesetzesmaterialien hervor[257]. Damit sei Art. 114 AEU gerade mit Hinblick auf Art. 263 AEU keine stabile Rechtsgrundlage. Im Sinne eines beständigen Europäischen Finanzaufsichtssystems dürfe die vertraglich gewählte Ermächtigung keinen Anlass zur Anfechtung geben, weshalb Art. 352 AEU vorzuziehen sei[258].

Als Teil des ESFS hätte demzufolge auch die Errichtung des ESRB auf Art. 352 AEU gestützt werden müssen.

---

254 Vgl. *Ferran/Alexander*, European Law Review 2010, 751 ff. (768); *Wellens/Borchardt*, European Law Review 1989, 267 ff. (321).

255 Vgl. 31. Erwägungsgrund ESRB-VO.

256 *House of Commons*, Treasury Committee, The Committee's Opinion on proposals for European financial supervision, Sixteenth Report of Session 2008-09, vom 11.11.2009, Rn. 32 und 87.

257 *House of Commons*, Sixteenth Report, Rn. 31.

258 Vgl. *House of Commons*, Sixteenth Report, Rn. 29 ff.

b) Vertragsänderung

Eine in der Literatur vertretene Ansicht[259] geht über die Bedenken des Vereinigten Königreiches hinaus und sieht für die Errichtung des ESFS keine Ermächtigungsgrundlage in den EU-Verträgen. Erforderlich sei vielmehr eine Änderung der Verträge[260].

Folglich ist danach auch Art. 114 AEU keine taugliche Ermächtigungsgrundlage zur Einsetzung des ESRB.

c) Rechtsprechung des EuGH

Eine weitere Ansicht[261] orientiert sich an der Rechtsprechung des EuGH. Danach kann die Vorschrift des Art. 114 AEU, innerhalb von Grenzen, in der Tat zur Errichtung von EU-Einrichtungen ermächtigen. In der herangezogenen Entscheidung hat der EuGH klargestellt, dass sich auf die Vorgängervorschrift des Art. 114 AEU gestützte Rechtsakte nicht zwingend an die Mitgliedstaaten richten müssen. Der Gerichtshof hat dem Unionsgesetzgeber einen Ermessensspielraum eingeräumt, auf Grundlage dessen er auch die Etablierung einer Unionseinrichtung für notwendig erachten könne, deren Aufgabe es ist, anstelle von nicht zwingenden Begleit- und Rahmenmaßnahmen, welche die einheitliche Durchführung von auf Art. 95 EG (Art. 114 AEU) gestützten Rechtsakten erleichtern, zur Verwirklichung des Harmonisierungsprozesses beizutragen[262]. Die Tätigkeit der so geschaffenen Einrichtung müsste jedoch mit den Inhalten der Rechtsakte, die der Rechtsangleichung der nationalen Vorschriften dienen, in einem „engen Zusammenhang“ stehen[263].

Hiernach sind die dem ESRB übertragenen Aufgaben näher zu untersuchen. Der ESRB ist gem. Art. 3 Abs. 1 ESRB-VO zuständig für die Makroaufsicht über das Finanzsystem in der Union, um einen Beitrag zur Abwendung oder Eindämmung von Systemrisiken für die Finanzstabilität in der Union zu leisten, die aus Entwicklungen innerhalb des Finanzsystems erwachsen, wobei es den makroökonomischen Entwicklungen Rechnung trägt, damit Phasen grenzübergreifender finanzieller Notlagen vorgebeugt werden kann. Er trägt dazu bei, dass der Binnenmarkt reibungslos funktioniert, und stellt auf diese Art und Weise sicher, dass der Finanzsektor einen nachhaltigen Beitrag zum Wirtschaftswachstum leisten kann.

---

259 *Lee/McCahery/Hertig*, ECFR 2010, 171 ff.

260 *Lee/McCahery/Hertig*, ECFR 2010, 171 ff. (192).

261 *Ferran/Alexander*, European Law Review 2010, 751 ff.

262 EuGH, Rs. C-217/04, Slg. 2006, I-3789 Rn. 44 – *Vereinigtes Königreich/Parlament u. Rat.*

263 EuGH, Rs. C-217/04, Slg. 2006, I-3789 Rn. 45.

Begriffe wie „Makroaufsicht" und „Systemrisiken" sind jedoch nicht näher im EU-Recht definiert, wodurch die Feststellung des von der Rechtsprechung geforderten Zusammenhanges erschwert wird. Man könnte diese jedoch zumindest als grundlegende Bestandteile (*fundamental parts*) des Europäischen Finanzmarktaufsichtsrechtes betrachten[264], die einen gewissen Einfluss auf die nationalen Aufsichtsvorschriften des Finanzsektors ausüben.

Mit diesem Ansatz kann man die Errichtung des ESRB folglich auf die Vorschrift des Art. 114 AEU stützen.

d) Stellungnahme

Das Unterhaus des britischen Parlaments scheint von einer einheitlichen Betrachtung der Rechtsgrundlage des ESFS auszugehen[265]. Dies könnte darauf zurückgeführt werden, dass der ESRB gem. Art. 1 Abs. 2 ESRB-VO nur einen Teil des ESFS darstellt und auch nur gemeinsam als „ESFS-Paket" mit den Verordnungen der ESAs verbschiedet wurde. Ferner stützen sich alle vier Verordnungen auf die Vorschrift des Art. 114 AEU. Eine gewisse Wechselwirkung zwischen den einzelnen Verordnungen ist daher nicht zu verleugnen. Dennoch bilden die einzelnen Verordnungen selbständige Rechtsakte i.S.v. Art. 288 AEU. Aus diesem Grund ist ein differenzierender Ansatz zu bevorzugen, nach welchem die Rechtsgrundlage jeder Verordnung zunächst isoliert zu betrachten ist. Sofern einer Verordnung die Rechtsgrundlage fehlen sollte, kann die aus der Errichtung des ESFS resultierende Abhängigkeit dadurch berücksichtigt werden, dass in einem zweiten Schritt mögliche Auswirkungen auf die übrigen Verordnungen zu untersuchen sind, was letztendlich zu der Frage führen würde, ob die Nichtigkeit einer ESFS-Verordnung auch auf die Rechtmäßigkeit der übrigen ESFS-Verordnungen durchschlagen kann[266].

Bei dem Verweis auf die Vorschrift des Art. 352 AEU bezieht sich das Vereinigte Königreich auf die Errichtung von „Europäischen Agenturen"[267]. Dieser Hinweis überzeugt jedoch für die Errichtung des ESRB als Gremium ohne eigene Rechtspersönlichkeit nicht und richtet sich deshalb wohl vorrangig gegen die Gründung der ESAs.

Des Weiteren kann die Forderung einer Vertragsänderung ohne die Erörterung von Alternativvorschriften, insbesondere von Art. 352 AEU, nur schwerlich überzeugen.

264 *Ferran/Alexander*, European Law Review 2010, 751 ff. (769).

265 Vgl. *House of Commons*, Sixteenth Report, Rn. 29 ff.

266 Siehe dazu auch unten, unter Teil 5.

267 Dazu näher unten, unter Teil 3/B./I.

Die Heranziehung der vorgenannten Rechtsprechung des EuGH erscheint jedenfalls für die Einsetzung des ESRB schlüssig. *Ferran* und *Alexander* weisen zu Recht auf die Besonderheiten der Aufgaben des ESRB hin. Eine Instanz der Makroaufsicht zur Überwachung von Systemrisiken hat es zuvor auf EU-Ebene noch nicht in dieser Form gegeben. Dies könnte auch den fehlenden Konsens zur Bestimmung der Begrifflichkeiten erklären[268]. Allerdings finden sich in jüngeren Richtlinien wie CRD und CRD II[269] Bezüge zu systemischen Risiken[270] und makroprudentiellen Problemen[271]. Dadurch wird die fehlende Definition nicht ersetzt. Es stellt aber zumindest den vom EuGH geforderten Bezug zu den anzugleichenden Rechtsvorschriften i.S.v. Art. 114 Abs. 1 Satz 2 AEU her, die zur Umsetzung der CRDs erlassen wurden. Da die makroprudentielle Aufsicht von Systemrisiken zwangsläufig auch für die Einzelaufsicht auf nationaler Ebene von Bedeutung ist, sollte man sie zudem als einen der Finanzmarktaufsicht inhärenten Bestandteil ansehen.

In Bezug auf die Rechtsform des ESRB kann ebenfalls die Rechtsprechung des EuGH zur Errichtung der ENISA herangezogen werden. Bei der streitgegenständlichen Verordnung[272] ging es um die Errichtung einer Einrichtung mit eigener Rechtspersönlichkeit[273]. Deren Zulässigkeit müsste daher erst recht die Einsetzung eines *soft law*-Gremiums ohne Rechtspersönlichkeit einschließen, *argumentum a maiore ad minus*.

Die ESRB-VO kann damit i.V.m. Art. 114 AEU auf eine zulässige Rechtgrundlage gestützt werden.

2. *Übertragung von Aufgaben an die EZB*

Organisatorisch ist der ESRB mangels eigener Rechtspersönlichkeit auf die Unterstützung der EZB angewiesen und hat damit ebenfalls seinen Sitz in Frankfurt a.M. Zur Festlegung der Aufgaben der EZB im Verhältnis zum ESRB

---

268 Zur Entwicklung einer Definition von Systemrisiken siehe *Schwarcz*, Georgetown Law Journal 2008 Vol. 97, S. 193 ff.

269 Dazu näher oben, unter Teil 1/A./I./3./f)/bb) (CRD) und g)/aa) (CRD II).

270 Erwägungsgrund 6, 10 und 26 CRD II; vgl. Anhang VIII Teil 2 Ziff. 2.5 lit. j) CRD (Richtlinie 2006/48/EG).

271 Erwägungsgrund 33 CRD II und die Änderung von Artikel 156 Richtlinie 2006/49/EG; vgl. Anhang V Ziff. 2 CRD (Richtlinie 2006/48/EG).

272 Verordnung (EG) Nr. 460/2004 des Europäischen Parlaments und des Rates vom 10. März 2004 zur Errichtung der Europäischen Agentur für Netz- und Informationssicherheit, ABl. L 77 vom 13.03.2004, S. 1.

273 Art. 18 Abs. 1 Verordnung (EG) Nr. 460/2004.

hatte die Kommission einen Vorschlag für eine Entscheidung des Rates[274] auf Grundlage von Art. 105 Abs. 6 EG vorgelegt. Mit Inkrafttreten des Vertrages von Lissabon zum Jahreswechsel 2009/2010 haben sich auch die Voraussetzungen für die Übertragung von Aufgaben auf die EZB etwas verändert. Nach der neuen Vorschrift, Art. 127 Abs. 6 AEU, muss der Rechtsakt die Form einer Verordnung annehmen. Diese ist weiterhin mit Einstimmigkeit des Rates zu verabschieden. Allerdings ist nicht mehr die Zustimmung des Parlaments erforderlich, sondern nur dessen Anhörung, vgl. Art. 105 Abs. 6 EG.

Daher wurde der Vorschlag der Kommission entsprechend der Vertragsänderung in eine Verordnung[275] transformiert. Darin wurde im Wesentlichen festgelegt, dass die EZB das Sekretariat für den ESRB zur Verfügung stellt. Die Aufgaben des Sekretariats umfassen die Vorbereitung der Sitzungen des ESRB, die Erhebung und Verarbeitung von Informationen, die Vorbereitung von Analysen und die Unterstützung des ESRB bei dessen internationaler Zusammenarbeit sowie der Arbeit seiner Organe[276].

Art. 127 Abs. 6 AEU ermächtigt besondere Aufgaben im Zusammenhang mit der Aufsicht über Kreditinstitute und sonstige Finanzinstitute mit Ausnahme von Versicherungsunternehmen an die EZB zu übertragen. Da sich die Makroaufsicht an die Stabilität des Finanzsystems als Ganzes richtet, umfasst sie zwangsläufig auch den Versicherungssektor. Ob dieser mittelbare Bezug[277] zu den ausgeklammerten Versicherungsunternehmen ausreicht, um die Rechtsgrundlage des Art. 127 Abs. 6 AEU zu erschüttern, bleibt jedoch fraglich. Dagegen spricht, dass die Maßnahmen des ESRB keine direkte Rechtswirkung entfalten und sich nicht unmittelbar an Versicherungsgesellschaften selbst richten. Dem steht gegenüber, dass Art. 127 Abs. 5 und Abs. 6 AEU aufgrund der Beschränkungen und des Einstimmigkeitserfordernisses als abschließende Regelungen anzusehen sind[278] und im Gegensatz zu Art. 114 AEU

---

274 Kommission, Vorschlag für eine Entscheidung des Rates zur Übertragung besonderer Aufgaben im Zusammenhang mit der Funktionsweise des Europäischen Ausschusses für Systemrisiken auf die Europäische Zentralbank, 23.09.2009, KOM(2009) 500.

275 Verordnung (EU) Nr. 1096/2010 des Rates vom 17. November 2010 zur Betrauung der Europäischen Zentralbank mit besonderen Aufgaben bezüglich der Arbeitsweise des Europäischen Ausschusses für Systemrisiken, ABl. L 331 vom 15.12.2010, S. 162.

276 Art. 2 Verordnung (EU) Nr. 1096/2010.

277 Die Ausnahme des Art. 127 Abs. 6 AEU nur auf die Mikroaufsicht über das Versicherungswesen beschränkend: *Papathanassiou/Zagouras*, WM 2010, 1584 ff (1585); ebenfalls verneinend *Hartig*, EuZW 2012, 775 ff. (778).

278 Vgl. *Siekmann*, Die Verwaltung 43 (2010), 95 ff. (111); *Herdegen*, WM 2012, 1889 ff. (1892).

dem Unionsgesetzgeber keinen Ermessensspielraum[279] einräumen. In diesem Zusammenhang differenziert der Wortlaut der Vorschrift des Art. 127 Abs. 6 AEU mit dem kategorischen Ausschluss der Versicherungsunternehmen nicht zwischen mittelbar und unmittelbar auf den Versicherungssektor wirkenden Tätigkeitsfeldern.

Die Vorschrift des Art. 127 Abs. 5 AEU nimmt aber auch Bezug auf die Stabilität des Finanzsystems. Daher wäre es widersprüchlich, wenn im nachfolgenden Absatz 6 die Übertragung besonderer Aufgaben im Rahmen der makroprudentiellen Aufsicht von Systemrisiken ausgeklammert würde. Da es sich bei der Makroaufsicht jedoch nicht um ein fest etabliertes Institut handelt, lässt sich zu diesem Zeitpunkt noch nicht abschließend beurteilen, welche konkreten Einflüsse vom ESRB, sei es auch nur indirekt, auf den Versicherungssektor zu erwarten sind. In jedem Fall könnte eine Klarstellung im Vertrag oder zumindest durch den EuGH[280] dieser Ungewissheit entgegenwirken, da die Entwicklung der Finanzmärkte in den letzten Jahren die starke Abhängigkeit der einzelnen Teilbestandteile des Finanzsystems aufgezeigt und somit auch deren Unterschiede relativiert hat[281].

II. Organisation

Neben dem an die EZB ausgelagerten Sekretariat besteht der ESRB aus einem Verwaltungsrat, einem Lenkungsausschuss und zwei beratenden Ausschüssen (Beratender Wissenschaftlicher Ausschuss und Beratender Fachausschuss). Die in diesen Einrichtungen tätigen Mitglieder des ESRB handeln unparteiisch (Art. 7 ESRB-VO) und sind zur Geheimhaltung verpflichtet (Art. 8 ESRB-VO).

Den Vorsitz des ESRB führt zunächst für eine Amtszeit von fünf Jahren der Präsident der EZB. Für darauffolgende Amtszeiten müssen die Ernennungsmodalitäten noch festgelegt werden[282]. Ein erster stellvertretender Vorsitzender wird aus den Reihen der Mitglieder des Erweiterten Rates der EZB gewählt. Der zweite stellvertretende Vorsitzende ist der Vorsitzende des Gemeinsamen Ausschusses der ESAs[283].

---

279 Siehe dazu EuGH, Rs. C-66/04, Slg. 2005, I-10574 Rn. 45 – *Vereinigtes Königreich/Parlament u. Rat.*

280 Bislang hat sich der EuGH mit der Auslegung des Art. 127 Abs. 6 AEU und seiner Vorgängervorschrift noch nicht befasst.

281 Vgl. schon vor der jüngsten Finanzkrise *Smits/Gruber* in: v. d. Groeben/Schwarze, EUV/EGV, Protokoll (Nr. 18) über die Satzung des ESZB und der EZB, Art. 25, Rn. 48.

282 Vgl. Art. 5 Abs. 1 i.V.m. Art. 20 ESRB-VO.

283 Hierzu näher unten, unter Teil 2/D.

Der Vorsitzende vertritt den ESRB nach außen und leitet die Sitzungen des Verwaltungsrates sowie des Lenkungsausschusses[284].

Zumindest in der ersten Amtsperiode ist das Doppelmandat als Präsident der EZB und Vorsitzender des ESRB nicht ganz unproblematisch[285], denn auf diese Weise könnte die EZB einen verstärkten Einfluss auf Mitgliedstaaten der EU nehmen, die nicht der Währungsunion angehören. Die Vorgabe für das ESZB, nach Art. 127 Abs. 5 AEU zur Stabilität des Finanzsystems beizutragen, enthält jedoch keine Beschränkung auf die Währungsunion. Dennoch lässt sich die Vorschrift hier nicht direkt anführen, da sich der Beitrag des ESZB in der reibungslosen Durchführung der von den zuständigen Behörden ergriffenen Maßnahmen erschöpft. Des Weiteren kommt der EZB aber in Bezug auf die Stabilität des Finanzsystems gem. Art. 25.1 EZB-Satzung, welcher nach Art. 51 EU ebenfalls Bestandteil der EU-Verträge ist, eine Beratungs- und Konsultationsfunktion zu. Der Vorsitzende des ESRB kann zudem keine Entscheidungen im Alleingang treffen. An die Herausgabe von Empfehlungen und Warnungen sind strenge Abstimmungsmodalitäten[286] gebunden. Die hohe Anzahl der stimmberechtigten Mitglieder des ESRB-Verwaltungsrates[287] relativiert das Stimmgewicht der zwei stimmberechtigten EZB-Mitglieder (Präsident und Vizepräsident der EZB). Die Stimme des Vorsitzenden ist ferner höchstens in einer Pattsituation von besonderer Bedeutung[288]. Schließlich wird auch aufgrund der zeitlichen Beschränkung des Mandats nicht von einer übermäßigen Einflussnahme der EZB auf Nicht-Euro-Mitgliedstaaten auszugehen sein.

1. Verwaltungsrat

Entscheidungsträger im ESRB ist der Verwaltungsrat. Er fasst die zur Erfüllung der dem ESRB übertragenen Aufgaben erforderlichen Beschlüsse[289]. Er besteht aus stimmberechtigten und nicht stimmberechtigten Mitgliedern. Stimmberechtigt sind gem. Art. 6 Abs. 1 ESRB-VO der Präsident und der Vizepräsident der EZB, die 27 Präsidenten der nationalen Zentralbanken, ein

284 Art. 5 Abs. 5 und Abs. 8 ESRB-VO.

285 Kritisch dazu CEP (Centrum für Europäische Politik) Freiburg, EU Mitteilung, Europäische Finanzaufsicht, Stand: 06.07.2009, S. 3.

286 Vgl. Art. 10 ESRB-VO; siehe auch unten, unter Teil 2/B./II./1.

287 Hierzu näher unten, unter Teil 2/B./II./1.

288 Nach Art. 10 Abs. 2 Satz 2 ESRB-VO gibt bei Stimmgleichheit die Stimme des Vorsitzenden den Ausschlag.

289 Art. 4 Abs. 2 i.V.m. Art. 3 Abs. 2 ESRB-VO.

Mitglied der Kommission[290], die 3 Vorsitzenden der ESAs, der Vorsitzende und die beiden stellvertretenden Vorsitzenden des Beratenden Wissenschaftlichen Ausschusses und der Vorsitzende des Beratenden Ausschusses. Daraus ergibt sich eine stattliche Anzahl von 37[291] stimmberechtigten Mitgliedern. Mitglieder ohne Stimmrecht sind gem. Art. 6 Abs. 2 ESRB-VO je Mitgliedstaat ein dem Rotationsprinzip[292] unterliegender oder gemeinsamer hochrangiger Vertreter der zuständigen nationalen Aufsichtsbehörden und der Vorsitzende des Wirtschafts- und Finanzausschusses (WFA[293]). Zusammen mit den nicht stimmberechtigten Mitgliedern erreicht der Verwaltungsrat sogar eine Größe von 65 Mitgliedern. Aufgrund der komplexen Zusammensetzung des Verwaltungsrates kann man zu Recht die Effizienz dieses Organes in Frage stellen und die Wahrung der Geheimhaltungsverpflichtungen bezweifeln[294].

Die Sitzungen des Verwaltungsrates finden mindestens viermal jährlich statt und werden vom Vorsitzenden des ESRB einberufen. Darüber hinaus können außerordentliche Sitzungen anberaumt werden[295].

Entscheidungen des Verwaltungsrates können gem. Art. 18 Abs. 2 ESRB-VO grundsätzlich mit einer einfachen Mehrheit der anwesenden stimmberechtigten Mitglieder[296] gefasst werden. Für die Aussprache einer Empfehlung ist jedoch gem. Art. 18 Abs. 3 ESRB-VO eine qualifizierte Mehrheit von zwei Drittel der abgegebenen Stimmen erforderlich. Für die Veröffentlichung von Warnungen

---

290 Kritisch zur Mitgliedschaft der Kommission CEP, Europäische Finanzaufsicht, S. 3; nach Erwägungsgrund 25 ESRB-VO soll die Mitgliedschaft der Kommission dazu beitragen, eine Verbindung zur makroökonomischen und finanziellen Überwachung der Union herzustellen.

291 Gegenüber dem Vorschlag der Kommission sind damit noch 4 weitere stimmberechtigte Mitglieder hinzugekommen, vgl. KOM(2009) 499, S. 15.

292 Siehe Art. 6 Abs. 3 ESRB-VO.

293 Siehe dazu Beschluss 1998/743/EG des Rates vom 21. Dezember 1998 über die Einzelheiten der Zusammensetzung des Wirtschafts- und Finanzausschusses, ABl. L 358 vom 31.12.1998, S. 109; Beschluss des Rates 1999/8/EG vom 31. Dezember 1998 über die Satzung des Wirtschafts- und Finanzausschusses, ABl. L 5 vom 09.01.1999, S. 71, abgeändert durch Beschluss des Rates 2003/476/EG vom 18. Juni 2003 über die Überarbeitung der Satzung des Wirtschafts- und Finanzausschusses, ABl. L 158 vom 27.06.2003, S. 58.

294 *Hopt*, NZG 2009, 1401 ff. (1405).

295 Siehe Art. 9 Abs. 1 ESRB-VO.

296 Wobei jedes stimmberechtigte Mitglied gem. Art. 10 Abs. 1 ESRB-VO eine Stimme erhält.

und Empfehlungen gilt ebenfalls das Erfordernis der qualifizierten Mehrheit[297]. Der Verwaltungsrat ist bei Anwesenheit von mindestens zwei Drittel seiner stimmberechtigten Mitglieder beschlussfähig. Wird die Beschlussfähigkeit nicht erreicht, kann der Vorsitzende des ESRB unter Einhaltung einer angemessenen Frist[298] eine außerordentliche Sitzung einberufen, bei der Beschlüsse mit einem Quorum von einem Drittel der Mitglieder gefasst werden können[299].

2. *Lenkungsausschuss*

Der Lenkungsausschuss hat eine Hilfsfunktion. Er unterstützt den Entscheidungsprozess des ESRB, indem er die Sitzungen des Verwaltungsrates vorbereitet, die zu erörternden Unterlagen prüft und die Fortschritte der laufenden Arbeiten des ESRB überwacht, Art. 4 Abs. 3 ESRB-VO. Die Mitglieder des Lenkungsausschusses sind gem. Art. 11 Abs. 1 ESRB-VO der Vorsitzende und der erste stellvertretende Vorsitzende des ESRB, der Vizepräsident der EZB, vier weitere Mitglieder des Verwaltungsrates, die auch Mitglieder des Erweiterten Rates der EZB sind[300], ein Mitglied der Kommission, die drei Vorsitzenden der ESAs, der Vorsitzende des WFA und die zwei Vorsitzenden der beiden beratenden Ausschüsse des ESRB. Die Sitzungen des Lenkungsausschusses finden vor jeder Verwaltungsratssitzung statt und werden ebenfalls vom Vorsitzenden des ESRB einberufen[301].

3. *Beratende Ausschüsse*

Neben den vorgenannten Organen stehen dem ESRB zwei weitere Ausschüsse in den für seine Arbeit maßgeblichen Fragen beratend und unterstützend zur Seite. Der Umfang der Beratungs- und Unterstützungstätigkeit ist nicht näher in der Verordnung festgelegt. Vielmehr werden die beiden Ausschüsse auf Verlangen des Vorsitzenden des ESRB tätig[302]. Bei der Ausführung ihrer Arbeit werden sie

---

297 Vgl. Art. 10 Abs. 3 i.V.m. Art. 18 Abs. 1 ESRB-VO.

298 Die Frist ist gem. Art. 10 Abs. 4 Satz 3 ESRB-VO in der Geschäftsordnung des ESRB festzulegen, siehe Decision of the European Systemic Risk Board (ESRB/2011/1) of January 2011 adopting the Rules of Procedure of the European Systemic Risk Board, ABl. C 58 vom 24.02.2011, S. 4 (GO des ESRB).

299 Siehe Art. 10 Abs. 4 ESRB-VO.

300 Bei der Auswahl der weiteren Mitglieder soll eine ausgewogene Vertretung der Nicht-Euro-Mitgliedstaaten, der Euro-Mitgliedstaaten sowie der Mitgliedstaaten in ihrer Gesamtheit gewährleitstet werden, vgl. Art. 11 Abs. 1 lit. c) ESRB-VO.

301 Vgl. Art. 11 Abs. 2 ESRB-VO.

302 Siehe Art. 12 Abs. 3 und Art. 13 Abs. 3 ESRB-VO.

wiederum durch das EZB-Sekretariat unterstützt und der Vorsitzende des Sekretariats nimmt an ihren Sitzungen teil[303].

a) Beratender Wissenschaftlicher Ausschuss

Der Beratende Wissenschaftliche Ausschuss besteht gem. Art. 12 Abs. 1 ESRB-VO aus dem Vorsitzenden des Beratenden Fachausschusses und 15 vom Lenkungsausschuss vorgeschlagenen und vom Verwaltungsrat bestätigten Sachverständigen mit einem vierjährigen erneuerbaren Mandat, die ein breites Spektrum an Kenntnissen und Erfahrungen vorweisen können. Die Mitglieder des Beratenden Wissenschaftlichen Ausschusses dürfen keiner ESA angehören und werden aufgrund ihrer allgemeinen Kompetenzen und wissenschaftlichen Erfahrungen ausgewählt.

Der über einen hohen Grad an Fach- und Sachwissen verfügende Vorsitz des Beratenden Wissenschaftlichen Ausschusses soll durch drei verschiedene Personen im Turnus geführt werden. Der Verwaltungsrat ernennt den Vorsitzenden und die beiden stellvertretenden Vorsitzenden des Beratenden Wissenschaftlichen Ausschusses auf Vorschlag des Vorsitzenden des ESRB[304].

Bei Bedarf kann der Beratende Wissenschaftliche Ausschuss Anhörungen mit unterschiedlichen Interessengruppen durchführen[305].

Nach Art. 12 Abs. 1 GO des ESRB tritt der Beratende Wissenschaftliche Ausschuss mindestens zweimal jährlich zusammen.

b) Beratender Fachausschuss

Die Zusammensetzung des Beratenden Fachausschusses ergibt sich aus Art. 13 Abs. 1 ESRB-VO. Mitglieder sind danach jeweils ein Vertreter pro nationaler Zentralbank, ein Vertreter der EZB, je Mitgliedstaat ein (rotierender oder gemeinsamer) Vertreter der zuständigen nationalen Aufsichtsbehörden, jeweils ein Vertreter pro ESA, zwei Vertreter der Kommission, ein Vertreter des WFA und ein Vertreter des Beratenden Wissenschaftlichen Ausschusses.

Der Beratende Fachausschuss hat im Gegensatz zum Beratenden Wissenschaftlichen Ausschuss nur einen Vorsitzenden, welcher aber ebenfalls auf Vorschlag des Vorsitzenden des ESRB vom Verwaltungsrat ernannt wird[306].

Der Beratende Fachausschuss tritt gem. Art. 13 Abs. 1 GO des ESRB mindestens viermal jährlich zusammen.

---

303 Art. 12 Abs. 4 und Art. 13 Abs. 4 ESRB-VO.

304 Vgl. Art. 12 Abs. 2 ESRB-VO.

305 Vgl. Art. 12 Abs. 5 ESRB-VO.

306 Vgl. Art. 13 Abs. 2 ESRB-VO.

c) Sonstige Beratung

Im Übrigen kann der ESRB bei Bedarf auch die Meinungen einschlägiger privatwirtschaftlicher Akteure einholen (Art. 14 ESRB-VO).

III. Aufgaben

Eine detaillierte Auflistung der Aufgaben des ESRB findet sich in Art. 3 Abs. 2 ESRB-VO. Darunter fallen insbesondere die Zusammenarbeit innerhalb des ESFS, die Ermittlung und Einordnung von Systemrisiken nach Priorität, der Informationsaustausch, die Aussprache von Warnungen und Empfehlungen gegebenenfalls mit Veröffentlichung, Überwachung der aufgrund der Warnungen und/oder Empfehlungen getroffenen Maßnahmen und die Abstimmung seiner Tätigkeiten auf internationaler Ebene.

1. ESFS-interne Zusammenarbeit

a) Analyse von Systemrisiken

Der ESRB arbeitet eng mit den übrigen Mitgliedern des ESFS zusammen. In Kooperation mit den ESAs entwickelt er ein gemeinsames Bündel quantitativer und qualitativer Indikatoren („Risikosteuerpult") zur Ermittlung und Messung des Systemrisikos[307]. Dazu wird ein System von Farbcodes erstellt, das zur Klassifizierung unterschiedlicher Risikostufen dient und die Einordnung der Gefahren nach ihrer Priorität ermöglicht. Der ESRB könnte insbesondere bei der Herausgabe von Warnungen und Empfehlungen auf dieses System zurückgreifen und somit im Einzelfall die Kategorie des gegenständlichen Risikos ausweisen[308].

b) Erhebung und Austausch von Informationen

Innerhalb des ESFS findet ein gegenseitiger Informationsaustausch statt. Auf der einen Seite versorgt der ESRB die ESAs mit Informationen über Risiken, die zur Erfüllung ihrer Aufgaben benötigt werden (Art. 15 Abs. 1 ESRB-VO). Auf der anderen Seite stellen die ESAs, neben dem ESZB, der Kommission, den nationalen Aufsichtsbehörden und den nationalen Statistikbehörden[309], dem ESRB alle zur Wahrnehmung seiner makroprudentiellen Verpflichtungen erforderlichen Informationen zur Verfügung (Art. 15 Abs. 2 ESRB-VO). Vor einer

307 Art. 3 Abs. 2 lit. g) ESRB-VO.

308 Vgl. Art. 16 Abs. 4 ESRB-VO.

309 Unter den Voraussetzungen des Art. 15 Abs. 5 ESRB-VO können auch Informationen von den Mitgliedstaaten selbst angefordert werden.

Informationsanfrage hat der ESRB jedoch vorrangig die vom Europäischen Statistischen System und vom ESZB erstellten Statistiken zu berücksichtigen[310].

Die vom ESRB gegenüber den ESAs angeforderten Informationen werden grundsätzlich in aggregierter Form übersendet, damit einzelne Finanzakteure nicht identifiziert werden können[311]. Mit entsprechender Begründung und nach Konsultation der betroffenen ESA(s) können die Informationen aber auch in anderer Form dem ESRB zugänglich gemacht werden[312].

2. *Warnungen und Empfehlungen*

Das Herzstück des Aufgabenspektrums des ESRB bildet die Herausgabe von Warnungen und Empfehlungen (Art. 16 ESRB-VO). Bei signifikanten Risiken für die Finanzstabilität des Unionsraums kann sich der ESRB ohne die Einhaltung einer Reihenfolge[313] dieser beiden Handlungsalternativen bedienen. Wann ein Risiko signifikant ist, wird in der ESRB-VO nicht näher festgelegt und lässt dem ESRB damit einen erheblichen Ermessensspielraum zur Beurteilung der Systemrelevanz von Risiken[314].

Warnungen und Empfehlungen können allgemeiner oder spezifischer Art sein. Sie können sich an die Union insgesamt, einen oder mehrere Mitgliedstaaten, eine oder mehrere ESA(s) oder an eine oder mehrere nationale Aufsichtsbehörden richten. Des Weiteren können Empfehlungen zu einschlägigen Unionsvorschriften an die Kommission gerichtet werden[315]. Als Sonderfall kann der ESRB ferner zur Feststellung einer Krisensituation eine vertrauliche Warnung an den Rat aussprechen[316]. Die in den Empfehlungen enthaltenen Abhilfemaßnahmen können auch Gesetzgebungsvorhaben zum Gegenstand haben[317]. Darüber hinaus enthalten Empfehlungen stets eine zeitliche Frist für ihre Umsetzung.

---

310 Vgl. Art. 15 Abs. 4 ESRB-VO.

311 Vgl. Art. 15 Abs. 3 ESRB-VO.

312 Vgl. Art. 15 Abs. 6 und Abs. 7 ESRB-VO.

313 Empfehlungen soll der ESRB allerdings nur aussprechen, wenn er dies (nach seinem Ermessen) für erforderlich hält, siehe Erwägungsgrund 17 ESRB-VO.

314 Auch die Terminologie ist hier nicht einheitlich, während Art. 3 Abs. 2 lit. c) ESRB-VO von „erheblichen" Systemrisiken spricht, ist in Art. 16 Abs. 1 ESRB-VO von „signifikanten" Risiken die Rede. Dies ist wohl auf die Übersetzung zurückzuführen, da die französische und englische Version einheitlich die Begriffe *„risques importants"* bzw. *„significant risks"* verwenden.

315 Art. 16 Abs. 2 ESRB-VO.

316 Art. 3 Abs. 2 lit. e) ESRB-VO i.V.m. Art. 18 ESA-VO; siehe auch unten, unter Teil 2/C./III./2./b).

317 Siehe Art. 16 Abs. 1 ESRB-VO.

Warnungen und Empfehlungen werden mit ihrer Übermittlung an den jeweiligen Adressatenkreis, unter Berücksichtigung der Geheimhaltungsverpflichtung, auch dem Rat und der Kommission zugeleitet. Gehören nationale Aufsichtsbehörden zu den Adressaten, so erfolgt zudem eine Übermittlung an die ESAs[318].

In seiner jungen Amtszeit hat der ESRB bislang noch keine veröffentlichten Warnungen herausgegeben. Er hat aber bereits Empfehlungen zum makroprudentiellen Auftrag der nationalen Aufsichtsbehörden[319], zu überwiegend in US-Dollar finanzierten Kreditinstituten[320] und zu Fremdwährungskrediten[321] ausgesprochen.

a) Act or Explain-Mechanismus

Wie bereits eingangs erwähnt, entfalten Warnungen und Empfehlungen des ESRB für den betroffenen Adressatenkreis keine unmittelbare rechtliche Wirkung. Empfehlungen wird man in ihrem Wirkungsgrad aber eine höhere Intensität beimessen müssen, da zumindest die überwiegende Anzahl der Adressaten (Kommission, Mitgliedstaaten, ESAs und nationale Aufsichtsbehörden) gem. Art. 17 Abs. 1 ESRB-VO dem ESRB und dem Rat entweder mitteilen müssen, welche Maßnahmen sie zur Umsetzung der Empfehlungen ergriffen haben oder in angemessener Weise rechtfertigen, warum sie die Empfehlungen nicht befolgt haben (*act or explain mechanism*).

Ist der ESRB der Ansicht, dass seine Empfehlung nicht befolgt oder die Nichtbefolgung nicht ausreichend begründet wurde, kann er zumindest die Adressaten, den Rat und, je nach Fallkonstellation, die betroffene ESA davon in Kenntnis setzen[322]. Weitergehende Sanktionen in Bezug auf die Missachtung des Handelns- oder Rechtfertigungsmechanismus sieht die Verordnung allerdings nicht vor. Fraglich ist, ob die bloße moralische Autorität[323] des ESRB ausreicht, um Adressaten insbesondere auf nationaler Ebene zur Befolgung

318 Art. 16 Abs. 3 ESRB-VO.

319 Recommendation of the European Systemic Risk Board (ESRB/2011/3) of 22 December 2011 on the macro-prudential mandate of national authorities, ABl. C 41 vom 14.02.2012, S. 1.

320 Recommendation of the European Systemic Risk Board (ESRB/2011/2) of 22 December 2011 on US dollar denominated funding of credit institutions, ABl. C 72 vom 10.03.2012, S. 1.

321 Empfehlung des Europäischen Ausschusses für Systemrisiken (ESRB/2011/1) vom 21. September 2011 zu Fremdwährungskrediten, ABl. C 342 vom 22.11.2011, S. 1.

322 Art. 17 Abs. 2 ESRB-VO.

323 Siehe Kommission, KOM(2009) 499, S. 5.

seiner Empfehlungsvorgaben zu bewegen[324]. Dies wird sehr stark von den Inhalten und den Adressaten der Empfehlungen im Einzelfall abhängen, da die unverbindliche Kooperationsbereitschaft mit der Eingriffsintensität abnimmt. So wird beispielsweise ein Mitgliedstaat eher einer Empfehlung zur Verbesserung der Aufsicht von Ratingagenturen nachkommen, als zugunsten der unionalen Finanzstabilität Einsparungen im eigenen Haushalt vorzunehmen.

Zusammen mit der Veröffentlichungsmöglichkeit[325] kann der ESRB aber zumindest mittelbar Einfluss auf den Adressaten nehmen und den politischen Druck erhöhen.

Handelt es sich bei den Adressaten der Empfehlung hingegen um nationale Aufsichtsbehörden, sind weitergehende Befugnisse des ESRB unter Umständen gar nicht erforderlich. Die in diesem Fall von der Empfehlung zwingend mitinformierten ESAs (Art. 16 Abs. 3 ESRB-VO) sind dazu verpflichtet, gegebenenfalls unter Ausschöpfung der ihnen übertragenen Befugnisse angemessene Folgemaßnahmen zu ergreifen[326].

b) Veröffentlichung von Warnungen und Empfehlungen

Warnungen und Empfehlungen sind prinzipiell nicht veröffentlichungspflichtig. Zumindest in Bezug auf Empfehlungen hat der Verwaltungsrat bei seiner Entscheidung indes zu berücksichtigen, dass eine Veröffentlichung unter Umständen die Wahrscheinlichkeit ihrer Befolgung erhöhen kann[327].

Beschließt der Verwaltungsrat eine Warnung oder Empfehlung zu veröffentlichen, hat er zuvor dem Rat Gelegenheit zur Äußerung zu geben. Über die qualifizierte Mehrheit hinaus müssen auch mindestens zwei Drittel der Mitglieder des Verwaltungsrates anwesend sein[328]. Vor einer Veröffentlichung sind die Adressaten in Kenntnis zu setzen[329]. Sie haben ferner das Recht, sich öffentlich zu der Sache zu äußern[330].

Entschließt sich der Verwaltungsrat zur Nichtveröffentlichung, haben die Beteiligten weiterhin die Geheimhaltungsverpflichtungen zu beachten[331].

---

324 Kritisch dazu *Lehmann/Manger-Nestler*, EuZW 2010, 87 ff. (91); offen lassend *Partsch*, ZBB 2010, 72 ff. (74); *Baur/Boegl*, BKR 2011, 177 ff. (179 f.).

325 Kritisch zur praktischen Relevanz: *Hopt*, NZG 2009, 1401 ff. (1404).

326 Siehe Art. 36 Abs. 3 i.V.m. Abs. 5 ESA-VO.

327 Vgl. Erwägungsgrund 21 ESRB-VO.

328 Art. 18 Abs. 1 ESRB-VO.

329 Art. 18 Abs. 2 ESRB-VO.

330 Art. 18 Abs. 3 ESRB-VO.

331 Art. 18 Abs. 4 ESRB-VO.

3. *Verständigung auf internationaler Ebene*

Als Reaktion auf die Finanzkrise von 2007 und 2008 wurde auch bei der internationalen Zusammenarbeit nachgebessert[332]. Das im Zuge der Asienkrise von 1997 und 1998 durch die G-20 gegründete Finanzstabilitätsforum (*Financial Stability Forum* – FSF) firmiert nunmehr als Finanzstabilitätsrat (*Financial Stability Board* – FSB[333]) und hat ein erweitertes Aufgabenspektrum. Auch die Rolle des Internationalen Währungsfonds (IWF[334]) wurde angepasst. Nach den Vorgaben des in Seoul beschlossenen Aktionsplanes der G-20 müssen die Rahmenbestimmungen der Makroaufsicht weiter ausgearbeitet werden[335]. Im Auftrag der G-20 erarbeiten FSB und IWF daher zusammen mit der BIS auf fortlaufender Basis gemeinsame Empfehlungen zu makroprudentiellen Themen[336], nachdem sie im Vorfeld zum Gipfel in Seoul bereits einen Bericht zur Systemrelevanz von Finanzinstituten[337] vorgelegt hatten.

Aufgrund der Gefahr des Übergreifens von Finanzkrisen und der Integration der internationalen Finanzmärkte besteht ein Bedürfnis globaler Verständigung. Deshalb soll der ESRB eng mit dem FSB, dem IWF und einschlägigen Gremien in Drittländern zusammenarbeiten und so die makroprudentielle Position der EU auf internationaler Ebene vertreten[338]. Neben der Herausgabe von eigenen Empfehlungen soll der ESRB auch dazu beitragen, dass die von IWF, FSB und BIS an die G-20 gerichteten Empfehlungen umgesetzt werden[339].

C. Mikroprudentielle Aufsicht - ESAs

Die zweite Ebene des ESFS bildet die Einzel- oder Mikroaufsicht. Vor Inkrafttreten des ESFS hatte die Expertengruppe um den ehemaligen französischen

332 Näher dazu *Giovanoli*, Journal of International Law and Politics Vol. 42 (2009), 81 ff.; *Alexander*, ZBB 2011, 337 ff. (342 ff.).

333 http://www.financialstabilityboard.org/.

334 International Monetary Fund (IMF), http://www.imf.org/.

335 Vgl. *G-20*, The G20 Seoul Summit Leaders' Declaration, 11.-12.11.2010, S. 13 f.; zum Aktionsplan siehe auch oben, unter Teil 1/B./IV.

336 *IMF/BIS/FSB*, Macroprudential policy tools and frameworks, Update to G20 Finance Minister and Central Bank Governors, 14 Feburary 2011; dies., Macroprudential policy tools and frameworks, Progress Report to G20, 27 October 2011.

337 *IMF/BIS/FSB*, Report to G20 Finance Ministers and Governors, Guidance to Assess the Systemic Importance of Financial Institutions, Markets and Instruments: Initial Considerations, October 28, 2009.

338 Vgl. Erwägungsgrund 7 und Art. 3 Abs. 2 lit. i) ESRB-VO.

339 Erwägungsgrund 8 ESRB-VO.

Zentralbankchef *Jacques de Larosière* bemängelt, dass die Struktur und Aufgaben der *Level 3*-Ausschüsse nicht ausreichen, um die Finanzmarktstabilität innerhalb der EU zu gewährleisten[340]. In der Tat waren die *Level 3-Committees* gar nicht dazu bestimmt, als EU-Aufsichtsinstanzen zu fungieren. Ihre Tätigkeit diente vielmehr der Unterstützung der Kommission bei der Ausarbeitung von Durchführungsbestimmungen. Abgesehen von ihrer beratenden Funktion besaßen die *Level 3-Committees* keine eigene Rechtspersönlichkeit und ihren Ergebnissen wurde auch keine rechtliche Verbindlichkeit zugesprochen[341].

Mit Etablierung des ESFS wurden die beratenden Gremien zu Europäischen Aufsichtsbehörden[342] aufgewertet. Unter Auflösung der *Level 3-Committees* sind die ESAs in deren Rechtsposition eingetreten. Es handelt sich um eine Rechtsnachfolge mit Übergang sämtlicher Vermögenswerte und Verbindlichkeiten auf die jeweilige ESA[343].

Im Gegensatz zu den *Level 3*-Ausschüssen sind die ESAs mit eigener Rechtspersönlichkeit[344] und beachtlichen Vollzugsbefugnissen[345] ausgestattet.

Neben der EBA als Rechtsnachfolgerin des CEBS mit Sitz in London setzen sich die ESAs aus der Europäischen Aufsichtsbehörde für das Versicherungswesen und die betriebliche Altersversorgung (EIOPA[346]) als Rechtsnachfolgerin des CEIOPS mit Sitz in Frankfurt a.M. und der Europäischen Wertpapier- und Marktaufsichtsbehörde (ESMA[347]) als Rechtsnachfolgerin des CESR mit Sitz in Paris zusammen.

---

340 Siehe de-Larosière-Bericht a.a.O., S. 46 ff. und S. 53.

341 Näher dazu oben, unter Teil 1/A./II./2.

342 Verordnungen (EU) Nr. 1093-1095/2010, ABl. L 331 vom 15.12.2010, S. 12 ff. (ESA-VO).

343 Siehe Art. 76 Abs. 4 ESA-VO.

344 Art. 5 Abs. 1 ESA-VO.

345 Siehe insbesondere Art. 17-19 ESA-VO.

346 Verordnung (EU) Nr. 1094/2010 des Europäischen Parlaments und des Rates vom 24. November 2010 zur Errichtung einer Europäischen Aufsichtsbehörde (Europäische Aufsichtsbehörde für das Versicherungswesen und die betriebliche Altersversorgung), zur Änderung des Beschlusses Nr. 716/2009/EG und zur Aufhebung des Beschlusses 2009/79/EG der Kommission, ABl. L 331 vom 15.12.2010, S. 48; siehe auch *Goldmann/Purnhagen*, VersR 2012, 29 ff.

347 Verordnung (EU) Nr. 1095/2010 des Europäischen Parlaments und des Rates vom 24. November 2010 zur Errichtung einer Europäischen Aufsichtsbehörde (Europäische Wertpapier- und Marktaufsichtsbehörde), zur Änderung des Beschlusses Nr. 716/2009/EG und zur Aufhebung des Beschlusses 2009/77/EG der Kommission, ABl. L 331 vom 15.12.2010, S. 84; siehe auch *Zülch/Hoffmann/Detzen*, EWS

Die Verknüpfung zum materiellen Aufsichtsrecht wird durch sog. Omnibusrichtlinien hergestellt. Sie implementieren die Kompetenzen der ESAs in den entsprechenden Richtlinien, wie beispielsweise in den CRDs in Bezug auf die Bankenaufsicht. Die erste Omnibusrichtlinie[348] wurde mit Verabschiedung des ESFS-Paketes erlassen. Eine zweite Omnibusrichtlinie[349] beschränkt sich auf Kompetenzzuweisungen im Bereich der Versicherungs- und Wertpapieraufsicht.

I. Rechtsgrundlage

Wie auch die Einsetzung des ESRB, wurde die Errichtung der einzelnen ESAs einheitlich auf die Harmonisierungskompetenz des Art. 114 AEU gestützt. Die vertragliche Ermächtigungsgrundlage für eine selbständige Einrichtung mit Entscheidungsbefugnissen ist sehr umstritten[350]. Die rechtliche Beurteilung hängt stark von der Art und dem Umfang der auf die Einrichtung übertragenen Befugnisse ab.

Die einzelnen ESA-Verordnungen weisen eine formularartige Ähnlichkeit zueinander auf. In Bezug auf die rechtliche Ausrichtung, die organisatorische Struktur sowie die Aufgaben und Befugnisse der ESAs stimmen die Verordnungen im Wesentlichen miteinander überein. Dies liegt vor allem daran, dass bei der

---

2011, 167 ff.; *Hoffmann/Detzen*, DB 2011, 1261 ff.; *Schammo*, CML Rev. 2011, 1911 ff.; *Baur/Bogl*, BKR 2011, 177 ff. (181 ff.); *Walla*, BKR 2012, 265 ff.

348 Richtlinie 2010/78/EU des Europäischen Parlaments und des Rates vom 24. November 2010 zur Änderung der Richtlinien 98/26/EG, 2002/87/EG, 2003/6/EG, 2003/41/EG, 2003/71/EG, 2004/39/EG, 2004/109/EG, 2005/60/EG, 2006/48/EG, 2006/49/EG und 2009/65/EG im Hinblick auf die Befugnisse der Europäischen Aufsichtsbehörde (Europäische Bankenaufsichtsbehörde), der Europäischen Aufsichtsbehörde (Europäische Aufsichtsbehörde für das Versicherungswesen und die betriebliche Altersversorgung) und der Europäischen Aufsichtsbehörde (Europäische Wertpapier- und Marktaufsichtsbehörde), ABl. L 331 vom 15.12.2010, S. 120.

349 Kommission, Vorschlag für eine Richtlinie des Europäischen Parlaments und des Rates zur Änderung der Richtlinien 2003/71/EG und 2009/138/EG im Hinblick auf die Befugnisse der Europäischen Aufsichtsbehörde für das Versicherungswesen und die betriebliche Altersversorgung und der Europäischen Wertpapieraufsichtsbehörde, 19.01.2011, KOM(2011) 8 endg.

350 Diesbezüglich ist zu trennen zwischen der Frage, ob die jeweiligen Befugnisse der Einrichtung von der konkreten Rechtsgrundlage getragen werden (hierzu unten, unter Teil 3/B.) und, inwiefern Art und Umfang der delegierten Befugnisse mit allgemeinen Rechtsgrundsätzen zu vereinen sind (hierzu unten, unter Teil 3/C.); zu den einzelnen Ansichten siehe *Calliess* in: Calliess/Ruffert, EUV/AEUV, Art. 13 EUV, Rn. 47 ff.; i.Ü. jeweils m.w.N. *Vetter*, DöV 2005, 721 ff. (728 ff.); *Gundel*, EuR 2009. 383 ff. (384); *Kühling*, EuZW 2008, 129; *Wittinger*, EuR 2008, 609 ff. (612 ff.).

gesetzgeberischen ESFS-Planung zwischen den rechtsetzenden Organen zunächst ein Kompromiss hinsichtlich der Ausgestaltung der ESRB- und der EBA-Verordnung erzielt wurde[351]. Letztere diente dann auf mikroprudentieller Ebene als Vorlage zur Fertigstellung der Verordnungsentwürfe zur Errichtung von EIOPA und ESMA. Aussagen zur Rechtmäßigkeit der EBA-Verordnung[352] dürften damit, zumindest soweit inhaltliche Übereinstimmung besteht, weitestgehend auf die Beurteilung der übrigen ESA-Verordnungen übertragbar sein. Aufgrund des über die Inhalte der EBA-Verordnung erzielten Kompromisses erscheint es jedoch abwegig, dass in den übrigen Gründungsverordnungen in Bezug auf die Befugnisse der Behörden weitreichendere Regelungen getroffen wurden[353].

II. Organisation

Alle ESAs verfügen demnach gem. Art. 6 ESA-VO über die gleichen fünf Organe, namentlich einem Rat der Aufseher, einem Verwaltungsrat, einem Vorsitzenden, einem Exekutivdirektor und einem Beschwerdeausschuss, welchen sich die ESAs untereinander als gemeinsames Gremium teilen.

Mit der internen Aufteilung in einen Rat der Aufseher und einen Verwaltungsrat folgt der Aufbau der ESAs einer im Unionsrecht nicht ungewöhnlichen dualistischen Entscheidungsstruktur[354]. Die Entscheidungsstruktur und die Besetzung der Organe können sich insbesondere auf die demokratische Legitimation der Europäischen Einrichtung auswirken, wobei die Rückkopplung zu den Unionsorganen von wesentlicher Bedeutung ist[355]. In Bezug auf den Beschwerdeausschuss sind zusätzlich Aspekte des effektiven Rechtsschutzes zu berücksichtigen[356].

1. *Rat der Aufseher*

Der Rat der Aufseher ist das zentrale Entscheidungsorgan der ESAs. Er entwirft beispielsweise die technischen Regulierungs- und Durchführungsstandards

351 Vgl. *Press release*, Council of the European Union, 13209/10 vom 7. September 2010; siehe auch *Moloney*, CML Rev. 2010, 1317 ff. (1333 ff.).

352 Hierzu ausführlich unten, unter Teil 3.

353 Dies dürfte auch erklären, warum die Ermächtigung zur Beaufsichtigung der Ratingagenturen durch ESMA mittels separater Verordnung erfolgte und nicht selbst im Gründungsakt der ESMA festgelegt wurde, näher dazu unten unter Teil 2/C./IV./2./d).

354 Näher dazu *Fischer-Appelt*, Agenturen der Europäischen Gemeinschaft, S. 220 ff.

355 Hierzu näher unten, unter Teil 3/C./II./2.

356 Hierzu näher unten, unter Teil 3/C./4.

(Art. 10 ff. ESA-VO), fasst die zur Ausübung der Einzelfallbefugnisse notwendigen Beschlüsse (Art. 17-19 ESA-VO) und gibt allgemein Leitlinien für die Tätigkeit der jeweiligen ESA vor[357]. Hauptbestandteil des Rates bilden die 27 Leiter der nationalen Banken-, Versicherungs- bzw. Wertpapieraufsichtsbehörden[358]. Sie sind als einzige stimmberechtigt. Die übrigen Mitglieder sind nicht stimmberechtigt. Zu ihnen zählen der Vorsitzende der betroffenen ESA und jeweils ein Vertreter der Kommission, des ESRB und der beiden anderen ESAs. Alle Mitglieder des Rates der Aufseher sind weisungsunabhängig (Art. 42 ESA-VO). Zur besseren Handhabung von einzelnen dem Rat zugewiesenen Aufgaben können interne Ausschüsse oder Gremien (Art. 41 ESA-VO) gegründet werden.

a) EZB im Rat der Aufseher der EBA

Im Unterschied zu den übrigen ESAs gehört dem Rat der Aufseher der EBA noch ein nicht stimmberechtigtes Mitglied der EZB an[359]. Darin versteckt sich eine sekundärrechtliche Aufgabenzuweisung an die EZB. Solche zusätzlichen Funktionen können an die EZB nur nach Maßgabe des Primärrechtes übertragen werden[360]. Eine Grundlage für sekundärrechtliche Ermächtigungen enthält diesbezüglich nur Art. 127 Abs. 6 AEU. Die auf diese Vorschrift gestützte Ratsverordnung (EU) Nr. 1096/2010 beschränkt sich aber nur auf eine Unterstützung des ESRB[361]. Daher könnte für die Beteiligung im Rat der Aufseher ein weiterer einstimmiger Ratsbeschluss erforderlich sein.

Allerdings werden die vertraglichen Vorschriften über die EZB durch die EZB-Satzung ergänzt, welche wegen Art. 51 EU ebenfalls einen primärrechtlichen Charakter vorweist. Nach Art. 25.1 EZB-Satzung darf die EZB in Bezug

---

357 Zu den Aufgaben im Einzelnen siehe Art. 43 ESA-VO.

358 Bei Verhinderung sind entsprechende Vertreter zu benennen (Art. 40 Abs. 3 ESA-VO); sind im Fall der EBA Aufsichtsbehörde und Zentralbank in einem Mitgliedstaat nicht identisch, so kann ein nicht stimmberechtigtes Mitglied der jeweiligen Zentralbank hinzugezogen werden (Art. 40 Abs. 4 EBA-VO); bei mehreren zuständigen Behörden wird ein gemeinsamer Vertreter bestellt (Art. 40 Abs. 5 EBA-VO bzw. Art. 40 Abs. 4 EIOPA- u. ESMA-VO); auch können Beobachter (Art. 40 Abs. 7 EBA-VO bzw. Art. 40 Abs. 5 EIOPA-VO bzw. Art. 40 Abs. 6 ESMA-VO) und, im Anwendungsbereich der Einlagensicherung, Vertreter der Einlagensicherungssysteme zugelassen werden (Art. 40 Abs. 6 EBA-VO).

359 Siehe Art. 40 Abs. 1 lit. d) EBA-VO.

360 Vgl. *Krauskopf/Steven*, CML Rev. 2009, 1143 ff. (1174); *Häde* in: Calliess/Ruffert, EUV/AEUV, Art. 127 AEUV, Rn. 60.

361 Siehe oben, unter Teil 2/B./I./2.

auf die Beaufsichtigung von Kreditinstituten beratend tätig werden. Mangels Stimmberechtigung im Rat der Aufseher der EBA wird von einer rein beratenden Tätigkeit auszugehen sein. Jedoch erwähnt die Satzung ausdrücklich nur den Rat, die Kommission und die nationalen Aufsichtsbehörden als Empfänger der Beratungsleistung. Es ist jedoch nicht ersichtlich, wieso sich der Anwendungsbereich des Art. 25.1 EZB-Satzung nicht auch *a fortiori* auf von Unionsorganen erschaffene nachgeordnete Behörden erstrecken sollte. Dafür spricht zudem, dass die stimmberechtigten Mitglieder des EBA-Aufseherrates ausschließlich Vertreter der nationalen Bankenaufsichtsbehörden sind, und damit zumindest indirekt von der Vorschrift des Art. 25.1 EZB-Satzung als Beratungsadressaten erfasst werden. Ob sich von dieser Argumentation eine permanente sekundärrechtlich begründete Mitgliedschaft in einem Organ der EBA tragen lässt, bleibt dennoch fraglich. Da sich dies nicht eindeutig aus der Vorschrift des Art. 25.1 EZB-Satzung ergibt, dürfte die Forderung eines auf Art. 127 Abs. 6 AEU gestützten Rechtsaktes[362] zur Regelung der Mitgliedschaft der EZB im Rat der Aufseher der Bankenaufsichtsbehörde zu mehr Rechtssicherheit beitragen.

b) Beschlussfassung

Beschlüsse des Aufseherrates werden grundsätzlich mit einfacher Mehrheit gefasst. Innerhalb des Normsetzungsverfahrens (Art. 10-16 ESA-VO) und der Haushaltsplanung (Art. 62-66 ESA-VO) ist davon abweichend eine qualifizierte Mehrheit i.S.v. Art. 16 Abs. 4 EU erforderlich[363]. Ferner unterliegt auch die von einem Mitgliedstaat eingeforderte Überprüfung eines ESA-Beschlusses der qualifizierten Mehrheit[364]. Die näheren Bestimmungen zu den Abstimmungsmodalitäten und der Beschlussfähigkeit werden in einer vom Rat der Aufseher zu verabschiedenden Geschäftsordnung festgelegt[365].

2. *Verwaltungsrat*

Der Verwaltungsrat der ESAs besteht aus 7 weisungsunabhängigen[366] Mitgliedern, die sich aus dem Vorsitzenden der jeweiligen ESA und 6 der 27 stimmberechtigten

362 So *Häde*, EuZW 2011, 662 ff. (664).
363 Siehe Art. 44 Abs. 1 Unterabs. 1 und 2 ESA-VO.
364 Vgl. Art. 9 Abs. 5 Unterabs. 3 i.V.m. Art. 44 Abs. 1 Unterabs. 2 ESA-VO; ferner können Beschlüsse nach Art. 19 Abs. 3 ESA-VO mit einer Sperrminorität abgelehnt werden, vgl. Art. 44 Abs. 1 Unterabs. 3 und 4 ESA-VO i.V.m. Art. 16 Abs. 4 Unterabs. 2 EU.
365 Art. 44 Abs. 3 und 4 ESA-VO.
366 Vgl. Art. 46 ESA-VO.

Mitglieder des Aufseherrates, die von Letzteren für eine Dauer von zweieinhalb Jahren gewählt werden, zusammensetzen[367]. Beschlüsse fasst der Verwaltungsrat nur mit einfacher Mehrheit. An den mindestens fünfmal jährlich stattfindenden Sitzungen nehmen ferner als nicht stimmberechtigte Mitglieder ein Vertreter der Kommission[368] und der Exekutivdirektor der jeweiligen ESA teil[369].

Zu den Aufgaben (Art. 47 ESA-VO) des Verwaltungsrates zählen insbesondere der Vorschlag des Arbeitsprogrammes und des Jahresberichtes, die Ausübung von Haushaltsbefugnissen, die Personalplanung und der Erlass von Bestimmungen zur Einsicht von Dokumenten.

3. *Vorsitzender*

Jede ESA wird von einem Vorsitzenden vertreten, welcher vom Rat der Aufseher für eine einmalig verlängerbare Amtszeit von fünf Jahren ernannt wird[370], vgl. Art. 48 ESA-VO. Er leitet die Aufseher- und Verwaltungsratssitzungen. Zudem kommt ihm eine vorbereitende Aufgabe in Bezug auf die Tätigkeiten des Rates der Aufseher zu[371]. Der Vorsitzende unterliegt ferner keinen Weisungen (Art. 49 ESA-VO). Er ist dem Europäischen Parlament und dem Rat aber zur Berichterstattung (Art. 50 ESA-VO) verpflichtet.

4. *Exekutivdirektor*

Der jeweilige Exekutivdirektor ist für die Leitung der einzelnen ESA zuständig. Er wird ebenfalls vom Rat der Aufseher unter den gleichen Modalitäten[372] wie der Vorsitzende mit dem Unterschied ernannt, dass das Europäische Parlament der Ernennung nicht widersprechen kann. Der weisungsunabhängige[373] Exekutivdirektor ist spiegelbildlich zum Vorsitzenden für die Vorbereitung der Tätigkeiten des Verwaltungsrates verantwortlich. Er ist u.a. mit der Durchführung des Jahresarbeitsprogramms und der Erstellung eines Vorentwurfes des Haushaltsplanes betraut[374].

---

367 Art. 45 Abs. 1 ESA-VO.

368 Nur hinsichtlich der Haushaltsaufstellung i.S.v. Art. 63 ESA-VO ist der Vertreter der Kommission stimmberechtigt.

369 Vgl. Art. 45 Abs. 2 und 3 ESA-VO.

370 Das Europäische Parlament kann der Ernennung jedoch widersprechen, vgl. Art. 48 Abs. 2 Unterabs. 2 ESA-VO.

371 Art. 48 Abs. 1 Unterabs. 2 ESA-VO.

372 Vgl. Art. 51 Abs. 2-5 ESA-VO.

373 Art. 52 ESA-VO.

374 Zu den Aufgaben im Einzelnen siehe Art. 53 ESA-VO.

5. *Beschwerdeausschuss*

Der Beschwerdeausschuss ist als gemeinsames Gremium für alle drei ESAs konzipiert. Er besteht aus 6 Mitgliedern und 6 stellvertretenden Mitgliedern. Jede ESA ernennt über ihren Verwaltungsrat aus einer von der Kommission vorgeschlagenen Auswahlliste[375] jeweils ein Drittel der Mitglieder des Beschwerdeausschusses für eine einmalig verlängerbare Amtszeit von 5 Jahren[376]. Bei der Ausübung ihrer Tätigkeit unterliegen die Mitglieder keinen Weisungen und dürfen nicht persönlich von einem Verfahren betroffen sein[377].

Aufgabe des Beschwerdeausschusses ist es, im Rahmen eines Beschwerdeverfahrens die Rechtmäßigkeit von an private Akteure oder nationale Behörden gerichtete Entscheidungen der ESAs zu überprüfen. Hierzu können die Adressaten sowie unmittelbar und individuell Betroffene eines aufgrund der Einzelbefugnisse gem. Art. 17-19 ESA-VO erlassenen Beschlusses Beschwerde bei der entsprechenden ESA erheben[378]. Eingelegte Beschwerden entfalten keinen Suspensiveffekt, der Beschwerdeausschuss kann jedoch nach seinem Ermessen den Vollzug der ESA-Entscheidung aussetzen[379].

Der Beschwerdeausschuss kann den angegriffenen Beschluss nicht selbst abändern, sondern nur an die betroffene ESA zurückverweisen oder ihn bestätigen, sofern er den Beschluss für rechtmäßig hält[380]. Seine Entscheidung hat der Beschwerdeausschuss in jedem Fall mit einer Zweidrittelmehrheit zu fassen, welche mindestens ein von der jeweiligen ESA ernanntes Mitglied umfassen muss, deren Beschluss angefochten wird[381]. Beschlüsse des Beschwerdeausschusses können nach Maßgabe von Art. 263 AEU wiederum vor dem EuGH bzw. zunächst vor dem EuG (Art. 256 Abs. 1 Satz 1 AEU) angegriffen werden (Art. 61 ESA-VO).

III. Aufgaben und Befugnisse

Der Umfang der auf eine selbstständige Europäische Einrichtung transferierten Aufgaben und Befugnisse hat, wie bereits oben angedeutet, eine enge Beziehung zu der Rechtsgrundlagenproblematik. Dabei stehen insbesondere die Grenzen

375 Art. 58 Abs. 3 ESA-VO.
376 Art. 58 Abs. 2-4 ESA-VO.
377 Siehe dazu im Einzelnen Art. 59 ESA-VO.
378 Vgl. Art. 60 Abs. 1 und 2 ESA-VO.
379 Siehe Art. 60 Abs. 3 ESA-VO.
380 Vgl. Art. 60 Abs. 5 ESA-VO.
381 Art. 58 Abs. 6 ESA-VO.

einer solchen Befugnisübertragung im Vordergrund[382]. Der vorliegende Abschnitt soll zunächst einen Überblick hinsichtlich des Handlungsspektrums der ESAs vermitteln.

Die Aufgaben der ESAs werden in einem ausführlichen Katalog in Art. 8 Abs.1 ESA-VO aufgeführt. Zu ihnen zählen beispielsweise die Festlegung gemeinsamer Regulierungs- und Aufsichtsstandards, ein Beitrag zur kohärenten Anwendung der im Finanzbereich erlassenen Unionsrechtsakte zu leisten, die Zusammenarbeit mit dem ESRB, die Fortführung der bereits von den *Level 3*-Ausschüssen durchgeführten vergleichenden Analysen (*peer reviews*), die Förderung des Einleger-, Anleger- bzw. Versicherungsnehmerschutzes[383] sowie die Überwachung und Analyse der Marktentwicklungen.

Im Anschluss werden die den ESAs zur Wahrnehmung dieser Aufgaben übertragenen Befugnisse in Art. 8 Abs. 2 ESA-VO genannt. Die Aufzählung ist jedoch nicht abschließend[384]. Sie enthält aber die weitreichendsten Ermächtigungen. Diese lassen sich im Wesentlichen[385] in zwei Kategorien unterteilen, zum einen in abstrakt-generelle Befugnisse mit normativem Charakter und zum anderen in konkret-individuelle Entscheidungsbefugnisse zur Regelung von Einzelfällen.

1. *Befugnisse zur Normenkonkretisierung*

Normative Befugnisse (Art. 10-15 ESA-VO) werden den ESAs hinsichtlich des Entwurfs und der Entwicklung technischer Standards sowie der Herausgabe von Leitlinien und Empfehlungen eingeräumt. Innerhalb der technischen Standards ist wiederum zwischen Regulierungs- und Durchführungsstandards zu unterscheiden.

a) Technische Regulierungsstandards

Die Ermächtigung zur Ausarbeitung technischer Regulierungsstandards ist abhängig von der der Kommission nach Art. 290 AEU eingeräumten Befugnis, delegierte Rechtsakte zu erlassen. Sehen die im Finanzsektor, also innerhalb der Tätigkeitsbereiche der ESAs, erlassenen Gesetzgebungsakte der Union

---

382 Näher dazu unten, unter Teil 3/C.

383 Aufgaben im Bereich des Verbraucherschutzes werden separat in Art. 9 ESA-VO noch einmal hervorgehoben.

384 Vgl. Art. 8 Abs. 2 ESA-VO: „dazu zählen insbesondere…“; die einzelnen Befugnisse werden aber nachfolgend in den Art. 10-39 ESA-VO detailliert geregelt.

385 Hinzu kommen noch Befugnisse zur Abgabe von Stellungnahmen, Informationsbeschaffung, Entwicklung gemeinsamer Methoden und Bereitstellung einer zentralen Datenbank, vgl. Art. 8 Abs. 2 lit. g)-j) ESA-VO.

eine Übertragung der Rechtsetzungsbefugnis i.S.d. vorgenannten Vorschrift vor, so können die ESAs kraft Art. 10 ESA-VO technische Regulierungsstandards entwerfen und der Kommission zur Billigung vorlegen[386]. Die ESA-Verordnungen enthalten somit eine weitere unionsinterne Delegation im Verhältnis von Parlament und Rat an die ESAs, welche an die auf die Kommission delegierten Rechtsetzungsbefugnisse gekoppelt ist. Das letzte Wort liegt indes bei der Kommission. Sie kann entscheiden, ob sie den von einer ESA vorgelegten Entwurf billigt, nicht billigt, teilweise oder nur mit Änderungen billigt[387]. Macht die Kommission Änderungsvorschläge, hat die jeweilige ESA wiederum die Möglichkeit davon abzuweichen, jedoch entscheidet auch hier die Kommission, ob sie die von ihrem Vorschlag abweichenden Änderungen annimmt oder ablehnt[388]. Darüber hinaus kann die Kommission auch ohne Entwurf einen technischen Regulierungsstandard erlassen, wenn die jeweilige ESA ihrer Verpflichtung zur Vorlage nicht nachgekommen ist[389]. Für den Erlass technischer Regulierungsstandards stehen die Handlungsformen der Verordnung und des Beschlusses zur Verfügung[390].

Gemäß den Vorgaben von Art. 290 Abs. 1 Unterabs. 2 AEU ist die Befugnis zum Erlass technischer Regulierungsstandards durch die Kommission gem. Art. 11 Abs. 1 ESA-VO auf vier Jahre begrenzt. Bei Ausbleiben eines Widerrufes durch das Europäische Parlament oder den Rat (Art. 290 Abs. 2 lit. a) AEU) verlängert sich allerdings die Befugnisübertragung automatisch um den gleichen Zeitraum. Darüber hinaus können Parlament und Rat den Eintritt der Rechtskraft[391] technischer Regulierungsstandards durch das Erheben von Einwänden nach Maßgabe von Art. 13 ESA-VO verhindern.

b) Technische Durchführungsstandards

Spiegelbildlich zu den vorgenannten Regulierungsstandards betreffen die technischen Durchführungsstandards den Anwendungsbereich von Art. 291 AEU. Auch hier muss sich eine der Vorschrift des Art. 291 Abs. 2 AEU entsprechende

386 Eine Übersicht zum Verfahrensablauf am Beispiel der EBA findet sich etwa bei *Boegl*, diebank 2012, 14 ff. (15).

387 Siehe Art. 10 Abs. 1 Unterabs. 5 ESA-VO.

388 Art. 10 Abs. 1 Unterabs. 7 ESA-VO; nimmt sie einen Entwurf nicht oder nur mit Änderungen an, hat sie dies gem. Art. 14 ESA-VO gegenüber Parlament, Rat und ESA entsprechend zu begründen.

389 Siehe Art. 10 Abs. 2-3 ESA-VO.

390 Art. 10 Abs. 4 ESA-VO.

391 Vgl. Art. 290 Abs. 2 lit. b) AEU.

Ermächtigung zur Übertragung von Durchführungsbefugnissen auf die Kommission in den Gesetzgebungsakten der Union finden, so wie es beispielsweise in dem CRD IV-Paket in Bezug auf die EBA vorgesehen ist[392]. Verfahrenstechnisch ist der Entwurf der technischen Durchführungsstandards mit dem der Regulierungsstandards identisch. Zwar spricht Art. 15 Abs. 1 Unterabs. 1 Satz 3 ESA-VO davon, dass die Entwürfe der Kommission „zur Zustimmung" und nicht wie in Art. 10 Abs. 1 Unterabs. 1 Satz 3 ESA-VO „zur Billigung" vorgelegt werden. Dabei kann es sich aber nur um eine übersetzungsbedingte Ungenauigkeit handeln, da etwa die englische und französische Version in Art. 10 und 15 ESA-VO einheitlich von „*endorsement*" bzw. „*approbation*" sprechen. Auch greift Art. 15 ESA-VO an späterer Stelle wieder den Terminus des Billigens auf[393] und räumt der Kommission hinsichtlich der ESA-Entwürfe dieselben (Änderungs-)Rechte wie in Art. 10 ESA-VO ein.

Im Gegensatz zum Regime der delegierten Rechtsakte fehlen Regelungen zu etwaigen Einwänden des Europäischen Parlaments oder des Rates (Art. 13 ESA-VO) sowie die Begründungspflicht der Kommission bei Nichtannahme oder Änderung eines ESA-Entwurfes (Art. 14 ESA-VO). Diese werden aber auch nicht zwingend verlangt, da eine grundsätzliche Kontrollmöglichkeit durch Parlament und Rat über Art. 291 Abs. 3 AEU besteht[394]. Auch eine durch Art. 290 Abs. 1 Unterabs. 2 AEU bedingte zeitliche Befristung (Art. 11 Abs. 1 ESA-VO) und ein damit verbundenes Widerrufsrecht (Art. 12 ESA-VO) sind im Rahmen der in Art. 291 AEU enthaltenen Durchführungsbefugnis zumindest primärrechtlich nicht vorgegeben.

Die Rahmenbedingungen für delegierte Rechtsakte sind daher tendenziell als strenger zu bewerten, weil die Befugnis des Art. 290 AEU mit der „unwesentlichen" Ergänzung und Modifikation des Basisrechtsaktes weiter geht als die des Art. 291 AEU, welche sich zwingend nur innerhalb der Grenzen des Basisrechtsaktes bewegt. Damit können an die Einbindung von Parlament und Rat bei Durchführungsrechtsakten auch niedrigere Voraussetzungen geknüpft werden[395].

---

392 Dies gilt sowohl für die delegierte Rechtssetzung nach Art. 290 AEU als auch für die Durchführungsbefugnis i.S.v. Art. 291 AEU; zur Rolle der EBA in Bezug auf CRD IV siehe auch oben unter Teil 1/A./I./3./g)//bb)/(3).

393 Siehe insbesondere Art. 15 Abs. 1 Unterabs. 4 ESA-VO.

394 Siehe Verordnung (EU) Nr. 182/2011 des Europäischen Parlaments und des Rates vom 16.02.2011 zur Festlegung der allgemeinen Regeln und Grundsätze, nach denen die Mitgliedstaaten die Wahrnehmung der Durchführungsbefugnisse durch die Kommission kontrollieren, ABl. L 55 vom 28.02.2011, S. 13.

395 So auch *Baur/Boegl*, BKR 2011, 177 ff. (182).

c) Leitlinien und Empfehlungen

Außerhalb des Systems der Art. 290 f. AEU können die ESAs Leitlinien und Empfehlungen an die nationalen Aufsichtsbehörden und privaten Akteure des Finanzsektors herausgeben, um u.a. eine gemeinsame, einheitliche und kohärente Anwendung des Unionsrechts sicherzustellen[396]. Die rechtliche Bindungswirkung dieser Handlungsformen ist nicht ganz eindeutig und könnte zunächst vom Adressaten abhängen. Die nationalen Aufsichtsbehörden und Finanzinstitute[397] bzw. Finanzmarktteilnehmer[398] haben alle erforderlichen Anstrengungen zu unternehmen, um einer Leitlinie oder Empfehlung nachzukommen. Die betroffenen nationalen Aufsichtsbehörden haben eindeutig ein Wahlrecht, ob sie einer Leitlinie oder Empfehlung nachkommen oder nicht[399]. Entsprechend des *Act or Explain*-Mechanismus[400] haben sie aber eine etwaige Nichtbefolgung zu begründen. Zudem kann die Begründung aus Transparenzgründen und zur Erhöhung des moralischen Drucks[401] im Ermessen der ESAs veröffentlicht werden[402].

Daraus könnte man im Umkehrschluss schließen, dass eine Leitlinie oder Empfehlung für die betroffenen privaten Akteure des Finanzsektors als rechtsverbindlich anzusehen ist. Private Adressaten trifft allerdings ebenfalls eine Berichterstattungspflicht hinsichtlich der Befolgung, aber nur dann, wenn dies gemäß einer Leitlinie oder Empfehlung erforderlich ist[403]. Auch hier scheint die deutsche Version der Verordnungstexte missverständlich zu sein. Ein Blick in die französische „*Si l'orientation ou la recommandation le requiert*" oder englische „*If required by that guideline or recommendation*" Version zeigt, dass mit dem Begriff der „Erforderlichkeit" keine materiellen Hürden überwunden werden müssen. Es soll vielmehr klargestellt werden, dass eine Berichterstattungspflicht für Private nicht grundsätzlich greift, sondern nur dann, wenn es in der konkreten Leitlinie oder Empfehlung vorgeschrieben ist[404]. Daraus lässt sich jedoch noch keine Aussagekraft für die Bindungswirkung der in Leitlinien und Empfehlungen enthaltenen Vorgaben ableiten. Gesetzt den Fall, dass

---

396 Vgl. Art. 16 Abs. 1 ESA-VO.
397 So Art. 16 Abs. 3 Unterabs. 1 EBA- und EIOPA-VO.
398 So Art. 16 Abs. 3 Unterabs. 1 ESMA-VO.
399 Vgl. Art. 16 Abs. 3 Unterabs. 2 ESA-VO.
400 Siehe oben, unter Teil 2/B./III./2./a).
401 Vgl. Erwägungsgrund 26 ESA-VO.
402 Art. 16 Abs. 3 Unterabs. 3 ESA-VO.
403 Art. 16 Abs. 3 Unterabs. 4 ESA-VO.
404 Siehe auch *Baur/Boegl*, BKR 2011, 177 ff. (182).

eine nationale Aufsichtsbehörde einer Leitlinie oder Empfehlung nicht nachkommt und dies auch gegenüber der jeweiligen ESA bestätigt, käme es zu einer untragbaren Diskrepanz zwischen Aufseher und Beaufsichtigtem, wenn ein Finanzinstitut dennoch daran gebunden wäre. Entschließt sich die nationale Aufsichtsbehörde im umgekehrten Fall dazu, eine Leitlinie oder Empfehlung zu befolgen, so übt dies auch einen gewissen Zwang auf Finanzinstitute und andere Finanzmarktteilnehmer aus, den Vorgaben nachkommen zu müssen. Leitlinien und Empfehlungen kommt damit zwar keine unmittelbare Verbindlichkeit im klassischen Sinne zu, je nach Fallkonstellation könnte aber von einer atypischen Bindungswirkung auszugehen sein, die weniger auf rechtlichen als auf tatsächlichen Begebenheiten beruht[405].

Des Weiteren könnte die Bindungswirkung aber auch von der Art der Handlungsform abhängen. Diesbezüglich gibt die Vorschrift des Art. 16 ESA-VO keinen Aufschluss darüber, welche inhaltlichen Unterschiede zwischen der Handlungsform der Leitlinie und der der Empfehlung bestehen. Im Primärrecht findet sich auch kein direkter Anknüpfungspunkt. Zumindest die Empfehlung wird in Art. 288 Abs. 5 AEU als Rechtsakt der Union aufgeführt. Dies würde den unverbindlichen Charakter[406] dieser Handlungsform unterstreichen. Für eine ESA-Empfehlung käme aber ein Rückgriff auf Art. 288 AEU höchstens in indirekter Form in Betracht, da die Vorschrift explizit nur von den Unionsorganen als Rechtsetzungskörperschaften spricht. Insoweit enthält der Katalog des Art. 288 AEU aber keine Beschränkung, die die gesetzgebenden Unionsorgane davon abhält, wie hier, ihre Rechtssetzungsbefugnisse auf selbständige Aufsichtsbehörden zu delegieren[407]. Die unionsinterne Delegation muss sich aber innerhalb der durch fundamentale Prinzipien des Unionsrechts, wie die Gebote des effektiven Rechtsschutzes und der hinreichenden demokratischen Kontrolle[408], aufgestellten Grenzen bewegen.

Ferner ist die Empfehlung den Einzelfallbeschlüssen im Rahmen des Art. 17 ESA-VO vorgeschaltet[409]. Die Erforderlichkeit zum Erlass eines Beschlusses

405 *Lehmann/Manger-Nestler*, ZBB 2011, 2 ff. (13), bezeichnen diese als „Bindungswirkung sui generis"; *Sonder*, BKR 2012, 8 ff. (9), spricht von einer „faktischen Bindungswirkung".

406 Siehe dazu etwa *Herdegen*, Europarecht, S. 186; *Kotzur* in: Geiger/Khan/Kotzur, EUV/AEUV, Art. 288 AEUV Rn. 26.

407 Vgl. *Nettesheim* in: Grabitz/Hilf/Nettesheim, Das Recht der Europäischen Union, Art. 288 AEUV Rn. 72.

408 Näher dazu unten, unter Teil 3/C./II. und III.

409 Hierzu näher unten, unter Teil 2/C./III./2./a).

würde demzufolge wegfallen, wenn Empfehlungen bereits eine rechtliche Bindungswirkung entfalten. Eine überflüssige Einzelfallbeschlussermächtigung kann aber nicht die Intention des Unionsgesetzgebers gewesen sein.

Damit spricht die Verfahrenssystematik zur Wahrnehmung der Einzelfallbefugnisse aus Art. 17 ESA-VO, neben dem Wortlaut des Art. 288 Abs. 5 AEU, für eine nicht verbindliche Rechtswirkung von ESA-Empfehlungen.

Die Handlungsform der Leitlinie lässt sich nicht unter den Katalog der in Art. 288 AEU aufgeführten Rechtsakte subsumieren[410]. Allerdings ist die Vorschrift auch nicht als abschließend anzusehen[411]. Neben die in Art. 288 AEU ausdrücklich aufgeführten Handlungsformen tritt eine Vielzahl von Rechtsakten *sui generis*[412]. Zu Letzteren zählt auch die Leitlinie, die etwa aufgrund ihrer nicht unerheblichen Verwendung im Wettbewerbsrecht[413] als anerkannte Form der ungeschriebenen Rechtsaktterminologie angesehen werden kann.

Während Empfehlungen aufgrund der Systematik des Art. 17 ESA-VO auch einen konkret-individuellen Anwendungsbereich haben, dürften Leitlinien in Anlehnung an die Verwendung in andern Sachbereichen eher einen abstrakt-generellen Charakter vorweisen. In Bezug auf Leitlinien im Wettbewerbsrecht wird überwiegend von einer faktischen Bindungswirkung gesprochen, wobei der Umfang einer daraus resultierenden Pflicht nicht einheitlich beurteilt wird[414]. Unternimmt man einen Vergleich zu den EZB-Leitlinien, die gem. Art. 14.3 EZB-Satzung von den nationalen Zentralbanken zu befolgen sind, könnte man darüber eine gewisse Bindungswirkung der ESA-Leitlinien begründen[415]. In den ESA-Verordnungen ist die Befolgung der Leitlinien aber gerade nicht ausdrücklich formuliert. Daher könnte man im Umkehrschluss auch von einer unverbindlichen Rechtswirkung ausgehen. Da die nationalen Aufsichtsbehörden bei Annahme einer Leitlinie aber einen gewissen Zwang oder Druck auf die beaufsichtigten Finanzunternehmen ausüben, dürfte in solchen Fällen

---

410 Näher dazu *Thomas*, EuR 2009, 423 ff. (424).

411 M.w.N. *Bast*, in: von Bogdandy/ders., EuVerfR, S. 489 ff. (526 ff.); *Schroeder* in: Streinz, EUV/AEUV, Art. 288 AEUV, Rn. 2; *Ruffert* in: Calliess/Ruffert, EUV/AEUV, Art. 288 AEUV, Rn. 98; einschränkend *Biervert* in: Schwarze, EU-Kommentar, Art. 288 AEUV, Rn. 4.

412 *Ruffert* in: Calliess/Ruffert, EUV/AEUV, Art. 288 AEUV, Rn. 98.

413 *Pampel*, Rechtsnatur und Rechtswirkungen horizontaler und vertikaler Leitlinien im reformierten europäischen Wettberwerbsrecht, S. 88; *ders.*, EuZW 2005, 11 ff.; Craig, EU Administrative Law, S. 578 ff.

414 Siehe dazu beispielsweise *Geiger*, EuZW 2000, 325 ff. (325); *Weitbrecht*, EuZW 2003, 69 ff. (72); *Pampel*, EuZW 2005, 11 ff. (12).

415 So *Lehmann/Manger-Nestler*, EuZW 2010, 87 ff. (90).

von einer atypischen Bindungswirkung gegenüber privaten Adressaten auszugehen sein, welche unterhalb der Schwelle zu einer direkten Bindungswirkung anzusiedeln ist und je nach Fallkonstellation unterschiedliche Ausmaße annehmen kann. Mitbestimmend ist dabei insbesondere die Reaktion der nationalen Aufsichtsbehörden.

Auch hinsichtlich der von Art. 288 AEU nicht erfassten Handlungsformen *sui generis* müssen die rechtsstaatlichen Grundprinzipien berücksichtigt werden. Dies ist hinsichtlich der ESA-Leitlinien insbesondere für die Rechtsschutzmöglichkeiten der betroffenen Adressaten von besonderer Bedeutung[416].

2. *Entscheidungsbefugnisse im Einzelfall*

Neben den normenkonkretisierenden Befugnissen haben die ESAs die Möglichkeit, Einzelfallentscheidungen zu treffen. Diese können unter bestimmten Voraussetzungen auch direkt an einzelne private Akteure des Finanzsektors mit verbindlicher Rechtswirkung gerichtet werden. Die ESA-Verordnungen differenzieren diesbezüglich zwischen drei Fallkonstellationen (Art. 17-19 ESA-VO) mit unterschiedlichen Schutzrichtungen.

a) Verstoß gegen EU-Recht

Die in Art. 17 ESA-VO enthaltene Ermächtigung soll die ordnungsgemäße Anwendung des Unionsrechtes absichern. Der Begriff des Unionsrechts umfasst in diesem Fall das materielle Aufsichtsrecht des Finanzsektors, welches die Tätigkeitsbereiche[417] der ESAs bestimmt, einschließlich der gem. Art. 10-15 ESA-VO erlassenen technischen Regulierungs- und Durchführungsstandards. Für die Eröffnung des Anwendungsbereichs ist es ausreichend, wenn eine Verletzung des materiellen Aufsichtsrechts durch eine nationale Aufsichtsbehörde vorzuliegen scheint[418]. Als Reaktionsmöglichkeit gegen den auch nur vermeintlichen Rechtsverstoß sieht die Vorschrift ein dreistufiges Verfahren[419] vor, welches in Interaktion mit der Kommission bestritten wird.

Die erste Stufe erlaubt den ESAs auf Ersuchen oder von Amts wegen Untersuchungen hinsichtlich der in Frage stehenden Unionsrechtsverletzung durchzuführen. Dabei kann sie von der betroffenen nationalen Aufsichtsbehörde

---

416 Hierzu näher unten, unter Teil 3/C./III./4./c).

417 Hierzu näher unten, unter Teil 2/C./IV.

418 Vgl. Art. 17 Abs. 1 ESA-VO.

419 Erwägungsgrund 28 ESA-VO spricht in diesem Zusammenhang von einem „Drei-Stufen-Mechanismus".

die Übermittlung aller dafür erforderlichen Informationen verlangen[420]. Abgeschlossen wird diese Verfahrensstufe spätestens zwei Monate nach Beginn der Untersuchungen mit einer an die mitgliedstaatliche Aufsichtsbehörde gerichteten, wohl unverbindlichen[421], Empfehlung, in welcher der Adressatin die zur Beseitigung der Rechtsverletzung erforderlichen Maßnahmen aufgezeigt werden. Im Sinne eines reinen *Explain*-Mechanismus hat die betroffene Behörde die jeweilige ESA in jedem Fall über die beabsichtigten Schritte zur Beseitigung der Rechtsverletzung zu informieren[422].

Nur wenn die nationale Aufsichtsbehörde den Vorgaben der ESA-Empfehlung nicht innerhalb eines Monats nachkommt, wird die Kommission nach Unterrichtung durch die ESA oder von Amts wegen auf der zweiten Verfahrensstufe aktiv. Unter Berücksichtigung der ESA-Empfehlung übermittelt diese der innerstaatlichen Aufsichtsbehörde eine förmliche Stellungnahme mit der Aufforderung, die zur Einhaltung des Unionsrechts erforderlichen Maßnahmen zu ergreifen[423]. Bei der Stellungnahme handelt es sich ebenfalls um eine nicht verbindliche Handlungsform. Der Wortlaut des Art. 288 Abs. 5 AEU ist hier direkt anwendbar, da die Kommission als Unionsorgan (Art. 13 Abs. 1 EU) im Gegensatz zu den ESAs ausdrücklich von der Vorschrift erfasst wird. Auch im Fall der förmlichen Stellungnahme hat sich die Adressatin gegenüber der Kommission und der ESA entsprechend zu erklären[424].

Erst auf der dritten und letzten Verfahrensstufe kann sich die jeweilige ESA direkt an ein beaufsichtigtes Unternehmen wenden, wenn die zuständige Aufsichtsbehörde der förmlichen Stellungnahme innerhalb der darin gesetzten Frist nicht nachgekommen ist. Dazu erlässt die ESA im Einklang mit der förmlichen Stellungnahme der Kommission einen verbindlichen Beschluss, der das Finanzinstitut oder den Finanzmarktteilnehmer dazu verpflichtet, die zur Einhaltung seiner unionsrechtlichen Verpflichtungen erforderlichen Maßnahmen zu ergreifen[425]. Der Beschluss kann dabei auch die Einstellung jeglicher Tätigkeit zum Gegenstand haben. Dieser Beschluss geht den zuvor von der nationalen Aufsichtsbehörde erlassenen Beschlüssen vor[426].

420 Art. 17 Abs. 2 ESA-VO.
421 Siehe dazu auch oben, unter Teil 2/C./III./1./c).
422 Vgl. Art. 17 Abs. 3 ESA-VO.
423 Art. 17 Abs. 4 ESA-VO.
424 Siehe Art. 17 Abs. 5 ESA-VO.
425 Art. 17 Abs. 6 ESA-VO.
426 Art. 17 Abs. 7 ESA-VO.

Als zusätzliche Voraussetzung der Befugnis nach Art. 17 Abs. 6 ESA-VO muss ein rechtzeitiges Einschreiten zur Sicherstellung von neutralen Wettbewerbsbedingungen, Funktion und Integrität des Finanzsystems garantiert werden. Die Rechtzeitigkeit dürfte immer dann zu bejahen sein, wenn der Ausgang eines Verfahrens nach Art. 258 AEU aufgrund der Gefahr eines hohen Schadens nicht abgewartet werden kann. Das Vertragsverletzungsverfahren war auf EU-Ebene vor Einführung der ESA-Beschlussprozedur die einzige Möglichkeit, Verletzungen des Unionsrechts zu ahnden. Aufgrund der Schnelllebigkeit des Finanzsektors kann jedoch ein mehrjähriges Zuwarten auf eine verbindliche Entscheidung zu irreversiblen und astronomischen Schäden führen, wie die jüngste Finanzkrise gezeigt hat. Daher hat der Unionsgesetzgeber mit Art. 17 ESA-VO ein reaktionsschnelles Verfahren (*fast track procedure*) eingeführt[427]. Aufgrund des Verwerfungsmonopols des EuGH muss aber sichergestellt werden, dass nicht in die Entscheidungskompetenz des Gerichtshofes nach Art. 258 AEU eingegriffen wird[428].

Die Abstufung der ESA-Befugnisse, welche ein Vorgehen gegen private Akteure des Finanzsektors nur als *ultima ratio*[429] unter zusätzlichen Voraussetzungen in Ausnahmefällen zulässt, dürfte jedenfalls zur Wahrung des Grundsatzes der Verhältnismäßigkeit[430] beitragen.

b) Maßnahmen im Krisenfall

Die zweite Fallkonstellation betrifft das Krisenmanagement. Die in Art. 18 ESA-VO geregelte Befugnis dient dem Schutz des Finanzsystems der Union als Ganzes. Sie hat daher Bezugspunkte zur Makroaufsicht und der Tätigkeit des ESRB. Besteht eine Gefahr für die Integrität der Finanzmärkte oder die Stabilität des Finanzsystems, so können die ESAs im Rahmen von Art. 18 ESA-VO die von den nationalen Aufsichtsbehörden ergriffenen Maßnahmen aktiv erleichtern und diese, sofern notwendig, koordinieren[431]. Grundlage für die Wahrnehmung der Erleichterungs- und Koordinierungsfunktion ist ein Beschluss des Rates, welcher auf Ersuchen einer ESA, der Kommission oder des ESRB das Vorliegen einer Krisensituation feststellt[432].

Hat der Rat in Abstimmung mit der Kommission, dem ESRB und gegebenenfalls den ESAs einen Krisenfeststellungsbeschluss erlassen und erfordern

427 Siehe ESMA, Frequently Asked Questions vom 03.01.2011, ESMA/2011/009, S. 5 f.

428 Vgl. *Herdegen*, Bankenaufsicht im Europäischen Verbund, S. 64; näher dazu unten, unter Teil 3/C./III./2./b)/cc).

429 Erwägungsgrund 29 ESA-VO bezeichnet diese Befugnis als „letztes Mittel".

430 Hierzu näher unten, unter Teil 3/C./V.

431 Art. 18 Abs. 1 Unterabs. 1 ESA-VO.

432 Art. 18 Abs. 2 ESA-VO.

außergewöhnliche Umstände ein koordiniertes Vorgehen, so darf die jeweilige ESA in Einzelfällen an nationale Aufsichtsbehörden herantreten und sie mittels Beschlusses dazu verpflichten, die nach den Vorgaben des materiellen Aufsichtsrechts zur Reaktion auf die Krisensituation erforderlichen Maßnahmen zu ergreifen[433].

Nur für den Fall, dass die nationalen Aufsichtsbehörden den Vorgaben des ESA-Beschlusses innerhalb der darin festgelegten Frist nicht nachkommen, darf die jeweilige ESA auch einen Beschluss direkt an ein Finanzinstitut bzw. Finanzmarktteilnehmer richten, welcher zum Ergreifen entsprechender Maßnahmen verpflichtet[434].

c) Schlichtungsbefugnis

Im Rahmen der dritten und letzten einzelfallbezogenen Vollzugsbefugnis (Art. 19 ESA-VO) nehmen die ESAs zunächst in einer ersten Phase die Rolle eines Mediators ein. Bei Meinungsverschiedenheiten zwischen nationalen Aufsichtsbehörden über die Anwendung des Unionsrechts kann die jeweilige betroffene ESA auf Ersuchen der involvierten mitgliedstaatlichen Aufsichtsbehörden[435] oder von Amts wegen[436] zur Erzielung einer Einigung streitschlichtend tätig werden. Dazu gibt sie den betroffenen Aufsichtsbehörden eine angemessene Schlichtungsfrist, innerhalb derer sie versucht zwischen den Parteien zu vermitteln[437].

Scheitert der Streitbeilegungsversuch, kann die zuständige ESA in einem weiteren Schritt die streitenden nationalen Aufsichtsbehörden mit einem verbindlichen Beschluss[438] dazu verpflichten, die zur Einhaltung des Unionsrechts erforderlichen Schritte zu ergreifen[439].

Auch hier kann die ESA als letztes Mittel einen vorrangigen[440] und verbindlichen Einzelfallbeschluss an ein beaufsichtigtes Unternehmen richten[441], wenn die Aufsichtsbehörden den Vorgaben des zuvor an sie adressierten ESA-Beschlusses nicht nachgekommen sind.

---

433 Vgl. Art. 18 Abs. 3 ESA-VO.

434 Zu den Voraussetzungen im Einzelnen siehe Art. 18 Abs. 4 ESA-VO; der ESA-Beschluss geht, wie im Rahmen von Art. 17 ESA-VO auch, früheren von nationalen Aufsichtsbehörden erlassenen Beschlüssen vor, vgl. Art. 18 Abs. 5 ESA-VO.

435 Art. 19 Abs. 1 Unterabs. 1 ESA-VO.

436 Art. 19 Abs. 1 Unterabs. 2 ESA-VO.

437 Vgl. Art. 19 Abs. 2 ESA-VO.

438 Dieser kann gem. Art. 19 Abs. 3 i.V.m. Art. 44 Abs. 1 Unterabs. 3 und 4 ESA-VO i.V.m. Art. 16 Abs. 4 Unterabs. 2 EU mit einer Sperrminorität blockiert werden.

439 Art. 19 Abs. 3 ESA-VO.

440 Art. 19 Abs. 5 ESA-VO.

441 Art. 19 Abs. 4 ESA-VO.

IV. Tätigkeitsbereiche der übrigen ESAs

Wie soeben aufgezeigt, ist der institutionelle Rahmen für die Ausgestaltung der ESAs nahezu identisch. Selbstredend besteht der größte Unterschied in den jeweiligen Tätigkeitsbereichen der ESAs, d.h. in der Anwendung des materiellen Aufsichtsrechtes und der zu beaufsichtigenden Unternehmen, Institute, Marktteilnehmer etc. Der Tätigkeitsbereich der EBA ergibt sich aus Art. 1 Abs. 2 EBA-VO, d.h. aus den bereits oben im ersten Teil aufgeführten Rechtsquellen des Europäischen Bankenaufsichtsrechts[442]. Die nachfolgende Darstellung kann sich daher auf die Tätigkeitsbereiche von EIOPA und ESMA sowie sich daraus ergebende Besonderheiten beschränken.

1. Tätigkeitsbereich von EIOPA

Die EIOPA[443] beaufsichtigt im Rahmen ihrer Befugnisse und innerhalb des anzuwendenden materiellen Aufsichtsrechtes Versicherungs- und Rückversicherungsunternehmen, Versicherungsvermittler, Finanzkonglomerate sowie Einrichtungen der betrieblichen Altersversorgung.

a) Solvabilitätsbestimmungen

Die Untersuchung der Rechtsquellen des Europäischen Bankenaufsichtsrechtes hat gezeigt, dass die angemessene Eigenkapitalausstattung der Kreditinstitute ein wichtiges und zentrales Instrument der Bankenaufsicht darstellt[444]. Bei der Beaufsichtigung von Versicherungsunternehmen verhält es sich ähnlich. Zur dauerhaften Erfüllung ihrer Verpflichtungen aus den Versicherungsgeschäften haben die Versicherungsunternehmen eine bestimmte Höhe freies und unbelastetes Eigenkapital als Reserve zurückzuhalten. Diese Reserve wird unter dem Begriff Solvabilitätsspanne[445] zusammengefasst. Die ersten Anforderungen auf EU-Ebene zur Solvabilität mit Kriterien zur Ermittlung der Solvabilitätsspanne von Direktversicherern[446] wurden in den 70er Jahren aufgestellt. Danach berechnet sich die Solvabilitätsspanne entweder nach

---

442 Siehe insbesondere oben, unter Teil 1/A./I./3.

443 https://eiopa.europa.eu/.

444 Hierzu oben, unter Teil 1/A./I./3./d)/bb)/(1).

445 Da die Solvabilitätsspanne einen fixen Betrag und keine Marge oder Spielraum festlegt, ist die Formulierung unglücklich, siehe dazu *Gause* in: Münchener Kommentar zum VVG, Systematische Einführung in das Aufsichtsrecht, Rn. 315.

446 Erste Richtlinie 73/239/EWG des Rates vom 24 Juli 1973 zur Koordinierung der Rechts- und Verwaltungsvorschriften betreffend die Aufnahme und Ausübung der

den jährlichen Beitragseinnahmen (Beitragsindex) oder nach der durchschnittlichen Schadensbelastung innerhalb der letzten drei Geschäftsjahre (Schadensindex)[447].

Anschließend wurden die Solvabilitätsanforderungen in einem fortlaufenden Prozess[448] weiter angepasst und auf andere Sparten der Versicherungsbranche erweitert. Zu nennen ist in diesem Zusammenhang insbesondere die „Dritte Generation der Versicherungsrichtlinien"[449], die in den neunziger Jahren verabschiedet wurde und die unter dem Begriff „Solvabilität I"[450] zusammengefasste Reform der Solvabilitätsbestimmungen aus dem Jahre 2002.

Die in Folge der Finanzkrise zu drohende Insolvenz des weltweit größten U.S.-amerikanischen Versicherungsunternehmens American International Group (AIG), die nur durch eine staatliche Übernahme abgewendet werden konnte[451], hat gezeigt, dass der Versicherungssektor stärker von den Ereignissen im Bankenbereich beeinflusst wird, als man zuvor vermutet hatte. Zudem war der Zusammenbruch der AIG Ausfluss des defizitär ausgerichteten U.S.-amerikanischen Versicherungsaufsichtssystems. Solche Szenarien sollten in der EU nach den Empfehlungen des *de-Larosière-Berichts* unbedingt vermieden werden[452]. Daher wurde 2009 eine Richtlinie auf den Weg gebracht, die unter der

---

Tätigkeit der Direktversicherung (mit Ausnahme der Lebensversicherung), ABl. L 228 vom 16.08.1973, S. 3.

447 Siehe Art. 16 Abs. 2 und Abs. 3 Richtlinie 73/239/EWG.

448 Ein Überblick zu den einzelnen Richtlinien findet sich bei *Reich/Micklitz*, Europäisches Verbraucherrecht, S. 123 ff.; *Schnyder*, Europäisches Banken- und Versicherungsrecht, S. 11 ff.

449 Richtlinie 92/49/EWG des Rates vom 18. Juni 1992 zur Koordinierung der Rechts- und Verwaltungsvorschriften für die Direktversicherung (mit Ausnahme der Lebensversicherung) sowie zur Änderung der Richtlinien 73/239/EWG und 88/357/EWG (Dritte Richtlinie Schadenversicherung), ABl. L 228 vom 11.08.1992, S. 1; Richtlinie 92/96/EWG des Rates vom 10. November 1992 zur Koordinierung der Rechts- und Verwaltungsvorschriften für die Direktversicherung (Lebensversicherung) sowie zur Änderung der Richtlinien 79/267/EWG und 90/619/EWG (Dritte Richtlinie Lebensversicherung), ABl. L 360 vom 09.12.1992, S. 1.

450 Richtlinie 2002/13/EG des Europäischen Parlaments und des Rates vom 5. März 2002 zur Änderung der Richtlinie 73/239/EWG des Rates hinsichtlich der Bestimmungen über die Solvabilitätsspanne für Schadenversicherungsunternehmen, ABl. L 77 vom 20.03.2002, S. 17.

451 Siehe dazu *Weber-Rey*, AG 2010, 453 ff. (453); *Inwinkl*, RiW 2009, 60 ff. (60); *Rietdorf*, KommJur 2008, 441 ff. (442).

452 De-Larosière-Bericht, S. 82.

Bezeichnung „Solvabilität II“[453] bekannt ist und eine Vielzahl der bestehenden Richtlinien[454] in einer Richtlinie zusammenfasst, mithin entscheidend zur Vollharmonisierung[455] des Versicherungsaufsichtsrechtes beiträgt. Mit Solvabilität II wird nunmehr auch die Gesamtfinanzposition der Versicherungsunternehmen miteinbezogen. Grenzüberschreitend tätige Versicherungsgruppen werden somit einer zentralisierten Gruppenaufsicht[456] unterworfen.

b) Versicherungsvermittlung

Ein weiteres Tätigkeitsfeld betrifft die Beaufsichtigung von Versicherungs- und Rückversicherungsvermittlern[457], welchen beim Vertrieb von Versicherungs- und Rückversicherungsprodukten eine zentrale Rolle zukommt. Versicherungsagenten, Versicherungsmakler und Allfinanzunternehmen, die eine Versicherungsvermittlungstätigkeit ausüben, unterliegen einer sanktionsbewehrten Eintragungspflicht bei der zuständigen Aufsichtsbehörde ihres Herkunftsmitgliedstaates[458].

c) Betriebliche Altersversorgung

Des Weiteren wurde 2003 ein erster Schritt[459] zur Beaufsichtigung von Einrichtungen der betrieblichen Altersversorgung gemacht. Betrieblichen Altersversorgungssystemen wird dadurch die grenzüberschreitende Tätigkeit ermöglicht. Gleichzeitig sollen durch Einführung strenger Sicherheitsvorschriften die

---

453 Richtlinie 2009/138/EG des Europäischen Parlaments und des Rates vom 25. November 2009 betreffend die Aufnahme und Ausübung der Versicherungs- und der Rückversicherungstätigkeit (Solvabilität II), ABl. L 335 vom 17.12.2009, S. 1; zu den einzelnen Inhalten und den drei Säulen von Solvabilität II siehe *Lüttringhaus*, EuZW 2011, 822 ff.; *ders.*, EuZW 2011, 856 ff.

454 Insgesamt werden 13 der bestehenden Richtlinien kodifiziert; zur Auflistung der einzelnen Richtlinien siehe *Lüttringhaus*, EuZW 2011, 822 ff. (822).

455 Näher dazu *Dreher/Lange*, VersR 2011, 825 ff.

456 Näher dazu *Lüttringhaus*, EuZW 2011, 856 ff. (858 ff.).

457 Richtlinie 77/92/EWG des Rates vom 13. Dezember 1976 über Maßnahmen zur Erleichterung der tatsächlichen Ausübung der Niederlassungsfreiheit und des freien Dienstleistungsverkehrs für die Tätigkeiten des Versicherungsagenten und des Versicherungsmaklers (aus ISIC-Gruppe 630), insbesondere Übergangsmaßnamen für solche Tätigkeiten, ABl. L 26 vom 31.01.1977, S. 14; aufgehoben durch Richtlinie 2002/92/EG des Europäischen Parlaments und des Rates vom 9. Dezember 2002 über Versicherungsvermittlung, ABl. L 9 vom 15.01.2003, S. 3.

458 Siehe Art. 3 Abs. 1 und Art. 8 Abs. 1 Richtlinie 2002/92/EG.

459 Richtlinie 2003/41/EG des Europäischen Parlaments und des Rates vom 3. Juni 2003 über die Tätigkeiten und die Beaufsichtigung von Einrichtungen der betrieblichen Altersversorgung, ABl. L 235 vom 23.09.2003, S. 10.

Ansprüche von Versorgungsanwärtern und Leistungsempfängern kapitalgedeckter Altersversorgungen geschützt werden.

d) Sektorübergreifende Finanzkonglomerate

In Bezug auf Finanzkonglomerate[460] wurde eine zusätzliche Beaufsichtigung[461] der ihnen zugehörigen Kreditinstitute, Versicherungsunternehmen und Wertpapierfirmen eingeführt. Der Anwendungsbereich betrifft alle drei Bereiche der Mikroaufsicht und erfordert daher eine enge Zusammenarbeit der einzelnen ESA über den Gemeinsamen Ausschuss[462].

2. Tätigkeitsbereich von ESMA

Das Aufgabengebiet der ESMA[463] bezieht sich auf das Wertpapier- und Derivategeschäft. Im Rahmen ihrer Befugnisse beaufsichtigt die ESMA sämtliche Marktteilnehmer, die vom materiellen Wertpapieraufsichtsrecht erfasst sind.

a) Maßnahmen zum Schutz der Anleger

Darunter fällt zunächst der Anlegerschutz, der in einem ersten Schritt[464] jeden Mitgliedstaat dazu verpflichtet hat, mindestens ein System für die Entschädigung der Anleger einzurichten. Wenige Jahre später wurde der Anlegerschutz durch zwei weitere Richtlinien (Marktmissbrauchsrichtlinie und MiFID-Richtlinie) verschärft. Die Marktmissbrauchsrichtlinie[465] richtet sich gegen Insidergeschäfte

---

460 Zum Begriff des Finanzkonglomerats siehe *Ress/Ukrow* in: Grabitz/Hilf/Nettesheim, Das Recht der EU, Art. 63 AEUV Rn. 287.

461 Richtlinie 2002/87/EG des Europäischen Parlaments und des Rates vom 16. Dezember 2002 über die zusätzliche Beaufsichtigung der Kreditinstitute, Versicherungsunternehmen und Wertpapierfirmen eines Finanzkonglomerats und zur Änderung der Richtlinien 73/239/EWG, 79/267/EWG, 92/49/EWG, 92/96/EWG, 93/6/EWG und 93/22/EWG des Rates und der Richtlinien 98/78/EG und 2000/12/EG des Europäischen Parlaments und des Rates, ABl. L 35 vom 11.02.2003, S. 1, zuletzt geändert durch Richtlinie 2011/89/EU des Europäischen Parlaments und des Rates vom 16. November 2011 zur Änderung der Richtlinien 98/78/EG, 2002/87/EG, 2006/48/EG und 2009/138/EG hinsichtlich der zusätzlichen Beaufsichtigung der Finanzunternehmen eines Finanzkonglomerats, ABl. L 326 vom 08.12.2011, S. 113.

462 Hierzu näher unten, unter Teil 2/D.

463 http://www.esma.europa.eu/.

464 Richtlinie 97/9/EG des Europäischen Parlaments und des Rates vom 3. März 1997 über Systeme für die Entschädigung der Anleger, ABl. L 84 vom 26.03.1997, S. 22.

465 Richtlinie 2003/6/EG des Europäischen Parlaments und des Rates vom 28. Januar 2003 über Insider-Geschäfte und Marktmanipulation (Marktmissbrauch), ABl. L 96 vom 12.04.2003, S. 16.

und Marktmanipulationen. Die MiFID-Richtlinie[466] ersetzt die ursprüngliche Wertpapierdienstleistungsrichtlinie. Sie hat den Vertrieb von Wertpapieren durch die Aufstellung der sog. Wohlverhaltensregeln[467] grundlegend verändert. Danach hat eine Wertpapierfirma insbesondere über die mit einem Finanzinstrument und der vorgeschlagenen Anlagestrategie verbundenen Risiken in angemessener Weise aufzuklären. Zur Anpassung der MiFID-Bestimmungen an neue Handelsplätze und Finanzprodukte haben Rat und Parlament eine Neufassung des Regelwerkes (MiFID II[468] und MiFIR[469]) verabschiedet.

b) Anforderungen an das Wertpapiergeschäft

Des Weiteren ist die Finalitätsrichtlinie[470] zu nennen, die Zahlungs- bzw. Übertragungsaufträge und Aufrechnungen (*netting*) auch im Fall der Insolvenz eines Teilnehmers gegenüber Dritten als rechtlich verbindlich erklärt und damit die Risiken von Wertpapierzahlungs- und -abrechungssystemen einzudämmen sucht. Eine weitere Richtlinie[471] beschäftigt sich mit den zugunsten dieser Systeme bestellten Sicherheiten. Sie regelt insbesondere die Voraussetzungen für die Anerkennung von Finanzsicherheiten und legt ihre Verwertungsmöglichkeiten fest.

Bestandteil der Wertpapieraufsicht ist ferner die Börsennotierung. Die seit 1979 erlassenen Bestimmungen zur Zulassung von Wertpapieren an der Börse wurden 2001 in einer Richtlinie[472] kodifiziert. Der so vereinheitlichte Rechtsakt

466 Richtlinie 2004/39/EG des Europäischen Parlaments und des Rates vom 21. April 2004 über Märkte für Finanzinstrumente, zur Änderung der Richtlinien 85/611/EWG und 93/6/EWG des Rates und der Richtlinie 2000/12/EG des Europäischen Parlaments und des Rates und zur Aufhebung der Richtlinie 93/22/EWG des Rates, ABl. L 145 vom 30.04.2004, S. 1; siehe auch *Duve/Keller*, BB 2006, 2425 ff.

467 Siehe Art. 19 Richtlinie 2004/39/EG.

468 Richtlinie 2014/65/EU des Europäischen Parlaments und des Rates vom 15. Mai über Märkte für Finanzinstrumente sowie zur Änderung der Richtlinien 2002/92/EG und 2011/61/EU des Europäischen Parlaments und des Rates, ABl. L 173 vom 12.06.2014, S. 349; siehe zum Entwurf *Funke*, CCZ 2012, 54 ff.; *Salewski*, GWR 2012, 265 ff.

469 Verordnung (EU) Nr. 600/2014 des Europäischen Parlaments und des Rates vom 15. Mai 2014 über Märkte für Finanzinstrumente und zur Änderung der Verordnung (EU) Nr. 648/2012, ABl. L 173 vom 12.06.2014, S. 84.

470 Richtlinie 98/26/EG des Europäischen Parlaments und des Rates vom 19. Mai 1998 über die Wirksamkeit von Abrechnungen in Zahlungs- sowie Wertpapierliefer- und -abrechnungssystemen, ABl. L 166 vom 11.06.1998, S. 45.

471 Richtlinie 2002/47/EG des Europäischen Parlaments und des Rates vom 6. Juni 2002 über Finanzsicherheiten, ABl. L 168 vom 27.06.2002, S. 43.

472 Richtlinie 2001/34/EG des Europäischen Parlaments und des Rates vom 28. Mai 2001 über die Zulassung von Wertpapieren zur amtlichen Börsennotierung und

wird durch die 2003 erlassene Prospektrichtlinie[473] ergänzt, die die bei der amtlichen Börsennotierung zu veröffentlichenden Informationen (Verkaufsprospekt) weiter vereinheitlicht. Ein Jahr später sollte die Transparenz[474] durch die Bereitstellung fortlaufender Informationen über die Emittenten von bereits an einem geregelten Markt zugelassenen Wertpapieren verbessert werden.

Da sich die Kapitaladäquanzrichtlinie[475] auch an Wertpapierfirmen richtet, ist der Anwendungsbereich der Wertpapieraufsicht neben und unbeschadet der Zuständigkeit der EBA in Bezug auf die Bankenaufsicht ebenfalls eröffnet.

c) Investmentvehikel

Ein wichtiger Bereich der Wertpapieraufsicht ist schließlich die Regulierung und Beaufsichtigung von Investmentfonds. Seit 1985 wird auf EU-Ebene die Zulassung und der Vertrieb von bestimmten Investmentvehikeln, sog. Organismen für gemeinsame Anlagen in Wertpapieren (OGAW), erfasst. OGAW können als unselbständige Investmentfonds oder in Form einer Investmentgesellschaft mit eigener Rechtspersönlichkeit konstituiert werden. Sie müssen zum Schutz des Anlegers den Grundsatz der Risikostreuung erfüllen. Dafür können sie im Gegenzug über das Instrument des EU-Passes grenzübergreifend vertrieben werden. Zuletzt wurden die OGAW-Bestimmungen durch die sog. OGAW IV—Richtlinie[476] neugefasst. Darin wird der grenzübergreifende Vertrieb durch die Erweiterung des EU-Passes auf Verwaltungsgesellschaften verbessert,

---

über die hinsichtlich dieser Wertpapiere zu veröffentlichenden Informationen, ABl. L 184, S. 1.

473 Richtlinie 2003/71/EG des Europäischen Parlaments und des Rates vom 4. November 2003 betreffend den Prospekt, der beim öffentlichen Angebot von Wertpapieren oder bei deren Zulassung zum Handel zu veröffentlichen ist, und zur Änderung der Richtlinie 2001/34/EG, ABl. L 345 vom 31.12.2003, S. 64, zuletzt geändert durch Richtlinie 2010/73/EU, ABl. L 327 vom 11.12.2010, S. 1.

474 Richtlinie 2004/109/EG des Europäischen Parlaments und des Rates vom 15. Dezember 2004 zur Harmonisierung der Transparenzanforderungen in Bezug auf Informationen über Emittenten, deren Wertpapiere zum Handel auf einem geregelten Markt zugelassen sind, und zur Änderung der Richtlinie 2001/34/EG, ABl. L 390 vom 31.12.2004, S. 38, zuletzt geändert durch Richtlinie 2010/73/EU, ABl. L 327 vom 11.12.2010, S. 1.

475 Hierzu näher oben, unter Teil 1/A./I./3./f)/bb).

476 Richtlinie 2009/65/EG des Europäischen Parlaments und des Rates vom 13. Juli 2009 zur Koordinierung der Rechts- und Verwaltungsvorschriften betreffend bestimmte Organismen für gemeinsame Anlagen in Wertpapieren (OGAW) – Neufassung –, ABl. L 302 vom 17.11.2009, S. 32.

grenzübergreifende Fonds-Fusionen erleichtert, das sog. Pooling von Vermögenswerten sowie Master-Feeder-Strukturen eingeführt und der vereinfachte Verkaufsprospekt durch die wesentlichen Informationen für den Anleger (*Key Investor Information* - KII[477]) ersetzt. Die Einführung der KII wurde im Anschluss auch für die Zusammenfassung des Prospekts im Rahmen des Anwendungsbereichs der Prospektrichtlinie vorgeschlagen[478]. In Anlehnung an die *Madoff*-Betrugsserie hat die Kommission im Juli 2012 den Entwurf für eine OGAW V-Richtlinie angenommen, welcher sich insbesondere mit den Aufgaben und Haftungsfragen der Verwahrstelle (*custodian bank*) befasst[479].

Die OGAW-Bestimmungen erfassen jedoch nicht alle Arten von Investmentfonds. Nicht harmonisiert blieben bislang u.a. Immobilienfonds, Private Equity Fonds, Hedgefonds, Spezialfonds (*Specialised Investment Funds* - SIF), Infrastrukturfonds und institutionelle Fonds, die sich unter dem Begriff der alternativen Investmentfonds zusammenfassen lassen. Lange Zeit war unklar, ob die alternativen Investmentfonds in das OGAW-Regime integriert oder in separaten Parallelsystemen erfasst werden sollten[480]. Die Entscheidung ist jetzt mit der AIFM-Richtlinie[481] gefallen. Insbesondere der Bereich des „*Hedging*“ hatte auf internationaler Ebene nach der jüngsten Finanzkrise für Unmut gesorgt und wurde für deren Entstehen bzw. Ausmaße mitverantwortlich gemacht. Die G-20 hatte deshalb auf den Gipfeln in London[482] und Toronto[483] eine Verbesserung der Transparenz und der Aufsicht von Hedgefonds durch Registrierungs- und

477 Näher dazu *Podewils*, ZBB 2011, 169 ff.

478 Sie dazu *Fischer zu Cramburg*, NZG 2010, 221; dies hat sich aber zumindest in der Richtlinie 2010/73/EU noch nicht durchgesetzt.

479 Kommission, Vorschlag für eine Richtlinie des Europäischen Parlaments und des Rates zur Änderung der Richtlinie 2009/65/EWG des Rates zur Koordinierung der Rechts- und Verwaltungsvorschriften betreffend bestimmte Organismen für gemeinsame Anlagen in Wertpapieren (OGAW) im Hinblick auf die Aufgaben der Verwahrstelle, die Vergütungspolitik und Sanktionen, vom 03.07.2012, KOM(2012) 350 endg.

480 Siehe dazu Kommission, Weißbuch für den Ausbau des Binnenmarktrahmens für Investmentfonds, 15.11.2006, KOM(2006) 686 endg., S. 13 f.

481 Richtlinie 2011/61/EU des Europäischen Parlaments und des Rates vom 8. Juni 2011 über die Verwalter alternativer Investmentfonds und zur Änderung der Richtlinien 2003/41/EG und 2009/65/EG und der Verordnungen (EG) Nr. 1060/2009 und (EU) Nr. 1095/2010, ABl. L 174 vom 01.07.2011, S. 1.

482 *G-20*, Declaration on Strengthening the Financial System - London Summit, 02.04.2009, S. 3.

483 *G-20*, Toronto Summit Declaration, 26.-27.06.2010, S. 4 und S. 19.

Offenlegungspflichten gefordert. Die AIFM-Richtlinie trägt diesem Gedanken Rechnung. Sie erfasst neben Hedgefonds grundsätzlich alle Investmentfonds, die nicht unter OGAW-IV zu subsumieren sind[484]. Demzufolge fallen darunter sowohl Fonds des offenen als auch des geschlossenen Typs. Im Gegensatz zu den OGAW-Bestimmungen knüpft die AIFM-Richtlinie nicht an den Fonds selbst, sondern an die Verwalter alternativer Investmentfonds (*alternative investment funds managers* – AIFM) an. Da die erste Richtlinie über alternative Investmentfondsmanager noch Fragen offen lässt[485] und voraussichtlich weitere Richtlinien auf diesem Gebiet folgen werden, hat der EU-Gesetzgeber die Zuständigkeit der ESMA in weiser Voraussicht auf alle künftigen AIFM-Rechtsvorschriften erstreckt[486]. Derzeit entwickelt ESMA gem. Art. 4 Abs. 4 AIFM-Richtlinie technische Regulierungsstandards und hat dazu ein Diskussionspapier[487] veröffentlicht.

d) Ratingagenturen

Ein brisantes Thema ist ferner die Rolle der ESMA bei der Beaufsichtigung von Ratingagenturen. Mit Inkrafttreten der Verordnung (EG) Nr. 1060/2009 über Ratingagenturen[488] wurde der Grundstein für eine entsprechende Beaufsichtigung der Bewertungshäuser gelegt. Nach Etablierung des ESFS, hat der EU-Gesetzgeber der ESMA die ausschließliche Zuständigkeit für die Registrierung und Beaufsichtigung von Ratingagenturen mit Sitz innerhalb der EU eingeräumt[489]. Im Rahmen ihrer exklusiven Befugnisse kann die ESMA beispielsweise Untersuchungen und Prüfungen vor Ort durchführen[490]. Bei Verstößen gegen die aufsichtsrechtlichen Obliegenheiten kann sie zudem Zwangsgelder gegen die betreffenden Bewertungshäuser verhängen[491]. Daraus ergibt sich eine Direktaufsicht der Europäischen Wertpapieraufsichtsbehörde, die den Boden des

---

484 Vgl. Erwägungsgrund 3 Richtlinie 2011/61/EU.

485 Zu den einzelnen Inhalten der AIFM-Richtlinie siehe *Spindler/Tancredi*, WM 2011, 1393 ff.; dies., WM 2011, 1441 ff.; *Weitnauer*, BKR 2011, 143 ff.; *Zeppenfeld/von Jacobs*, jurisPR-HaGesR 12/2010 Anm. 2.

486 Vgl. Art. 1 Abs. 2 ESMA-VO.

487 *ESMA*, Discussion paper on Key concepts of the Alternative Investment Fund Managers Directive and types of AIFM, Ref. 2012/117, 23.02.2012.

488 ABl. L 302 vom 17.11.2009, S. 1.

489 Verordnung (EU) Nr. 513/2011 des Europäischen Parlaments und des Rates vom 11. Mai 2011 zur Änderung der Verordnung (EG) Nr. 1060/2009 über Ratingagenturen, ABl. L 145 vom 31.05.2011, S. 30.

490 Erwägungsgrund 14 und Art. 23d Verordnung (EU) Nr. 513/2011.

491 Vgl. Erwägungsgrund 17 und 18, Art. 36a Verordnung (EU) Nr. 513/2011.

dezentralisierten Ansatzes verlässt. Dies ist ungewöhnlich, da die ESAs in den übrigen Bereichen die Finanzaufsicht in Zusammenarbeit mit den nationalen Aufsichtsbehörden[492] ausüben. Fraglich ist zudem, ob diese Ermächtigung im Einklang mit der gewählten Rechtsgrundlage steht. Da die ESMA-Gründungsverordnung selbst keine Befugnisse diesbezüglich einräumt[493], ist an die Verordnung (EU) Nr. 513/2011 anzuknüpfen. Diese wurde, wie die ESA-Verordnungen auch, auf Art. 114 AEU gestützt. In ihrem Vorschlag geht die Kommission allerdings nicht weiter auf die Rechtsgrundlage[494] ein. In der ESRB- und den ESA-Verordnungen hat sie sich zumindest noch auf eine Entscheidung des EuGH[495] berufen. Diese hatte aber die zulässige Errichtung einer Europäischen Einrichtung und deren Befugnisse zum Inhalt[496]. Bei der Verordnung (EU) Nr. 513/2011 geht es hingegen „nur" um die Übertragung von Befugnissen auf eine bereits bestehende Europäische Einrichtung und nicht um die Gründung der ESMA selbst. Mit dieser Frage hat sich der EuGH jedenfalls nicht vor Verabschiedung der Verordnung (EU) Nr. 513/2011 befasst[497]. Aus diesem Grund wären Ausführungen zu der Wahl der Rechtsgrundlage wünschenswert gewesen. Die in der vorgenannten Entscheidung vorgebrachten Argumente könnten aber für die Übertragung von Befugnissen auf eine Europäische Einrichtung als „Minus" gegenüber der Errichtung einer solchen Einrichtung entsprechend herangezogen werden. Der vom EuGH zu beurteilenden Europäischen Einrichtung (ENISA[498]) wurden aber gar keine Vollzugsbefugnisse eingeräumt. Eine Anwendung der Rechtsprechung auf die vorliegende Konstellation ist daher nur bedingt möglich, denn in Bezug auf die Befugnisse der Einrichtung stellt die Verordnung (EU) Nr. 513/2011 ein „Plus" zum ENISA-Fall dar. Die Ausführungen des EuGH bedürfen daher einer näheren Untersuchung.

492 Hierzu nähre unten, unter Teil 2/E.

493 Siehe Erwägungsgrund 5 ESMA-VO.

494 Vgl. Kommission, Vorschlag für eine Verordnung des Europäischen Parlaments und des Rates zur Änderung der Verordnung (EG) Nr. 1060/2009 über Ratingagenturen, 02.06.2010, KOM(2010) 289 endg., S. 4.

495 EuGH, Rs. C-217/04, Slg. 2006, I-3789 – *Vereinigtes Königreich/Parlament u. Rat*; siehe auch Erwägungsgrund 31 ESRB-VO; Erwägungsgrund 17 ESA-VO.

496 Zur Errichtungskompetenz Europäischer Einrichtungen siehe unten, unter Teil 3/B./I.

497 Siehe aber nach Inkrafttreten der Verordnung (EU) Nr. 513/2011 die Rechtsprechung des EuGH zum Verbot von Leerverkäufen, EuGH, Rs. C-270/12, vom 22. Januar 2014, Slg. (noch nicht veröffentlicht) – *Vereinigtes Königreich/Parlament u. Rat*.

498 Hierzu näher unten, unter Teil 3/B./I./3./a)/aa).

aa) Bezug zur Rechtsangleichung

Die Vorschrift des Art. 114 AEU erfordert zunächst einen mitgliedstaatlichen Harmonisierungsgegenstand. Nach der Rechtsprechung des EuGH enthält die Angleichungsvorschrift nämlich keine allgemeine Kompetenz zur Regelung des Binnenmarktes[499]. Mit der Anknüpfung an die Angleichung der Rechts- und Verwaltungsvorschriften der Mitgliedstaaten verlangt der Wortlaut des Art. 114 Abs. 1 Satz 2 AEU von der auf EU-Ebene ergriffenen Maßnahme einen Bezug zum nationalen Recht. Die Verordnung (EU) Nr. 513/2011 knüpft als reine Änderungsverordnung ausschließlich an die Inhalte der Verordnung (EG) Nr. 1060/2009 an. Als unmittelbar geltende Rechtsakte bedürfen sie keiner Umsetzung innerhalb der Mitgliedstaaten. Daher ist vorliegend ein direkter Bezug zum nationalen Recht nicht erkennbar. Aber auch vorrangig und unmittelbar geltendes europäisches Sekundärrecht kann diesen Bezug zum nationalen Recht vorweisen. Voraussetzung dafür ist, dass die sekundärrechtlichen Bestimmungen eine Anwendung anders lautenden innerstaatlichen Rechts ausschließen und nicht bloß als Wahlmöglichkeit neben das mitgliedstaatliche Recht treten, ohne seinen Regelungsgehalt zu ändern[500]. Durch die Verordnung (EU) Nr. 513/2011 wird verhindert, dass nationale Behörden die Aufsicht über Ratingagenturen ausüben können, da sie die ausschließliche Zuständigkeit dafür der ESMA zuweist. Aufgrund ihrer Sperrwirkung gegenüber alternativen innerstaatlichen Aufsichtsmodellen könnte man einen Bezug zum nationalen Recht bejahen. Problematisch ist daran allerdings, dass die nationalen Aufsichtsbehörden komplett von der Beaufsichtigung der Ratingagenturen ausgeschlossen werden. Sollte eine Ratingagentur gegen die Bestimmungen der vorgenannten Verordnungen verstoßen, haben die nationalen Aufsichtsbehörden keine Befugnisse gegen die zuwiderhandelnden Bewertungshäuser aufsichtsrechtlich vorzugehen. Sie können lediglich gegenüber ESMA verlangen, dass diese einen Widerruf der Registrierung oder eine Aussetzung der Verwendung von Ratings prüft[501]. Ein Anspruch auf Einschreiten von ESMA, der den Ausschluss der nationalen Aufsichtsbehörden u.U. entschärfen könnte, geht daraus indes nicht hervor.

---

499 EuGH, Rs. C-376/98, Slg. 2000, I-8498, Rn. 83 – *Deutschland/Parlament u. Rat.*

500 GA *Kokott*, Schlussanträge, Rs. C-217/04, Slg. 2006, I-3773, Rn. 22; dies., Schlussanträge, Rs. C-66/04, Slg. 2005, I-10556, Rn. 31.

501 Art. 20 Abs. 2 Verordnung (EU) Nr. 513/2011; siehe auch Vorschlag der Kommission, KOM(2010) 289 endg., S. 5.

bb) Einheitlicher Vollzug

Im ENISA-Fall hat der EuGH Voraussetzungen[502] an die Aufgaben der Europäischen Einrichtung geknüpft. Elementare Bedingung ist diesbezüglich, dass die Aufgaben der Einrichtung der Erleichterung der einheitlichen Durchführung und Anwendung der sekundärrechtlichen Bestimmungen dienen[503]. Dieses Kriterium ermöglicht jedoch keine praktikable Eingrenzung der ESMA-Befugnisse, denn der direkte Vollzug des Unionsrechts durch eine EU-eigene Behörde ist in Bezug auf die Einheitlichkeit regelmäßig dem indirekten Vollzug durch die nationalen Behörden der Mitgliedstaaten vorzuziehen. An einem föderalistisch ausgerichteten Mitgliedstaat wie der Bundesrepublik Deutschland zeigt sich, dass bereits ein einheitlicher Vollzug in den einzelnen Bundesländern schon intern nicht möglich ist[504]. Darüber hinaus unterscheiden sich die 28 Mitgliedstaaten der EU auch untereinander in der Ausgestaltung ihrer Exekutive. Sind die nationalen Behörden mit der Ausführung des Unionsrechts betraut, besteht damit immer eine Tendenz zum uneinheitlichen Vollzug[505]. Mit dem Einheitlichkeitserfordernis ließe sich folglich eine direkte Aufsicht durch eine Europäische Behörde wie der ESMA leicht begründen. Auch wenn dies für den Bereich der Ratingagenturaufsicht sinnvoll erscheint[506], hat dies signifikante Auswirkungen auf die Verwaltungskompetenzen der Mitgliedstaaten. Diese vertikale Kompetenzverlagerung zugunsten der Union ist nicht mehr vom Wortlaut des Art. 114 AEU gedeckt und auch nicht im Wege einer Annexkompetenz[507] zu rechtfertigen. Eine derart extensive Auslegung der Vorschrift würde ferner zur Ausuferung des Europäischen Verwaltungsunterbaus führen. Damit hätte die EU die Möglichkeit, die Ausführung sämtlicher sekundärrechtlicher Regelungsbereiche durch eigene Verwaltungsinstitutionen an sich zu reißen und den Mitgliedstaaten gleichsam die Verwaltungskompetenz zu entziehen. Dies würde letztendlich einer Kompetenz-Kompetenz der EU zur Begründung von eigenen Verwaltungszuständigkeiten nahe stehen, was dem Grundsatz der begrenzten Einzelermächtigung gem. Art. 5 Abs. 1 Satz 1, Abs. 2 EU widersprechen würde. Schließlich geht auch die Vorschrift des Art. 291 Abs. 1 AEU davon aus, dass die

502 Näher dazu *Ohler*, EuZW 2006, 372 ff. (374).

503 Vgl. EuGH, Rs. C-217/04, Slg. 2006, I-3789, Rn. 44 f. – *Vereinigtes Königreich/Parlament u. Rat.*

504 *Ohler*, EuZW 2006, 372 ff. (374)

505 *Ohler*, EuZW 2006, 372 ff. (374); *Schreiber*, Verwaltungskompetenzen der Europäischen Gemeinschaft, S. 162.

506 Hierzu näher unten, unter Teil 2/C./IV./2./d)/ee).

507 Näher dazu unten, unter Teil 3/B./I./3./a)/bb)/(2).

Durchführung des Unionsrechts[508] grundsätzlich Sache der Mitgliedstaaten ist. Nur für die Kommission[509] (und in Sonderfällen für den Rat) enthält sie diesbezüglich eine Ausnahme, vgl. Art. 291 Abs. 2 AEU. In der jüngsten Vergangenheit hat die Verwaltungspraxis jedoch gezeigt, dass die traditionelle Unterscheidung zwischen direktem und indirektem Vollzug nicht mehr klar gezogen werden kann und häufig durch eine Kooperation von europäischen und nationalen Verwaltungsorganen ersetzt wird[510]. Von einer Durchführung des Unionsrechts durch die Mitgliedstaaten spricht außerdem Art. 197 Abs. 1 AEU, der die Vollzugstätigkeit darüber hinaus zum gemeinsamen Interesse[511] erklärt. Der Union kommt nach Art. 197 Abs. 2 AEU nur eine Unterstützungsfunktion zu. Aus dieser Vorschrift lässt sich mit Bezug auf die bereits gelebte Verwaltungspraxis der Kooperationsgedanke in Form eines gemischten Vollzugs des Unionsrechts ableiten, wobei der Schwerpunkt aber weiterhin im Vollzug durch die nationalen Behörden liegt. Der auf Art. 114 AEU gestützte Ausschluss der nationalen Verwaltungszuständigkeiten stellt demgegenüber grundsätzlich einen Systembruch dar.

cc) Nationale Exekutive als Entscheidungsträger

Allerdings ist in diesem Zusammenhang die besondere Entscheidungsstruktur[512] der ESMA zu berücksichtigen. Der Rat der Aufseher als das für die Ausübung der Vollzugsbefugnisse zuständige Organ von ESMA und den übrigen ESAs wird durch die Leiter der nationalen Aufsichtsbehörden bestimmt. Die Besetzung des Aufseherrates mit ausschließlich stimmberechtigten Vertretern der innerstaatlichen Exekutive vermag in der Tat die Grenzen zwischen nationaler und unionaler Verwaltung zu verwischen, da so der ESA-Vollzug des Unionsrechts eine mitgliedstaatliche Komponente erfährt. Jedoch handeln die

---

508 Davon ist der administrative Vollzug mitumfasst, so *Vedder* in: Vedder/Heintschel v. Heinegg, EUV/AEUV, Art. 291 AEUV, Rn. 3 ff.; *Ruffert* in: Calliess/Ruffert, EUV/AEUV, Art. 291 AEUV Rn. 1 f.; vgl. *Hofmann*, European Law Journal 2009, 482 ff. (493 ff.); *Gellermann* in: Streinz, EUV/AEUV, Art. 291 AEUV, Rn. 8; a.A. wohl *Oppermann/Classen/Nettesheim*, Europarecht, § 11 Rn. 37.

509 Zur Problematik der horizontalen Kompetenzverlagerung auf EU-Ebene siehe unten, unter Teil 3/C./I.

510 *Hofmann*, European Law Journal 2009, 482 ff. (498); zur grundsätzlichen Stellung der nationalen Aufsichtsbehörden im Rahmen des ESFS siehe unten, unter Teil 2/E.

511 Wobei dies nicht die Ausführungskompetenz der Mitgliedstaaten beeinflusst, vgl. Art. 197 Abs. 3 Satz 1 AEU.

512 Siehe dazu oben, unter Teil 2/C./II./1.

Mitglieder der ESA-Organe weisungsunabhängig und zumindest in formaler Hinsicht im Interesse der Europäischen Union. Die inoffizielle Wahrnehmung nationaler Interessen wäre zudem aufgrund der Abstimmungsmodalitäten nur sehr begrenzt möglich und erfordert einen mehrheitlichen Konsens. Daher kann auch die personale Besetzung der Unionsbehörden den Ausschluss des nationalen Vollzugs nicht entkräften. Zudem widerspricht er dem Konzept des ESFS, wonach die nationalen Aufsichtsbehörden weiterhin die *day-to-day supervision* im Finanzsektor ausüben[513] und die ESAs nur in sehr begrenzten Einzelfällen als *ultima ratio* in das Geschehen eingreifen[514].

dd) Rückgriff auf die Vertragsabrundungskompetenz

Solche weitreichenden von der nationalen Vollzugstätigkeit losgelösten Befugnisse können allein durch die Abrundungskompetenz des Art. 352 AEU[515] auf EU-Ebene transportiert werden. Sie räumt den Mitgliedstaaten aufgrund ihres kompetenzerweiternden Charakters ein Vetorecht[516] ein. Im Gegensatz zur Errichtung des bei der EZB geplanten SSM, der sich grundsätzlich auf die Beaufsichtigung von im Euro-Raum ansässigen Kreditinstituten beschränkt, ist hier eine Anknüpfung an Art. 352 AEU nicht bereits tatbestandlich ausgeschlossen[517], da es sich um eine unionsweite Beaufsichtigung der Ratingagenturen handelt, die sich mithin auf den gesamten Binnenmarkt erstreckt.

Aber auch ein auf Art. 352 AEU gestützter Rechtsakt muss sich an der Schranke des Subsidiaritätsgrundsatzes messen lassen[518]. Aus der Vorschrift des Art. 5 Abs. 3 EU und dem dazugehörigen Protokoll[519] lässt sich ableiten, dass es mit Ausnahme der primärrechtlich festgelegten ausschließlichen Zuständigkeiten (Art. 2 Abs. 1 i.V.m. Art. 3 AEU) grundsätzlich den Mitgliedstaaten obliegt, für die Durchführung der Unionsvorschriften zu sorgen. Dieser Ansatz wird auch von

---

513 Näher dazu unten, unter Teil 2/E.

514 Siehe dazu oben, unter Teil 2/C./III./2.

515 So auch *Kämmerer*, NVwZ 2011, 1281 ff. (1283); zur Abgrenzung gegenüber Art. 48 EU siehe *Remmert*, EuR 2003, 134 ff. (138 ff.).

516 Näher dazu unten, unter Teil 3/B./I./2./c).

517 Siehe unten, unter Teil 4.

518 *Schwartz* in: FS-Mestmäcker, 1996, 467 ff. (481 f.); *Vetter*, DöV 2005, 721 ff. (731).

519 Protokoll über die Anwendung der Grundsätze der Subsidiarität und der Verhältnismäßigkeit, ABl. C 306 vom 17.12.2007, S. 150; zur Intention, an der administrativen Durchführung durch die Mitgliedstaaten festhalten zu wollen, siehe auch 43. Erklärung zum Protokoll über die Anwendung der Grundsätze der Subsidiarität und der Verhältnismäßigkeit, ABl. C 340 vom 10.11.1997, S. 140.

der Rechtsprechung des EuGH[520] bekräftigt. Nach Art. 5 Abs. 3 EU kann die Aufsicht der Ratingagenturen durch ESMA nur dann wahrgenommen werden, wenn dieses Ziel auf nationaler Ebene nicht ausreichend verwirklicht werden kann (Negativkriterium) und auf Unionsebene besser zu erreichen ist (Positivkriterium[521]).

Die Kommission führt dazu aus, dass die nach dem Grundsatz der konsolidierten Aufsicht bestehende traditionelle Aufgabentrennung zwischen den zuständigen Behörden der Herkunftsmitgliedstaaten und anderen zuständigen Behörden aufgrund der globalen Bedeutung von Ratings, die in der gesamten Europäischen Union verwendet werden, keine langfristige Lösung für die Beaufsichtigung von Ratingagenturen sei. Die Beaufsichtigung durch die ESMA entspräche letztendlich dem Ziel eines stabilen und einheitlichen EU-Finanzmarktes für Finanzdienstleistungen[522].

Hier wird ebenfalls wieder das Argument der Einheitlichkeit ins Feld geführt. Im Rahmen des Subsidiaritätsprinzips ist dies auch legitim, wenngleich nicht immer ausreichend[523], denn die Schranke des Art. 5 Abs. 3 EU knüpft die Wahrnehmung der Einzelkompetenzen des EU-Gesetzgebers an zusätzliche Voraussetzungen. Demgegenüber ist die Begründung der Angleichungskompetenz aus Art. 114 AEU mit Hilfe des Einheitlichkeitskriteriums nicht sachgerecht.

Die Einheitlichkeit der Rechtsausführung kann insbesondere bei transnationalen Aspekten[524] eine Rolle spielen. Die aufgrund der Verordnung (EG) Nr. 1060/2009 durchzuführende Registrierung von Ratingagenturen entfaltet unmittelbare Wirkung in allen Mitgliedstaaten und kann daher als transnationaler Verwaltungsakt[525] angesehen werden. Dieser Umstand führt aber nicht zwingend zur Begründung des direkten Vollzuges durch eine Europäische Einrichtung. Die „ausreichende" Durchführung der Registrierungen könnte auch durch das Instrument der gegenseitigen Anerkennung[526] auf

---

520 Siehe EuGH, Rs. C 205/82, Slg. 1983, 2633, Rn. 17 – *Deutsche Milchkontor, u.a./ Deutschland*; EuGH, Rs. C-366/95, Slg. 1998, I-2674, Rn. 14 – *Steff-Houlberg*.

521 Näher zu den Prüfungsmaßstäben *Bast/von Bogdandy* in: Grabitz/Hilf/Nettesheim, Das Recht der EU, Art. 5 EUV, Rn. 54 ff.; *Vetter*, DöV 2005, 721 ff. (725 ff.).

522 Vorschlag der Kommission, KOM(2010) 289 endg., S. 4.

523 Vgl. *Schreiber*, Verwaltungskompetenzen der Europäischen Gemeinschaft, S. 162.

524 Näher dazu *Vetter*, DöV 2005, 721 ff. (726 f.).

525 Näher dazu *Ruffert*, Die Verwaltung 34 (2001), 453 ff.; *Neßler*, NVwZ 1995, 863 ff.; *Schmidt-Aßmann*, EuR 1996, 270 ff. (300); *Schlag*, Grenzüberschreitende Verwaltungsbefugnisse im EG-Binnenmarkt, S. 46 ff.

526 Siehe dazu *v. Danwitz*, Verwaltungsgerichtliches System und Europäische Integration, S. 410 ff.; *Pipkorn*, EuZW 1992, 697 ff. (699); *v. Borries*, EuR 1994, 263 ff. (281).

inter-staatlicher Ebene gewährleistet werden. Die ESMA führt aber neben der Registrierung auch die fortlaufende Beaufsichtigung der Ratingagenturen aus. Bei den in diesem Zusammenhang auszuführenden Untersuchungen könnten in den einzelnen Mitgliedstaaten starke Unterschiede auftreten, die nicht mehr einen ausreichenden Vollzug sicherstellen würden. Nicht nur die globale Bedeutung der Ratings, sondern auch die globale und damit grenzübergreifende Ausrichtung der Ratingagenturen legen zudem nahe, dass die Aufsicht auf einer supranationalen Ebene effektiver und damit „besser" i.S.v. Art. 5 Abs. 3 EU ausgeübt werden kann. Der Grundsatz der Subsidiarität wäre damit gewahrt.

ee) Bedeutung der Ratingagenturaufsicht

Inhaltlich ist eine EU-weite Aufsicht von Ratingagenturen sehr zu begrüßen. Die von den Bewertungshäusern abgegebenen Ratings sind häufig eine Voraussetzung der Fremdfinanzierung und haben einen wesentlichen Einfluss auf den unter Risikogesichtspunkten zu ermittelnden Zinssatz. Fehler und Ungenauigkeiten in der Bewertung können daher auch das verantwortungsvolle Risikomanagement eines Kreditinstitutes aushebeln und, abstrakt betrachtet, die aktuellen Bemühungen zur Verstärkung der Bankenaufsicht (CRD IV) torpedieren. Dies gilt für die von den Versicherungsunternehmen zu berechnende Solvabilitätsspanne unter Solvabilität II entsprechend. Der Wirkungsgrad einer effektiven Aufsicht der Bewertungshäuser bleibt somit nicht nur auf den Wertpapierbereich beschränkt, sondern erstreckt sich auf den gesamten Finanzsektor. Auf globaler Ebene hingegen wird die praktische Relevanz der EU-weiten Ratingagenturaufsicht wohl eher bescheiden ausfallen, da aufgrund der U.S.-amerikanischen Dominanz[527] des Ratinggeschäfts nur wenig direkter Einfluss[528] auf die Schwergewichte der Branche genommen werden kann. In diesem Zusammenhang lehnt die Kommission die Einrichtung einer öffentlich finanzierten Europäischen Ratingagentur bislang ab, denn insbesondere bei der Bonitätsbewertung von (Mitglied-)Staaten wird die Objektivität der von einer solchen Einrichtung abgegebenen Ratings nur schwer darzulegen sein[529].

527 Hierzu näher oben, unter Teil 1/C.

528 Indirekt könnte durch die Verordnung (EG) Nr. 1060/2009 u.U. zumindest Einfluss auf die in der EU ansässigen Filialen von Moody's, Fitch und Standard & Poors genommen werden.

529 Vgl. Kommission, Vorschlag für eine Verordnung des Europäischen Parlaments und des Rates zur Änderung der Verordnung (EG) Nr. 1060/2009 über Ratingagenturen, 15.11.2011, KOM(2011) 747 endg., S. 13.

e) OTC-Derivate und Leerverkäufe

Das Geschäft mit nicht börsennotierten Derivaten, sog. OTC-Derivate (*over-the-counter derivatives*), wurde bislang in der EU weitestgehend von einer Regulierung ausgenommen. Die relativ schwache Beaufsichtigung des OTC-Sektors fußte dabei auf dem sog. *Sophisticated Investors*-Prinzip[530]. Daraus folgt, dass die Kontrahenten von OTC-Derivaten über ausreichende Erfahrungen, Kenntnisse und Sachverstand verfügen, um ihre Anlageentscheidungen zu treffen und die damit verbundenen Risiken angemessen beurteilen zu können. Mangels Schutzbedürfnisses der Geschäftspartner glaubte man auf eine strengere Aufsicht verzichten zu können. Als dann aber aufgrund einer Liquiditätskrise der Zusammenbruch von Bear Stearns im März 2008 drohte und Lehman Brothers am 15. September 2008 Gläubigerschutz nach Chapter 11[531] beantragen musste, wurde deutlich, dass der Handel mit OTC-Derivaten die Stabilität des Finanzsystems gefährden kann. Ein hohes systemisches Risiko ging ferner von Kreditderivaten in Form von Kreditausfallversicherungen (*Credit Default Swaps* – CDS) aus. Allein AIG hatte Kreditrisiken als Verkäufer von CDS in Höhe eines Nominalwertes von 446 Mrd. US-Dollar[532] übernommen. Die Auswirkungen eines Zusammenbruches von AIG wären für die Finanzmärkte weltweit fatal gewesen.

Die Staats- und Regierungschefs des G-20 Gipfels in Pittsburgh haben sich daher für eine verstärkte OTC-Derivateregulierung[533] ausgesprochen. Standardisierte OTC-Derivate sollen über die Börse oder elektronische Handelsplattformen gehandelt und bis Ende 2012 über eine zentrale Gegenpartei (*central counterparty* – CCP) abgewickelt werden (sog. *Clearing*). Wo die Abwicklung über CCPs nicht möglich ist, sollen härtere Eigenkapitalanforderungen greifen. Zudem wird die Erfassung sämtlicher OTC-Kontrakte in einem Transaktionsregister gefordert.

Auch die *de-Larosière*-Gruppe hat in ihrem Bericht festgehalten, dass die Derivatmärkte einer intensiveren aufsichtsrechtlichen Widmung bedürfen. Sie hat insbesondere empfohlen, OTC-Derivate zu vereinfachen und zu standardisieren sowie mindestens eine obligatorische zentrale Clearingstelle innerhalb der EU für CDS einzurichten, da etwa 80% der CDS-Transaktionen in der Unionswährung abgewickelt werden[534].

---

530 *Nietsch/Graef*, BB 2010, 1361 ff. (1361).

531 U.S. Bankruptcy Code.

532 *BIS*, Quarterly Review, September 2009, International banking and financial market developments, S. 45.

533 *G-20*, Leaders' Statement, The Pittsburgh Summit, 24.-25.09.2009, S. 9.

534 De-Larosière-Bericht, S. 29.

Die Kommission hat im September 2010 mit einem entsprechenden Verordnungsvorschlag[535] reagiert, der im Juli 2012 von Parlament und Rat angenommen wurde[536]. Darin ist vorgesehen, dass der Abschluss, die Änderung oder Beendigung von Derivatekontrakten entweder in einem bei der ESMA registrierten Transaktionsregister oder zumindest in einem von der ESMA anerkannten Transaktionsregister erfasst werden müssen[537]. Der Europäischen Aufsichtsbehörde wird ferner die Befugnis eingeräumt, gemeinsam mit dem ESRB zu entscheiden, ob bestimmte Derivatekategorien der Clearingpflicht unterworfen werden sollen (*Top-Down*-Konzept). Daneben kann die für bestimmte Derivatkontrakte gegenüber einer CCP von der zuständigen nationalen Behörde erteilte Abwicklungserlaubnis von der ESMA als Grundlage genommen werden, um die Clearingpflicht für diese Derivatkategorie EU-weit auszusprechen (*Bottom-up*-Konzept[538]).

Eine weitere Verordnung[539] widmet sich der Transparenz von Leerverkäufen und der besonderen Bedeutung von CDS. Leerverkäufe[540] wurden infolge der hellenischen Haushaltskrise von mehreren Mitgliedstaaten[541] aufgrund der verheerenden Auswirkungen auf die Volatilität staatlicher Schuldverschreibungen[542] verboten. Überschreiten Leerverkäufe einen gewissen Schwellenwert, so unterliegen sie nunmehr einer Meldepflicht[543]. Zudem wird sowohl den nationalen Behörden als auch der ESMA die Befugnis

535 Kommission, Vorschlag für eine Verordnung des Europäischen Parlaments und des Rates über OTC-Derivate, zentrale Gegenparteien und Transaktionsregister, 15.09.2010, KOM(2010) 484 endg.; siehe dazu *Diekmann/Fleischmann*, WM 2011, 1105 ff.; *Nietsch/Graef*, BB 2010, 1361 ff.; *Möllers/Christ/Harrer*, NZG 2010, 1124 ff.

536 Verordnung (EU) Nr. 648/2012 des Europäischen Parlaments und des Rates vom 4. Juli 2012 über OTC-Derivate, zentrale Gegenparteien und Transaktionsregister, ABl. L 201 vom 27.07.2012, S. 1.

537 Vgl. Art. 9 Verordnung (EU) Nr. 648/2012.

538 Vorschlag der Kommission, KOM(2010) 484, S. 7.

539 Verordnung (EU) Nr. 236/2012 des Europäischen Parlaments und des Rates vom 14. März 2012 über Leerverkäufe und bestimmte Aspekte von Credit Default Swaps, ABl. L 86 vom 24.03.2012, S. 1.

540 Zum Begriff siehe *Kolassa* in: Schimansky/Bunte/Lwowski, Bankrechtshandbuch, § 137 Rn. 106.

541 Siehe beispielsweise Handelsblatt, Frankreich verlängert Verbot für Leerverkäufe, 10.11.2011; Handelsblatt, Italien weitet Leerverkaufsverbot aus, 11.11.2011.

542 Siehe dazu BaFin, Pressemitteilung vom 18.05.2010: BaFin untersagt ungedeckte Leerverkäufe und ungedeckte CDS auf Staatsanleihen der Eurozone.

543 Art. 5 Verordnung (EU) Nr. 236/2012.

eingeräumt, Leerverkäufe bis zu einem Zeitraum von drei Monaten zu verbieten[544]. Im Mai 2012 hatte das Vereinigte Königreich gegen diese der ESMA eingeräumte Befugnis (Art. 28 Verordnung (EU) Nr. 236/2012) Nichtigkeitsklage erhoben. In einem der Klagegründe wurde insbesondere vorgebracht, dass der ESMA hinsichtlich der Voraussetzungen die nach Art. 28 Abs. 2 für eine Beschlussfassung erfüllt sein müssen, ein sehr weites Ermessen eingeräumt würde und damit die Grenzen einer zulässigen Befugnisübertragung im Unionsrecht überschritten wären. Der EuGH hat in seinem Urteil vom 22. Januar 2014 die in Art. 28 zugunsten von ESMA enthaltene Befugnisübertragung für zulässig erklärt[545]. Der Rechtsstreit gab dem Unionsgericht seit langem wieder die willkommene Gelegenheit, zur Zulässigkeit der Übertragung von Ermessensentscheidungen auf selbständige Unionseinrichtungen Stellung zu nehmen[546]. Ferner musste sich der Gerichtshof auch mit Art. 114 AEU als Rechtsgrundlage für Art. 28 Verordnung (EU) Nr. 236/2012 auseinander setzten[547].

D. Gemeinsamer Ausschuss der ESAs

Neben dem Beschwerdeausschuss[548] verfügen die ESAs noch über ein zweites gemeinsames Gremium, dem sog. Gemeinsamen Ausschuss (*Joint Committee*). Im Gegensatz zum Beschwerdeausschuss wird Letzterer aber als eigenständiges Mitglied des ESFS in den Gründungsverordnungen hervorgehoben[549]. Er dient als Plattform für die sektorübergreifende Zusammenarbeit der ESAs. Nach Art. 53 Abs. 2 ESA-VO gilt dies insbesondere in Bezug auf Finanzkonglomerate, die Rechnungslegung und -prüfung, mikroprudentielle Analysen sektorübergreifender Entwicklungen, Risiken und Schwachstellen für die Finanzstabilität, Anlageprodukte für Kleinanleger[550], Maßnahmen zur

---

544 Art. 20 bzw. Art. 28 Verordnung (EU) Nr. 236/2012.

545 EuGH, Rs. C-270/12, vom 22. Januar 2014, Slg. (noch nicht veröffentlicht) – *Vereinigtes Königreich/Parlament u. Rat*; siehe dazu auch *Skowron*, EuZW 2014, 349 ff.; *Ruffert*, JuS 2014, 279 ff.; *Orator*, EuZW 2013, 852 ff.

546 Näher dazu unten, unter Teil 3/C./III./2./a).

547 Näher dazu unten, unter Teil 3/B./I./3./a)/bb)/(3).

548 Siehe oben, unter Teil 2/C./II./5.

549 Siehe Art. 2 Abs. 2 lit. e) ESA-VO bzw. Art. 1 Abs. 3 lit. e) ESRB-VO.

550 Siehe Richtlinie 2002/65/EG des Europäischen Parlaments und des Rates vom 23. September 2002 über den Fernabsatz von Finanzdienstleistungen an Verbraucher und zur Änderung der Richtlinie 90/619/EWG des Rates und der Richtlinien 97/7/EG und 98/27/EG, ABl. L 271 vom 09.10.2002, S. 16; Mitteilung der Kommission

Bekämpfung der Geldwäsche[551] und den Informationsaustausch mit dem ESRB sowie den Ausbau der Beziehungen zwischen dem ESRB und den ESAs. Der Gemeinsame Ausschuss unterhält eigenes Personal zur Wahrnehmung von Sekretariatsaufgaben, das ihm von den ESAs zur Verfügung gestellt wird[552]. Er besteht aus den einzelnen Vorsitzenden der ESAs und aus den Vorsitzenden der jeweils eingerichteten Unterausschüsse[553]. Die Exekutivdirektoren der ESAs, ein Vertreter von Kommission und ESRB nehmen ferner als Beobachter an den Sitzungen des Gemeinsamen Ausschusses teil, die mindestens einmal alle zwei Monate abgehalten werden[554]. Der Vorsitzende des Gemeinsamen Ausschusses kann nur ein Vorsitzender von den ESAs sein, welcher unter jährlicher Rotation ernannt wird. Er hat zugleich den Rang eines stellvertretenden Vorsitzenden des ESRB[555].

Ziel des Gemeinsamen Ausschusses ist es, gemeinsame Positionen herbeizuführen und gemeinsame Maßnahmen zu koordinieren (Art. 56 ESA-VO). Dies gilt mit Hinblick auf Rechtsakte, die den Zuständigkeitsbereich für mehr als eine ESA eröffnen, insbesondere für die Beaufsichtigung von Finanzkonglomeraten (Richtlinie 2002/87/EG). Dem Gemeinsamen Ausschuss werden diesbezüglich aber keine eigenen Vollzugsbefugnisse eingeräumt. Die Maßnahmen werden bei sektorübergreifendem Bezug von allen betroffenen ESAs (also mindestens zwei) lediglich gleichzeitig ergriffen[556]. Auch die Verpflichtung, gemeinsame Positionen herbeizuführen, richtet sich nicht direkt an den Gemeinsamen Ausschuss, sondern an die einzelnen ESAs[557]. Der Gemeinsame Ausschuss soll nur dazu dienen, bei fachübergreifenden Aufgaben durch vorherige Absprache ein einheitliches Tätigwerden der ESAs zu gewährleisten[558]. Dies gilt beispielsweise für die Ausübung der Schlichtungsbefugnis bei sektorübergreifenden Meinungsverschiedenheiten i.S.v. Art. 20 ESA-VO.

---

an das Europäische Parlament und den Rat, Anlageprodukte für Kleinanleger, 30.04.2009, KOM(2009) 204 endg.

551 Siehe Richtlinie 2005/60/EG des Europäischen Parlaments und des Rates vom 26. Oktober 2005 zur Verhinderung der Nutzung des Finanzsystems zum Zwecke der Geldwäsche und der Terrorismusfinanzierung, ABl. L 309 vom 25.11.2005, S. 15.

552 Art. 54 Abs. 3 ESA-VO.

553 Art. 55 Abs. 1 ESA-VO.

554 Art. 55 Abs. 2 und Abs. 4 Unterabs. 2 ESA-VO.

555 Art. 55 Abs. 3 ESA-VO.

556 Vgl. Art. 56 Unterabs. 2 ESA-VO.

557 Vgl. Art. 56 Unterabs. 1 ESA-VO.

558 In diesem Zusammenhang bezeichnet Art. 54 Abs. 2 ESA-VO den Gemeinsamen Ausschuss als „Forum“ und spricht von einer „sektorübergreifenden Abstimmung“.

Für Finanzkonglomerate ist die Bildung eines Unterausschusses obligatorisch[559]. Darüber hinaus liegt es im Ermessen des Gemeinsamen Ausschusses, weitere Unterausschüsse einzusetzen[560]. Mit einer Anzahl von jeweils 30 Mitgliedern sind die Unterausschüsse deutlich größer als der Gemeinsame Ausschuss selbst. Zu den Mitgliedern zählen die drei Vorsitzenden der ESAs und jeweils ein hochrangiger Vertreter der betreffenden zuständigen nationalen Behörde jedes Mitgliedstaates[561]. Nur der Vorsitzende des Unterausschusses wird auch Mitglied des Gemeinsamen Ausschusses. Er wird aus den Reihen seiner Mitglieder gewählt[562].

E. Nationale Aufsichtsbehörden

Schließlich werden noch die zuständigen nationalen Aufsichtsbehörden als Bestandteil des ESFS[563] aufgeführt. Die Verordnungstexte sprechen weiter von einem integrierten Netz nationaler und Europäischer Aufsichtsbehörden, bei dem die laufende Beaufsichtigung (*day-to-day supervision*) auf nationaler Ebene verbleiben soll[564]. Damit wird unterstrichen, dass auch durch das neue Europäische Finanzaufsichtssystem die dezentrale Ausrichtung der Finanzaufsicht grundsätzlich nicht beseitigt wird. Die dezentrale Aufsicht wird aber jedenfalls bei der Beaufsichtigung von Ratingagenturen in eine direkte Aufsicht der EU umgewandelt, was gerade den Intentionen der ESFS-Verordnungen widerspricht. Auch die ESAs haben im Einzelfall unter bestimmten Voraussetzungen die Befugnis, sich über Entscheidungen der nationalen Aufsichtsbehörden hinwegzusetzen. Dies gilt aber im Sinne einer *ultima ratio*-Regelung nur in begrenzten Einzelfällen, in denen weniger weitreichende Maßnahmen von Kommission und/oder ESA zuvor gescheitert sind[565].

F. Resümee

Mit Etablierung des ESFS hat der Unionsgesetzgeber zügig auf die jüngste Finanzkrise reagiert. Erstmalig werden neben sektorspezifischen Neuerungen auch makro-ökonomische Aspekte erfasst. Der ESRB soll durch die Herausgabe von Warnungen und Empfehlungen zur frühzeitigen Erkennung

559 Vgl. Art. 57 Abs. 1 ESA-VO.
560 Vgl. Art. 57 Abs. 4 ESA-VO.
561 Art. 57 Abs. 2 ESA-VO.
562 Art. 57 Abs. 3 ESA-VO.
563 Art. 2 Ziff. 2 lit. f) ESA-VO; Art. 1 Ziff. 2 lit. f) ESRB-VO.
564 Erwägungsgrund 9 ESA-VO.
565 Näher hierzu oben, unter Teil 2/C./III./2.

und korrekten Einordnung von Systemrisiken beitragen. Durch die enorme Größe seines Handlungsorganes (Verwaltungsrat), könnte der ESRB allerdings erheblich an Effektivität einbüßen. Durch den befristeten EZB-Vorsitz ist in diesem Zusammenhang aufgrund der Abstimmungsmodalitäten nicht von einer übermäßigen Einflussnahme auf Nicht-Euro-Mitgliedstaaten auszugehen.

Sieht man die Makroaufsicht als ein die Mikroaufsicht einschließendes Institut an, so ist die Übertragung von Aufgaben auf die EZB i.V.m. Art. 127 Abs. 6 AEU problematisch, da diese Vorschrift explizit den Versicherungssektor ausklammert. Zwar tangiert der ESRB den Versicherungssektor nicht unmittelbar, schließt ihn aber mit ein. Daher ist der Wortlaut des Art. 127 Abs. 6 AEU in Bezug auf makroprudentielle Aspekte unglücklich formuliert.

Die Errichtung des ESRB selbst lässt sich auf Art. 114 AEU stützen. Die Heranziehung der umstrittenen ENISA-Rechtsprechung des EuGH ist zumindest in Bezug auf den ESRB weniger problematisch, da das neue Gremium keine eigene Rechtspersönlichkeit besitzt und zudem nur Maßnahmen mit *soft law*-Charakter ergreifen kann.

Wie viel Druck der ESRB mit seiner moralischen Autorität an die Adressaten seiner Warnungen und Empfehlungen ausüben kann, ist fraglich. Die nicht verbindlichen Maßnahmen des ESRB werden aber je nach Adressatenkreis durch die weiterreichenden Befugnisse der ESAs abgesichert, so dass es unter Umständen einer nachträglichen Kompetenzaufstockung des ESRB nicht bedarf.

Auf mikro-prudentieller Ebene haben die drei ESAs zu einer weitgreifenden Aufwertung der beratenden *Level 3*-Ausschüsse geführt. Sie sind nun mit eigener Rechtspersönlichkeit ausgestattet und verfügen über umfangreiche Befugnisse. Ihre Entscheidungsstruktur wird von Vertretern der nationalen Aufsichtsbehörden geprägt, die als einzige Mitglieder des Aufseherrates stimmberechtigt sind. Das Mandat der EZB im Rat der Aufseher der EBA könnte man mangels Stimmberechtigung ihrer Beratungs- und Konsultationsfunktion gem. Art. 25.1 EZB-Satzung zuordnen. Die Bedenken, auf das Erfordernis eines einstimmigen Ratsbeschlusses i.S.v. Art. 127 Abs. 6 AEU verzichten zu können, lassen sich indes nicht vollständig zerstreuen.

Die weitreichendsten Befugnisse der ESAs betreffen im Wesentlichen zwei Bereiche:

Zum einen leisten die neuen europäischen Aufsichtsbehörden einen Beitrag zum Rechtsetzungsverfahren, indem sie die Kommission bei der Verabschiedung von technischen Regulierungs- und Durchführungsstandards im Rahmen der Art. 290 f. AEU mit der Ausarbeitung von entsprechenden Entwürfen unterstützen. Darüber hinaus können die ESAs Leitlinien und Empfehlungen herausgeben, um die kohärente Anwendung des Unionsrechts zu fördern. Dabei ist sowohl die Bindungswirkung als auch die terminologische Einordnung dieser beiden Handlungsformen unterschiedlich zu beurteilen. Die Leitlinie kann je nach Fallkonstellation eine atypische Bindungswirkung entfalten. Als Rechtsakt *sui generis* unterstreicht sie die im Unionsrecht vorhandene Flexibilität hinsichtlich der möglichen Ausgestaltung von Handlungsformen[566]. Der Empfehlung kommt unter der mittelbaren Heranziehung von Art. 288 Abs. 5 AEU und der Systematik des Art. 17 ESA-VO grundsätzlich keine verbindliche Wirkung zu. Etwas anderes könnte jedoch dann gelten, wenn sie gegenüber Kreditinstituten im Einzelfall eine ähnliche Drucksituation wie eine von den nationalen Aufsichtsbehörden angenommene Leitlinie aufbaut.

Zum anderen erlauben die den ESAs übertragenen Vollzugsbefugnisse, in einem mehrstufigen Verfahren verbindliche Beschlüsse im Einzelfall zu erlassen, um die ordnungsgemäße Anwendung des Unionsrechts sicherzustellen. Die Adressaten der Beschlüsse können mit dem Rechtsbehelf der Beschwerde deren Zulässigkeit und Begründetheit vor dem Beschwerdeausschuss als gemeinsames Gremium der ESAs überprüfen lassen.

Beaufsichtigte Unternehmen können nur als letztes Mittel in durch zusätzliche Tatbestandsvoraussetzungen eingegrenzten Ausnahmefällen mittels eines ESA-Beschlusses verpflichtet werden. Vorrangig sind die nationalen Aufsichtsbehörden zum Ergreifen entsprechender Maßnahmen aufzufordern, da aufgrund des dezentralen Ansatzes des ESFS die laufende Beaufsichtigung bei den mitgliedstaatlichen Aufsichtsbehörden verbleiben soll. Dieser Grundsatz wird nur bei einer entsprechenden das Unionsrecht verletzenden Weigerung durchbrochen. In diesem Kontext verlässt die sekundärrechtlich begründete direkte Beaufsichtigung der Ratingagenturen durch ESMA unter Ausschluss der nationalen Aufsichtsbehörden den Kompetenzbereich des Art. 114 AEU und hätte nur auf Art. 352 AEU gestützt werden können. Ob die Gründungsverordnungen der ESAs hingegen in der Harmonisierungskompetenz aufgehen, ist Gegenstand des nachfolgenden Abschnitts in Bezug auf die Etablierung der EBA, deren Gründungsverordnung als Vorlage zur Fertigstellung der Errichtungsakte von EIOPA und ESMA herangezogen wurde. Da die ESA-Verordnungen demzufolge hinsichtlich ihres institutionellen Rahmens und des Umfanges ihrer Befugnisse identisch sind, kann insofern auf die Ausführungen zur EBA verwiesen werden, soweit sich aufgrund der unterschiedlichen Tätigkeitsbereiche der einzelnen ESA nicht eine andere Beurteilung aufdrängt.

566 Siehe dazu *Ruffert* in: Calliess/Ruffert, EUV/AEUV, Art. 288 AEUV, Rn. 98 f.

Teil 3: Die Europäische Bankenaufsichtsbehörde

Zusammen mit den übrigen Akteuren des ESFS hat die EBA mit Sitz in London ihre Tätigkeit am 1. Januar 2011 aufgenommen. Sie komplettiert das mikroprudentielle Trio in Bezug auf den Bereich der Bankenaufsicht. Neben den gemeinsamen Aufgaben der ESAs, wie die Beaufsichtigung von Finanzkonglomeraten, bezieht sich der Tätigkeitsbereich der EBA auf die im ersten Teil dargestellten Rechtsakte des Europäischen Bankenaufsichtsrechts[567], insbesondere auf die für Kredit- und Finanzinstitute relevanten Inhalte der CRDs.

Die unionsrechtliche Grundlage der EBA-Verordnung ist die Rechtsangleichungskompetenz aus Art. 114 AEU. Ob diese Vorschrift die Errichtung einer Europäischen Bankenaufsichtsinstanz ermöglicht, ist unklar. Insbesondere stellt sich die Frage, in welchem Umfang die Harmonisierungskompetenz auch den EU-eigenen Vollzug der anzugleichenden Rechtsmaterie ermöglicht. Die Beurteilung dieser Frage wird von verschiedenen Faktoren beeinflusst. Zu ihnen zählen die Ausrichtung (Rechtsform) der Europäischen Einrichtung, ihre Organisation sowie die ihr eingeräumten Aufgaben und Befugnisse. Hinzu kommen Erwägungen des effektiven Rechtsschutzes und Haftungsfragen.

Mit der Art der Ermächtigungsgrundlage gilt es aber auch, unterschiedliche politische Hürden zu überwinden. Dies betrifft in erster Linie die Beteiligungsformen der rechtssetzenden Organe auf Unionsebene. Im Fall von Art. 352 AEU kommen erschwerend noch nationale verfassungsrechtlich geprägte Aspekte hinzu. Daneben sind Vorschriften zu beachten, die für alle Rechtsakte gleichermaßen gelten (Art. 296 f. AEU).

A. Gesetzgebungsverfahren

Die Wahl der Rechtgrundlage hat zunächst Auswirkungen auf das zu durchlaufende Gesetzgebungsverfahren. Die Vorschrift des Art. 289 AEU unterscheidet zwischen dem ordentlichen und dem besonderen Gesetzgebungsverfahren.

567 Siehe oben, unter Teil 1/A./I.; vgl. auch Art. 1 Abs. 2 EBA-VO.

I. Ordentliches Gesetzgebungsverfahren

Das ordentliche Gesetzgebungsverfahren ist in Art. 289 Abs. 1 i.V.m. Art. 294 AEU geregelt. Durch den Vertrag von Lissabon wurde damit das zuvor in Art. 251 EG und jetzt in Art. 294 AEU festgelegte Mitentscheidungsverfahren zum Regelverfahren aufgewertet, zu welchem das besondere Gesetzgebungsverfahren die Ausnahme bildet. Im Mitentscheidungsverfahren[568] werden die Rechtsakte auf Vorschlag der Kommission gemeinsam von Rat und Europäischem Parlament erlassen, sog. Trilog[569]. Die gegenüber dem Rat gleichberechtigte Stellung des Europäischen Parlaments dient primär der Verfestigung der demokratischen Eigenlegitimation[570] (Art. 10 Abs. 2 Satz 1 EU) des Unionsgesetzgebers.

Nach Art. 114 Abs. 1 Satz 2 AEU werden die Maßnahmen zur Rechtsangleichung gemäß dem ordentlichen Gesetzgebungsverfahren erlassen. Auf die Rechtsangleichungskompetenz gestützte Rechtsakte, wie die EBA-Verordnung, haben damit das Mitentscheidungsverfahren zu durchlaufen. Mit der Vorlage eines Verordnungsentwurfes durch die Kommission im September 2009 und der Verabschiedung der EBA-Verordnung im November 2010 betrug die Verfahrensdauer des Gesetzgebungsverfahrens nur etwa 14 Monate.

II. Besonderes Gesetzgebungsverfahren

Art. 289 Abs. 2 AEU legt die Ausnahme zum ordentlichen Gesetzgebungsverfahren fest. Im Rahmen des besonderen Gesetzgebungsverfahrens ändern sich insbesondere die Beteiligungsformen von Rat und Europäischem Parlament. Das Initiativrecht der Kommission bleibt davon unberührt, vgl. Art. 17 Abs. 2 Satz 1 EU[571]. Aus der Vorschrift ergeben sich zwei Fallgruppen, zum einen Rechtsakte, die durch den Rat mit Beteiligung des Europäischen Parlaments und zum anderen Rechtsakte, die durch das Europäische Parlament mit Beteiligung des Rates angenommen werden. Die genauen Abstimmungsmodalitäten und Beteiligungsformen (Anhörung/Zustimmung) ergeben sich aus der konkreten

568 Zu den Verfahrensschritten im Einzelnen siehe *Kluth* in: Calliess/Ruffert, EUV/AEUV, Art. 294 AEUV Rn. 10 ff.; *Krajewski/Rösslein* in: Grabitz/Hilf/Nettesheim, Das Recht der EU, Art. 294 AEUV Rn. 13 ff.

569 *Wuermeling*, Legislativer Trilog im Institutionellen Dreieck der Europäischen Gemeinschaft.

570 Grundlegend dazu *Boest*, EuR 1992, 182 ff.; siehe ferner *Kluth*, Die demokratische Legitimation der Europäischen Union, S. 44 ff.

571 Siehe auch *Martenczuk* in: Grabitz/Hilf/Nettesheim, Das Recht der EU, Art. 17 EUV, Rn. 54.

Vorschrift. Derzeit ergibt sich für 36 Rechtsgrundlagen[572] der Anwendungsbereich des besonderen Gesetzgebungsverfahrens. Darunter zählt auch die Vertragsabrundungskompetenz aus Art. 352 AEU[573]. Auf diese Vorschrift gestützte Rechtsakte erfordern einen einstimmigen Ratsbeschluss und die Zustimmung des Europäischen Parlaments. Auch hier wird die demokratische Legitimation durch das Zustimmungserfordernis verstärkt. Die Vorgängervorschrift beschränkte die Beteiligung des Europäischen Parlaments lediglich auf ein Anhörungsrecht, vgl. Art. 308 EG[574].

Ferner gilt für die Vorschrift des Art. 127 Abs. 6 AEU ebenfalls das besondere Gesetzgebungsverfahren. Für die Übertragung von besonderen Aufgaben auf die EZB durch die Verordnung (EU) Nr. 1096/2010[575] im Zusammenhang mit der Errichtung des ESRB war ein einstimmiger Ratsbeschluss unter Anhörung des Europäischen Parlaments (und der EZB) erforderlich. Hier wurde die EU-gesetzgebende Eigenlimitation abgeschwächt, da in der Vorgängervorschrift (Art. 105 Abs. 6 EG) noch ein Zustimmungserfordernis des Parlaments vorgesehen war.

III. Wahl des Rechtsaktes

Die nach Art. 114 AEU zulässigen Handlungsformen werden mit dem Begriff der „Maßnahmen" nicht näher eingeschränkt und erlauben daher einen Zugriff auf den gesamten Katalog des Art. 288 AEU[576]. Ist die Art des Rechtsaktes in der betroffenen Rechtsgrundlage nicht näher festgelegt, so haben die rechtsetzenden Organe gem. Art. 296 Abs. 1 AEU unter Einhaltung des Grundsatzes der Verhältnismäßigkeit eine entsprechende Auswahl zu treffen.

In Bezug auf die Errichtung einer EU-eigenen Behörde ist die Verordnung die vorzugswürdigere Handlungsform, da wohl kaum die Mitgliedstaaten

---

572 Siehe Übersicht bei *Krajewski/Rösslein* in: Grabitz/Hilf/Nettesheim, Das Recht der EU, Art. 289 AEUV, Rn. 53.

573 Beachte aber auch Art. 352 Abs. 1 Satz 1 AEU nachdem das besondere Gesetzgebungsverfahren nach Art. 352 Abs. 1 Satz 2 AEU nicht zwingend ist. Auf welches Gesetzgebungsverfahren indes Art. 352 Abs. 1 Satz AEU verweist, ist nicht eindeutig, da keine weiteren Gesetzgebungsverfahren im Vertrag festgelegt sind und das ordentliche Gesetzgebungsverfahren mit der gemeinsamen Annahme des Rechtsaktes über ein Zustimmungsrecht des Europäischen Parlaments hinausgeht.

574 Zu den einzelnen Unterschieden siehe *Rossi* in: Calliess/Ruffert, EUV/AEUV, Art. 352 AEUV, Rn. 5 ff.

575 Hierzu näher oben, unter Teil 2/B./I./2.

576 Siehe auch *Kahl* in: Calliess/Ruffert, EUV/AEUV, Art. 114 AEUV, Rn. 28.

in Form einer Richtlinie mit dieser Aufgabe betraut werden können. Ein Beschluss wäre auch denkbar. Er hat ebenfalls verbindliche Wirkung und muss nicht auf einen Adressatenkreis beschränkt werden[577]. Die für die Verordnung gem. Art. 288 Abs. 2 Satz 1 AEU ausgesprochene „allgemeine Geltung" spricht aber für einen stärkeren Einzelfallbezug des Beschlusses, für den dieser Zusatz fehlt[578]. Die verbindliche Wirkung des Beschlusses richtet sich ferner nur an die Union samt ihrer Einrichtungen. Eine Rechtswirkung gegenüber den Mitgliedstaaten oder Einzelnen kann daraus nicht abgeleitet werden[579]. In der EBA-Verordnung sind aber auch Befugnisse für die neue Behörde vorgesehen, die eine rechtliche Wirkung gegenüber einzelnen Finanzinstituten entfalten sollen[580]. Dieser Wirkungsgrad wäre folglich mit einem Beschluss nicht zu erzielen.

IV. Gesetzgebungsakte

Der AEU-Vertrag nimmt nunmehr eine formelle Unterscheidung zwischen legislativen und nicht legislativen Rechtsakten vor[581]. Die EBA-Verordnung ist nach der so eingeführten Qualifizierung als „Gesetzgebungsakt" anzusehen. Dies sind nach der Legaldefinition des Art. 289 Abs. 3 AEU all diejenigen Rechtakte, die gemäß einem (ordentlichen oder besonderen) Gesetzgebungsverfahren angenommen wurden.

V. Begründungspflicht – Erfordernis einer Europäischen Bankenaufsicht

Rechtsakte der Europäischen Union sind gem. Art. 296 Abs. 2 AEU grundsätzlich zu begründen. Dies geschieht in der Praxis häufig durch die Voranstellung von Begründungserwägungen[582] bzw. Erwägungsgründen. Sie ähneln den Präambelerwägungen völkerrechtlicher Verträge, da sie auch allgemeine Ziele enthalten, wie hier beispielsweise die Wahrung der Stabilität des Finanzsystems[583].

---

577 Umkehrschluss aus Art. 288 Abs. 4 Satz 2 AEU.

578 Vgl. *Ruffert* in: Calliess/Ruffert, EUV/AEUV, Art. 288 AEUV, Rn. 86.

579 *Schroeder* in: Streinz, EUV/AEUV, Art. 288 AEUV, Rn. 134; *v. Bogdandy/Bast/Arndt*, ZaöRV 62 (2002), 77 ff. (102 f.).

580 Vgl. Art. 17-19 EBA-VO; siehe auch oben, unter Teil 2/C./III./2.

581 Näher dazu *Hofmann*, European Law Journal 2009, 482 ff. (486 ff.); *Moloney*, CML Rev. 2010, 1317 ff. (1345).

582 *Krajewski/Rösslein* in: Grabitz/Hilf/Nettesheim, Das Recht der EU, Art. 296 AEUV, Rn. 36.

583 Siehe Erwägungsgrund 7, 11, 27, 30, 36, 42 und 66 EBA-VO.

Der rechtliche Unterschied liegt aber in ihrer Begründungsfunktion, die bei völkerrechtlichen Präambelerwägungen keine Rolle spielt[584].

Die inhaltlichen Anforderungen der Begründungspflicht sind von der Natur der Maßnahme abhängig[585]. Handelt es sich, wie vorliegend bei der EBA-Verordnung, um eine generelle Maßnahme, kann sich die Begründung nach der Rechtsprechung des EuGH darauf beschränken, die Gesamtlage anzugeben, die zum Erlass der Maßnahme geführt hat, und die allgemeinen Ziele zu bezeichnen, die mit ihr erreicht werden sollen[586].

1. *Finanzkrise*

Zum Erfordernis einer Europäischen Bankenaufsichtsbehörde wird im ersten Erwägungsgrund der EBA-Verordnung zunächst die Finanzkrise von 2007 und 2008 sowie die damit verbundenen erheblichen Schwachstellen in der Finanzaufsicht, sowohl in Einzelfällen als auch hinsichtlich des Finanzsystems als Ganzes, angeführt. Fraglich ist jedoch, ob ein derartiges Aufsichtssystem, wie es nun Anfang 2011 in Kraft getreten ist, in der Lage gewesen wäre, der vorgenannten Krise entgegenzuwirken. Die jüngste Finanzkrise hatte ihre Wurzeln im U.S.-amerikanischen Immobilienmarkt im Bereich der Darlehensfinanzierung mit Darlehensnehmern, die eine geringe Bonität vorweisen (*Subprime*-Markt). Diese Darlehensforderungen wurden den begebenden Kreditinstituten von Hypothekenbanken abgekauft, deren Tätigkeitsbereich auf den sog. *Secondary Mortgage-Market*[587] beschränkt war, die also keine Geschäfte mit den Darlehensnehmern selbst tätigten. Die Hypothekenbanken, darunter Fannie Mae und Freddie Mac, bündelten die erworbenen Forderungen und verkauften diese im Wege von *Asset-Backed-Securities* (ABS[588]) über eine Zweckgesellschaft (*Special Purpose Vehikel* – SPV) an Investoren weiter. Der Erwerb von Forderungen im Rahmen einer ABS-Verbriefung kann grundsätzlich eine sichere Anlage darstellen, da beispielsweise auch risikoabgeneigte Versicherungsunternehmen zumindest

---

584 *Redeker/Karpenstein*, NJW 2001, 2825 ff. (2830); *Krajewski/Rösslein* in: Grabitz/Hilf/Nettesheim, Das Recht der EU, Art. 296 AEUV, Rn. 36.

585 *Krajewski/Rösslein* in: Grabitz/Hilf/Nettesheim, Das Recht der EU, Art. 296 AEUV, Rn. 22 ff.

586 EuGH, Rs. C-304/01, Slg. 2004, I-7655 Rn. 51 – *Spanien/Kommission.*

587 *Möschel*, Bankenrecht im Wandel, S. 30.

588 Zum Begriff siehe Rundschreiben der Bundesbank 4/97; *Tollmann* in: Boos/Fischer/Schulte-Mattler, KWG, Vorbemerkung zu §§ 22 a – 22 o, Rn. 2; *Jahn* in: Schimansky/Bunte/Lwowski, Bankrechtshandbuch, § 114 a Rn. 1 ff. jeweils m.w.N.

in Teile, sog. Tranchen, eines ABS-Portfolios investieren dürfen[589]. Auch wird durch diese Form der Verbriefung das Risiko eines Schuldnerausfalls auf viele Gläubiger verteilt, weshalb aus bankenaufsichtsrechtlicher Sicht eher ein positiver Aspekt zu erblicken ist. Die ABS-Verbriefung auf dem U.S.-amerikanischen Immobilienmarkt wies aber zwei Besonderheiten auf. Zum einen spielte das hohe Investitionsvolumen eine wesentliche Rolle. Die beiden Hypothekenbanken Fannie Mae und Freddie Mac hatten zusammen zur Refinanzierung der erworbenen Darlehensforderungen Anleihen im Wert von 2.400 Milliarden USD[590] begeben, die darüber hinaus, in Bezug auf die obersten Tranchen, mit einem sehr geringen Ausfallrisiko (*Triple A-Rating*) bewertet wurden. Zum anderen waren sämtliche Darlehensforderungen an die Entwicklungen des U.S.-amerikanischen Immobilienmarktes gekoppelt, weshalb die verbrieften Aktiva einem enormen Konzentrationsrisiko ausgesetzt waren. Als dann die Immobilienpreise zurückgingen, konnten die beiden Hypothekenbanken den gravierenden Wertunterschied nicht mehr auffangen. Da der Vertrieb weltweit erfolgte, hatten auch deutsche und europäische Banken solche „toxischen" Wertpapiere (*toxic assets*) erworben. Die hervorragende Einstufung der Forderungen durch die Ratingagenturen verpflichtete auch nicht zu einer zusätzlichen Kapitalunterlegung. Deshalb haben wohl viele ABS-erwerbende Banken das Investment aus bankenökonomischer Sicht als lukrativ bewertet. Die fehlende Kapitalreserve und die mit Verbriefungsprodukten einhergehende Illiquidität forderten jedoch ihren Tribut.

Unterstellt man, dass das Europäische System der Finanzaufsicht bereits in Kraft gewesen wäre, hätte der Europäische Ausschuss für Systemrisiken bei entsprechender Informationslage den Sachverhalt auf systemrelevante Risiken untersuchen und eine Warnung oder gegebenenfalls eine Empfehlung i.S.v. Art. 16 ESRB-VO aussprechen und auf die Problematik zumindest hinweisen können. Der Wirkungskreis hätte sich indes auf den EU-Raum beschränkt und mangels direkter Zusammenarbeit mit den U.S.-amerikanischen Aufsichtsbehörden wäre darauf zu vertrauen gewesen, dass auf internationaler Ebene ein entsprechender Informationsaustausch, wie etwa mit dem FSB, stattgefunden hätte[591]. Dennoch lässt sich nicht bestreiten, dass die *Subprime*-Krise zunächst auf internen U.S.-amerikanischen Begebenheiten

589 Siehe dazu Rundschreiben der BaFin R 30/2002 (VA).

590 *Möschel*, Bankenrecht im Wandel, S. 31.

591 Nach Erwägungsgrund 7 ESRB-VO soll der ESRB eng mit dem Internationalen Währungsfonds (IWF) und dem Finanzstabilitätsrat (FSB) sowie mit allen Partnerländern der Gruppe der Zwanzig (G-20) zusammenarbeiten; zur Verständigung auf internationaler Ebene siehe auch oben unter, Teil 2/B./III./3.

beruhte und erst durch die ABS-Verbriefung mit internationalem Vertrieb zu einer globalen Krise geworden ist. Auch durch eine EU-weite Aufsicht wäre diesem Umstand nur schwer Rechnung zu tragen gewesen. Ferner gestaltet sich auch die Einflussnahme auf die drei mächtigsten Ratingagenturen[592] aus unionsrechtlicher Sicht schwierig, da sie aufgrund ihres Sitzes in New York unmittelbar nur vom U.S.-amerikanischen Gesetzgeber reguliert werden können.

2. *Grenzübergreifend tätige Finanzinstitute*

Ein weiterer Aspekt, der zur Rechtfertigung einer Europäischen Bankenaufsichtsbehörde beiträgt, ist die Tätigkeit grenzübergreifender Finanzinstitute. Die internationale Ausrichtung vieler Banken führt innerhalb der Union zu einer aufwendigen und komplizierten Zusammenarbeit der nationalen Aufsichtsbehörden, die im Extremfall bis zu 27 Aufseher zu einer Konsensbildung verpflichten kann. Der dezentrale Ansatz der Bankenaufsicht hinkt daher dem Tätigkeitsprofil der Aufsichtsobjekte hinterher und wird daher vom EU-Gesetzgeber zu Recht als „unzureichend" empfunden[593].

Mit Hilfe des EU-Passes[594] können Kreditinstitute ohne weitere Zulassungsvoraussetzungen EU-weit tätig werden. Dies ist ein auf den Marktfreiheiten beruhendes Prinzip. Dieser Mechanismus sollte sinnbildlich auch auf die Bankenaufsicht übertragen werden, damit das Prinzip der Waffengleichheit zwischen Aufseher und Beaufsichtigtem wieder hergestellt werden kann. Die effektive Einhaltung der durch CRD IV[595] erhöhten Eigenkapitalquoten setzt voraus, dass auf nationaler Ebene kein Spielraum mehr zur Interpretation ihrer Berechnung besteht. Dies trägt nicht nur zur Stabilisierung der Bankenreserven bei, sondern wirkt auch einer Aufsichtsarbitrage entgegen.

3. *Grundsätze der Subsidiarität und Verhältnismäßigkeit*

Eine explizite Erwähnung des Subsidiaritätsprinzips ist nicht erforderlich[596]. Nach Art. 5 des Protokolls über die Anwendung der Grundsätze der Subsidiarität und der Verhältnismäßigkeit[597] hat aber der Entwurf eines Gesetzgebungsaktes zumindest einen Vermerk mit detaillierten Angaben zu enthalten, die es

---

592 Sie dazu auch oben, unter Teil 1/C.

593 Erwägungsgrund 8 und 33 EBA-VO.

594 Siehe dazu oben, unter Teil 1/A./I./3./d)/aa).

595 Siehe dazu oben, unter Teil 1/A./I./3./g)/bb).

596 EuGH, Rs. C-233/94, Slg. 1997, I-2441 Rn. 28 – *Deutschland/Parlament u. Rat.*

597 ABl. C 306 vom 17.12.2007, S. 150.

ermöglichen zu beurteilen, ob die Grundsätze der Subsidiarität und der Verhältnismäßigkeit eingehalten wurden.

Sowohl der Entwurf als auch die EBA-Verordnung selbst gehen über diese Anforderungen hinaus, indem sie, neben Ausführungen zur Erforderlichkeit der Koordinierung der Bankenaufsicht auf EU-Ebene, ausdrücklich auf das Subsidiaritätsprinzip und den Grundsatz der Verhältnismäßigkeit Bezug nehmen[598]. Im Übrigen ist die EBA-Verordnung mit 69 Erwägungsgründen recht ausführlich gehalten[599]. Die Erwägungsgründe ermöglichen aber auch qualitativ eine ausreichende Beurteilung hinsichtlich der Wahrung dieser beiden Grundsätze. Seiner Begründungspflicht aus Art. 296 Abs. 2 AEU ist der Unionsgesetzgeber damit jedenfalls nachgekommen[600].

B. Rechtsgrundlage

Nach dem Grundsatz der begrenzten Einzelermächtigung gem. Art. 5 Abs. 1 Satz 1, Abs. 2 EU kann die Union nur innerhalb der Grenzen der Zuständigkeiten tätig werden, die die Mitgliedstaaten ihr in den Verträgen zur Verwirklichung der darin niedergelegten Ziele übertragen haben (*compétence d'attribution*). Daraus folgt, dass auch die Errichtung einer Europäischen Bankenaufsichtsbehörde auf eine vertragliche Grundlage gestützt werden muss. Diese kann sich direkt aus dem Primärrecht ergeben. Ist eine primärrechtliche Legitimation nicht ersichtlich, kann die Gründung noch auf das Sekundärrecht gestützt werden. Der sekundärrechtliche Gründungsakt muss aber wegen Art. 5 Abs. 1 Satz 1, Abs. 2 EU ebenfalls auf eine primärrechtliche Grundlage zurückgreifen können.

Im Primärrecht sind auf institutioneller Ebene zunächst die Organe der EU aufgeführt, Art. 13 Abs. 1 EU. Zu diesen zählt seit dem Vertrag von Lissabon nun auch erstmals die EZB. Hinzu kommen die sog. Nebenorgane[601], die den Organen (Parlament, Rat und Kommission) gem. Art. 13 Abs. 4 EU beratend

598 Erwägungsgrund 66 EBA-VO; Vorschlag der Kommission, KOM(2009) 501 endg., S. 4 und 23.

599 Im Vergleich dazu enthält die ESRB-Verordnung nur 33 Erwägungsgründe, was auf die unterschiedliche Reichweite der Befugnisse von ESA und ESRB zurückzuführen ist.

600 Zur inhaltlichen Wahrung des Subsidiaritäts- und Verhältnismäßigkeitsgrundsatzes siehe unten, unter Teil 3/C./IV. und V.

601 *Herdegen*, Europarecht, S. 145; *Schweitzer/Hummer/Obwexer*, Europarecht, Rn. 559; *Streinz*, Europarecht, Rn. 427 ff.

zur Seite stehen. Dazu gehört der Wirtschafts- und Sozialausschuss (WSA, Art. 301-304 AEU) sowie der Ausschuss der Regionen (Art. 305-307 AEU).

Schließlich sind noch die sonstigen Einrichtungen oder Institutionen[602] zu nennen. Nur die wenigsten von ihnen finden eine ausdrückliche Ermächtigung in den EU-Verträgen. Primärrechtlich verankert sind beispielsweise die Europäische Investitionsbank (Art. 308 f. AEU), die Strukturfonds (Art. 175 f. AEU[603]) und die Versorgungsagentur der Europäischen Atomgemeinschaft (Art. 53 ff. EA). Für die meisten europäischen Einrichtungen ist hingegen keine direkte Rechtsgrundlage im Primärrecht gegeben. Sie können nur durch sekundärrechtlich erlassene Rechtsakte gegründet werden und sind der sog. tertiären Organisationsstruktur[604] zuzuordnen. Als Rechtsgrundlage können spezielle Vorschriften[605] aus den einzelnen Politikbereichen der Union herangezogen werden, die im Fall der EBA allerdings nicht einschlägig sind[606]. In Betracht kommen damit nur die Rechtsangleichungskompetenz gem. Art. 114 AEU und die Vertragsabrundungskompetenz aus Art. 352 AEU.

I. Errichtungskompetenz Europäischer Agenturen

In der Vergangenheit hat der Europäische Gesetzgeber die Gründung der sog. vertragsfremden Einrichtungen[607] sowohl in einigen Fällen auf die Vorschrift des Art. 114 AEU als auch in anderen Fällen auf die Vorschrift des Art. 352 AEU gestützt.

---

602 Näher dazu *Herdegen*, Europarecht, S. 146 ff.

603 Diesbezüglich ermächtigt Art. 175 Abs. 1 Satz 3 AEU nicht zur Gründung neuer Fondstypen. Die Rechtsgrundlage der „traditionellen" Strukturfonds ist separat festgelegt, für die Ausrichtungs- oder Garantiefonds in der Landwirtschaft in Art. 40 Abs. 3 AEU, für den Europäischen Sozialfonds in Art. 162 AEU und für den Europäischen Fonds für regionale Entwicklung in Art. 176 AEU; siehe *Magiera* in: Streinz, EUV/AEUV, Art. 175 AEUV, Rn. 6.

604 Grundlegend dazu *Hilf*, Die Organisationsstruktur der Europäischen Gemeinschaften, S. 109 ff.; siehe auch *Calliess* in: Calliess/Ruffert, EUV/AEUV, Art. 13 EUV, Rn. 7; anders *Bieber* in: v. d. Groeben/Schwarze, EUV/EGV, Art. 7 EG, Rn. 47 ff., der den Großteil der Einrichtungen der Sekundärebene und nur die aufgrund der allgemeinen Organisationsgewalt eingerichteten Institutionen der Tertiärebene zuordnet.

605 Im Einzelnen dazu *Schreiber*, Verwaltungskompetenzen der Europäischen Gemeinschaft, S. 85 ff.; *Vetter*, DöV 2005, 721 ff. (723 ff.).

606 Maßnahmen zum Zwecke des Verbraucherschutzes verweisen ihrerseits gem. Art. 169 Abs. 2 lit a) AEU wiederum auf die Vorschrift des Art. 114 AEU.

607 *Priebe*, Entscheidungsbefugnisse vertragsfremder Einrichtungen im Europäischen Gemeinschaftsrecht, S. 15 ff.; *Calliess* in: Calliess/Ruffert, EUV/AEUV, Art. 13 EUV, Rn. 7.

Vertragsfremde Einrichtungen wurden erstmals 1975 mit dem CEDEFOP (European Centre for the Development of Vocational Training[608]) und dem Eurofund (European Foundation for the Improvement of Living and Working Conditions[609]) errichtet. Dann folgten erst 1990 weitere Gründungen[610]. Die Mehrzahl der eigenständigen Verwaltungseinheiten wurde aber erst nach der Jahrtausendwende gegründet[611].

Die Terminologie dieser Einrichtungen ist nicht einheitlich. Sie werden beispielsweise als Zentren, Stiftungen, Agenturen, Ämter oder, im Fall der ESAs, als Behörden bezeichnet. Nichtsdestotrotz werden diese Einrichtungen auch häufig unter dem Begriff der „Europäischen Agenturen"[612] zusammengefasst. Dieser Begriff lässt sich auf alle sekundärrechtlich gegründeten Einrichtungen erstrecken, die keine direkte Grundlage im Primärrecht finden.

1. Formen des Europäischen Agenturwesens

Mit den ESAs bestehen derzeit etwa um die 40 Einrichtungen[613], die in diesem Wege gegründet wurden. Während es im Jahr 2005 nur an die 16-18

608 Verordnung (EWG) Nr. 337/75 des Rates vom 10. Februar 1975 über die Errichtung eines Europäischen Zentrums für die Förderung der Berufsbildung, ABl. L 39 vom 13.02.1975, S. 1.

609 Verordnung (EWG) Nr. 1365/75 des Rates vom 26. Mai 1975 über die Gründung einer Europäischen Stiftung zur Verbesserung der Lebens- und Arbeitsbedingungen, ABl. L 139 vom 30.05.1975, S. 1, geändert durch Verordnung (EG) Nr. 1649/2003, ABl. L 245 vom 29.09.2003, S. 25.

610 Verordnung (EWG) Nr. 1210/90 des Rates vom 7. Mai 1990 zur Errichtung einer Europäischen Umweltagentur und eines Europäischen Umweltinformations- und Umweltbeobachtungsnetzes, ABl. L 120 vom 11.05.1990, S. 1; Verordnung (EWG) Nr. 1360/90 des Rates vom 7. Mai 1990 zur Errichtung einer Europäischen Stiftung für Berufsbildung, ABl. L 131 vom 23.05.1990, S. 1, geändert durch Verordnung (EG) Nr. 2063/94, ABl. L 216 vom 20.08.1994, S. 9.

611 Siehe Überblick bei *Augsberg* in: Terhechte, Verwaltungsrecht der EU, § 6 Rn. 40 ff.; *Oppermann/Classen/Nettesheim*, Europarecht, § 6 Rn. 27 ff.; *Calliess* in: Calliess/Ruffert, EUV/AEUV, Art. 13 EUV, Rn. 38 ff.

612 Vgl. *Shirvani*, DöV 2008, 1 ff.; *Kilb*, EuZW 2006, 268 ff.; *Augsberg* in: Terhechte, Verwaltungsrecht der EU, § 6 Rn. 38; *Wittinger*, EuR 2008, 609 ff.; *Gundel*, EuR 2009, 383 ff.; *Koch*, EuZW 2005, 455 ff.; *Vetter*, DöV 2005, 721 ff.; siehe auch Mitteilung der Kommission, Rahmenbedingungen für die Europäischen Regulierungsagenturen, 11.12.2002, KOM(2002) 718 endg., S. 3.

613 Eine aktuelle Übersicht findet sich unter http://europa.eu/agencies/index_de.htm; siehe auch *Herdegen*, Europarecht, S. 151 ff.; *Görisch*, Demokratische Verwaltung durch Unionsagenturen, S. 12 ff.

Agenturen[614] waren, hat sich ihre Anzahl gerade in den letzten Jahren mehr als verdoppelt. Mit der steigenden Anzahl der Agenturen wächst auch das Bedürfnis ihrer Typologisierung, da sie in Bezug auf ihre Aufgaben und Befugnisse zum Teil doch recht unterschiedlich ausgerichtet sind. Ein einheitliches Schema für die Zuordnung der einzelnen Agenturtypen hat sich bislang noch nicht herausgebildet. Es bieten sich mehrere Ansätze[615] mit unterschiedlichen Anknüpfungspunkten an. Eine Orientierung an den drei Säulen der mit dem Vertrag von Lissabon aufgegebenen Tempelstruktur erscheint jedoch nicht mehr zweckmäßig. Vorzuziehen ist eine Differenzierung anhand der zugewiesenen Aufgaben und Befugnisse. Danach lassen sich im Wesentlichen zwei Untergruppen bilden.

a) Exekutivagenturen

Die Gattung der folgenden Agenturen ist der einzige Typus, dessen Struktur und Ausrichtung durch eine auf Art. 308 EG (Art. 352 AEU) gestützte Verordnung[616] normiert sind. Auf Grundlage dieser Verordnung kann die Kommission nach Abschluss einer Kosten-Nutzen-Analyse sog. Exekutivagenturen mit Aufgaben zur Durchführung von Unionsprogrammen einsetzen. Die mit eigener Rechtspersönlichkeit[617] ausgestatteten Exekutivagenturen haben ihren Sitz[618] zwingend am Dienstort der Kommission und werden von einem Lenkungsausschuss und einem Direktor geleitet[619]. Die von den Exekutivagenturen auszuführenden Aufgaben werden von der Kommission genau festgelegt und unterliegen ihrer Kontrolle[620]. Bislang hat die Kommission 6 Exekutivagenturen[621] zur Unterstützung ihrer Aufgaben gegründet.

b) Regulierungsagenturen

Den rechtlich problematischeren Bereich bilden die sog. Regulierungsagenturen. Sie besitzen ebenfalls eigene Rechtspersönlichkeit. Im Vergleich zu den Exekutivagenturen sind sie weniger der Kontrolle und den Vorgaben der Kommission

---

614 *Koch*, EuZW 2005, 455 ff. (455); *Vetter*, DöV 2005, 721 ff. (721).

615 Zu den einzelnen „Ordnungsmustern“ siehe m.w.N. *Augsberg* in: Terhechte, Verwaltungsrecht der EU, § 6 Rn. 38 ff.

616 Verordnung (EG) Nr. 58/2003 des Rates vom 19. Dezember 2002 zur Festlegung des Statuts der Exekutivagenturen, die mit bestimmten Aufgaben bei der Verwaltung von Gemeinschaftsprogrammen beauftragt werden, ABl. L 11 vom 16.01.2003, S. 1.

617 Art. 4 Abs. 2 Verordnung (EG) Nr. 58/2003.

618 Art. 5 Abs. 1 Verordnung (EG) Nr. 58/2003.

619 Art. 7 Abs. 1, Art. 8 ff. Verordnung (EG) Nr. 58/2003.

620 Art. 6 Abs. 3 und Art. 20 Verordnung (EG) Nr. 58/2003.

621 Siehe Aufzählung bei *Streinz* in: Streinz, EUV/AEUV, Art. 13 EUV, Rn. 40.

ausgesetzt. Davon wird die allgemeine Aufsichtsfunktion der Kommission aus Art. 17 Abs. 1 Satz 2 EU indes nicht tangiert[622]. Ihre Aufgaben und Befugnisse werden in dem jeweiligen Gründungsakt[623] festgelegt und beziehen sich auf die aktive „Wahrnehmung der Exekutivfunktion" in Bezug auf einen bestimmten Sachbereich[624]. Die in diesem Zusammenhang ausgeübten Tätigkeiten können aber von Agentur zu Agentur sehr unterschiedlich sein. Einige Einrichtungen dienen der fachlichen und wissenschaftlichen Unterstützung der Kommission beispielsweise durch das Erstellen von Gutachten, die Festlegung technischer Leitlinien oder die Versorgung mit sektorspezifischen Daten oder Informationen[625]. Anderen Verwaltungseinheiten kommt lediglich eine Beobachtungsfunktion[626] zu. Schließlich kann auch eine technische Normierungsbefugnis[627] auf das selbständige Verwaltungsorgan übertragen werden. Ferner existieren Agenturen, die ermächtigt sind, Einzelfallentscheidungen mit Rechtswirkung gegenüber Dritten zu erlassen[628]. Da mit dem vorgenannten Aufgabenspektrum nicht nur die reine regulierende Verwaltungstätigkeit[629] erfasst wird, sondern

622 *Ruffert* in: Calliess/Ruffert, EUV/AEUV, Art. 298 AEUV, Rn. 5.

623 Wobei im Fall der Beaufsichtigung der Ratingagenturen durch ESMA auch nachträglich, durch eine gesonderte Verordnung, Kompetenzzuweisungen erfolgen können, siehe oben, unter Teil 2/C./IV./2./d).

624 Mitteilung der Kommission, KOM(2002) 718 endg., S. 4.

625 Siehe Verordnung (EG) Nr. 178/2002 des Europäischen Parlaments und des Rates vom 28 Januar 2002 zur Festlegung der allgemeinen Grundsätze und Anforderungen des Lebensmittelrechts, zur Errichtung der Europäischen Behörde für Lebensmittelsicherheit (EFSA) und zur Festlegung von Verfahren zur Lebensmittelsicherheit, ABl. L 31 vom 01.02.2002, S. 1; Verordnung (EG) Nr. 1406/2002 des Europäischen Parlaments und des Rates vom 27. Juni 2002 zur Errichtung einer Europäischen Agentur für Sicherheit des Seeverkehrs (EMSA), ABl. L 208 vom 05.08.2002, S. 1.

626 Siehe Verordnung (EWG) Nr. 302/93 des Rates vom 8. Februar 1993 zur Schaffung einer Europäischen Beobachtungsstelle für Drogen und Drogensucht (EMCDA), ABl. L 36 vom 12.02.1993, S. 1, aufgehoben durch Verordnung (EG) Nr. 1920/2006, ABl. L 376 vom 27.12.2006, S. 1; Verordnung (EG) Nr. 851/2004 des Europäischen Parlaments und des Rates vom 21. April 2004 zur Errichtung eines Europäischen Zentrums für die Prävention und die Kontrolle von Krankheiten (ECDC), ABl. L 142 vom 30.04.2004, S. 1.

627 Siehe Verordnung (EG) Nr. 1592/2002 des Europäischen Parlaments und des Rates vom 15. Juli 2002 zur Festlegung gemeinsamer Vorschriften für die Zivilluftfahrt und zur Errichtung einer Europäischen Agentur für Flugsicherheit (EASA), ABl. L 240 vom 07.09.2002, S. 1.

628 So beispielsweise das OHIM in Alicante, siehe unten unter Teil 3/B./I./2.

629 Näher dazu *Ruffert*, AöR 124 (1999), 237 ff.; *Masing*, Die Verwaltung 36 (2003), 1 ff.; *ders.*, AöR 128 (2003), 558 ff. (mit Bezug zum U.S.-amerikanischen Regulierungsrecht).

beispielsweise auch Vollzugsbefugnisse zur Regelung von Einzelfällen mit eingeschlossen werden, ist die Bezeichnung als Regulierungsagentur auch mit Hilfe einer europarechtlich autonomen Auslegung irreführend[630].

Auch wenn der Begriff der „Regulierung" eine nähere Eingrenzung der darunter fallenden Einrichtungen nicht leisten kann, so dient er doch zumindest der Abgrenzung gegenüber den Exekutivagenturen[631]. Das weite und unterschiedliche Aufgabenfeld der Regulierungsagenturen gibt ferner genügend Spielraum, um weitere Subkategorien[632] zu bilden. Eine nähere Kategorisierung der Regulierungsagenturen hat aber bislang noch keine Auswirkungen auf die zu wählende Rechtsgrundlage, da es an homogenen Vorgaben wie bei den Exekutivagenturen fehlt. Zu einer Definition der Eckpunkte des Regulierungsagenturwesens hatte die Kommission 2005 mit dem Vorschlag zur Verabschiedung einer interinstitutionellen Vereinbarung[633] einen ersten Versuch gestartet. Die Annahme des Kommissionsentwurfs blieb aber aus und der Vorschlag wurde daher von der Kommission 2009 zurückgezogen[634]. Gefolgt ist dem Vorschlag zunächst eine Mitteilung der Kommission[635], in welcher noch einmal auf die Notwendigkeit eines einheitlichen politischen Konzepts für die Agenturen zur Festlegung ihrer Position im Verwaltungsgefüge der EU hingewiesen wurde. Im Anschluss an die Mitteilung wurde eine Interinstitutionelle Arbeitsgruppe (IAG) eingerichtet, die sich insbesondere mit der „Rolle und Stellung der Agenturen im institutionellen Gefüge der EU" beschäftigt hat[636]. Mitte 2012 folgte dann eine Gemeinsame Erklärung[637] von Parlament, Rat und Kommission, in der sich die Unionsorgane

630 Siehe dazu *Groß*, EuR 2005, 54 ff. (57); *Craig*, EU Administrative Law, S. 148 f.

631 *Sydow*, VerwArch 97 (2006), 1 ff. (4).

632 Siehe beispielsweise *Streinz* in: Streinz, EUV/AEUV, Art. 13 EUV, Rn. 41 ff.; *Craig*, EU Administrative Law, S. 149 ff.; vor Einführung der Exekutivagenturen siehe ferner die Typologisierung bei *Fischer-Appelt*, Agenturen der Europäischen Gemeinschaft, S. 46 ff; *Chiti*, CML Rev. 2000, 309 ff. (315 ff.).

633 Kommission, Entwurf für eine interinstitutionelle Vereinbarung zur Festlegung von Rahmenbedingungen für die europäischen Regulierungsagenturen, 25.02.2005, KOM(2005) 59 endg.

634 ABl. C 71 vom 25.03.2009, S. 17.

635 Mitteilung der Kommission an das Europäische Parlament und den Rat, Europäische Agenturen – Mögliche Perspektiven, 11.03.2008, KOM(2008) 135 endg.

636 Eine umfangreiche Auflistung von Analysepapieren und externen Bewertungen findet sich unter http://europa.eu/agencies/regulatory_agencies_bodies/index_de.htm.

637 Gemeinsame Erklärung des Europäischen Parlaments, des Rates der EU und der Europäischen Kommission zu den dezentralen Agenturen vom 19. Juli 2012, abrufbar

beispielsweise für eine einheitlich Bezeichnung der Agenturen ausgesprochen haben. Insgesamt soll die Erklärung zusammen mit dem ihr beigefügten „Gemeinsamen Konzept“ zur Verbesserung von Kohärenz, Effizienz, Rechenschaftspflicht und Transparenz der Unionsagenturen beitragen. Ende 2012 hat die Kommission zur Umsetzung der vorgenannten Erklärung einen Fahrplan[638] mit einer detaillierten „*List of Actions*“ insbesondere für die Folgejahre 2013 und 2014 ausgearbeitet.

c) Finanzaufsichtsbehörden - ESAs

Den ESAs werden durch ihre Gründungsverordnungen sowohl Normsetzungs- als auch Vollzugsbefugnisse mit Außenwirkung gegenüber Dritten verliehen[639]. Sie können damit mehreren der oben genannten Funktionstypen im Bereich der Regulierungsagenturen zugeordnet werden. Aufgrund der Überschneidungen könnte man sie als eigene neue Untergruppe der Regulierungsagenturen verstehen. Denkbar wäre aufgrund der weitreichenden Befugnisse und der besonderen Geschlossenheit des ESFS auch eine separate Positionierung außerhalb der Regulierungsagenturen[640]. Die zukünftige Typologisierung wird nicht zuletzt vom weiteren Zuwachs der EU-Agenturen und der Art der für sie vorgesehenen Aufgaben beeinflusst werden. Auch spielen diesbezüglich die weiteren gesetzgeberischen Bemühungen zur Standardisierung des Agenturwesens eine Rolle.

2. *Flexibilitätsklausel (Art. 352 AEU)*

Vor Inkrafttreten des Vertrages von Lissabon wurde eine Vielzahl[641] von Europäischen Agenturen auf die Kompetenzergänzungsklausel des Art. 308 EG (Art. 352 AEU) gestützt. Eine der wohl bekannteren Einrichtungen ist das Harmonisierungsamt für den Binnenmarkt (*Office for Harmonisation in the Internal*

---

unter http://europa.eu/agencies/documents/joint_statement_and_common_approach_ 2012_de.pdf; siehe dazu auch *Sefcovic*, EuZW 2012, 801 f.

638 Kommission, Roadmap on the follow-up to the Common Approach on EU decentralised agencies vom 19. Dezember 2012, abrufbar unter http://europa.eu/ agencies/ documents/2012-12-18_roadmap_on_the_follow_up_to_the_common_ approach_on_eu_decentralised_agencies_en.pdf.

639 Siehe dazu oben, unter Teil 2/C./III.

640 Beispielsweise erfolgt unter http://europa.eu/agencies/index_de.htm die Auflistung der ESA getrennt von den Regulierungsbehörden.

641 Siehe Beispiele bei *Winkler* in: Grabitz/Hilf/Nettesheim, Das Recht der EU, Art. 352 AEUV, Rn. 110.

Market - OHIM[642]) in Alicante. Ein prominentes Beispiel der jüngeren Vergangenheit bildet ferner die Europäische Agentur für Grundrechte (*Fundamental Rights Agency* - FRA[643]) in Wien.

a) Kodifizierung des *implied-powers*-Grundsatzes

Die Flexibilitätsklausel[644] trägt den Gedanken der *implied-powers*-Doktrin[645] in sich, der internationalen Organisationen ungeschriebene Kompetenzen zuspricht, die zur Wahrnehmung ihrer Aufgaben erforderlich sind[646]. Im Unterschied zu der auf Richterrecht beruhenden *implied-powers*-Lehre ist die Vertragsabrundungskompetenz hingegen unionsvertraglich formuliert. Sie ist mit dem Prinzip der begrenzten Einzelermächtigung gem. Art. 5 Abs. 1 Satz 1, Abs. 2 EU vereinbar, da sie auf einer bereits bestehenden vertraglichen Kompetenzzuweisung (Art. 352 AEU) aufbaut und nicht zu einer allgemeinen Kompetenz-Kompetenz-Bildung ermächtigt[647].

b) Kompetenz zur Errichtung Europäischer Agenturen

Der weit gefasste Tatbestand des Art. 352 AEU ermöglicht den Erlass von geeigneten Vorschriften im Rahmen der Politikbereiche der Union zur Verwirklichung eines der in den Verträgen enthaltenen Ziele (insbesondere Art. 3 EU), soweit dies erforderlich und nicht bereits anderweitig in den EU-Verträgen geregelt ist.

---

642 Verordnung (EG) Nr. 40/94 des Rates vom 20. Dezember 1993 über die Gemeinschaftsmarke, ABl. L 11 vom 14.01.1994, S. 1, zuletzt geändert durch Verordnung (EG) Nr. 207/2009, ABl. L 78 vom 24.03.2009, S. 1.

643 Verordnung (EG) Nr. 168/2007 des Rates vom 15. Februar 2007 zur Errichtung einer Agentur der Europäischen Union für Grundrechte, ABl. L 53 vom 22.02.2007, S. 1; siehe dazu *von Bogdandy/von Bernstorff*, EuR 2010, 141 ff.

644 So die offizielle Überschrift der Vorschrift in Art. I-18 Vertrag über eine Verfassung für Europa, ABl. C 310 vom 16.12.2004, S. 1; zu den in der Literatur verwendeten zahlreichen weiteren Bezeichnungen der Vorschrift siehe m.w.N. *Rossi* in: Calliess/Ruffert, EUV/AEUV, Art. 352 AEUV, Rn. 11.

645 Siehe dazu Nicolaysen, EuR 1966, 129 ff. (130 ff.).

646 IGH, Reparation for injuries suffered in the service of the United Nations, 11.04.1949, ICJ Reports 1949, S. 175 ff. (178 ff. und 185); siehe auch EuGH, Gutachten 2/94, Slg. 1996, I-1783, Rn. 29 - Beitritt zur EMRK.

647 *Borchardt*, Rechtliche Grundlagen, Rn. 477; *Winkler* in: Grabitz/Hilf/Nettesheim, Das Recht der EU, Art. 352 AEUV, Rn. 16; *Everling*, EuR 1976 (Sonderheft), 2 ff. (14); *Oppermann/Classen/Nettesheim*, Europarecht, § 11 Rn. 9; *Streinz* in: Streinz, EUV/AEUV, Art. 352 AEUV, Rn. 1; *Booß* in: Lenz/Borchardt, EU-Verträge, Art. 352 AEUV, Rn. 2; vgl. EuGH, Gutachten 2/94, Rn. 30; vgl. BVerfGE 123, 267 (384); a.A. *von Meibom*, NJW 1968, 2165 ff. (2166).

Unter „Vorschriften" lässt sich gerade im Vergleich zu der französischen („*dispositions*"), spanischen („*disposiciones*") und englischen („*measures*") Version keine Beschränkung auf nicht-organisatorische Rechtsakte erkennen[648], weshalb der Gründungsakt einer Europäischen Agentur von Art. 352 AEU erfasst sein dürfte. Das Kriterium der „Erforderlichkeit" ist leicht zu überwinden. Es räumt dem Unionsgesetzgeber einen sehr weiten Beurteilungsspielraum ein, da ein Tätigwerden nur erforderlich „erscheinen" muss[649]. Die Erforderlichkeit ist ferner ein zu berücksichtigendes Merkmal der Verhältnismäßigkeit[650] i.S.v. Art. 5 Abs. 1 Satz 2, Abs. 4 AEU, hat dort jedoch nicht eine kompetenzbegründende, sondern eher eine kompetenzbeschränkende Funktion[651]. Schließlich ist noch der in Art. 352 AEU enthaltene Subsidiaritätsgrundsatz zu beachten. Ermächtigt im Einzelfall eine andere Vorschrift in den EU-Verträgen zur Gründung einer Europäischen Agentur, wie möglicherweise Art. 114 AEU in Bezug auf die Etablierung des ESFS, so sperrt dies den Anwendungsbereich des Art. 352 AEU. Der tatbestandliche Subsidiaritätsgrundsatz des Art. 352 AEU gilt auch gegenüber ungeschriebenen (Annex-) Kompetenzen, die von der Vertragsabrundungskompetenz zu trennen sind und neben ihr bzw. vorrangig zur Anwendung kommen können[652].

Sind speziellere Sachkompetenzen nicht ersichtlich, so geht die h.M.[653] davon aus, dass jedenfalls Art. 352 AEU zur Errichtung einer Europäischen Agentur ermächtigt.

---

648 So auch *Remmert*, EuR 2003, 134 ff. (137).

649 Siehe *Rossi* in: Calliess/Ruffert, EUV/AEUV, Art. 352 AEUV, Rn. 46; *Streinz* in: Streinz, EUV/AEUV, Art. 352 AEUV, Rn. 34; *Winkler* in: Grabitz/Hilf/Nettesheim, Das Recht der EU, Art. 352 AEUV, Rn. 72.

650 Siehe dazu EuGH, Rs. C-491/01, Slg. 2002, I-11453, Rn. 122.

651 Näher dazu *Winkler* in: Grabitz/Hilf/Nettesheim, Das Recht der EU, Art. 352 AEUV, Rn. 69; *Streinz* in: Streinz, EUV/AEUV, Art. 352 AEUV, Rn. 37; *Rossi* in: Calliess/Ruffert, EUV/AEUV, Art. 352 AEUV, Rn. 44.

652 Siehe dazu *Winkler* in: Grabitz/Hilf/Nettesheim, Das Recht der EU, Art. 352 AEUV, Rn. 78 ff.; *Vedder* in: Vedder/Heintschel v. Heinegg, EUV/AEUV, Art. 352 AEUV, Rn. 6; *Rossi* in: Calliess/Ruffert, EUV/AEUV, Art. 352 AEUV, Rn. 62; vgl. auch EuGH, Gutachten 2/94, Rn. 29; a.A. früher *Rabe*, Das Verordnungsrecht der Europäischen Wirtschaftsgemeinschaft, S. 156.

653 *Streinz* in: Streinz, EUV/AEUV, Art. 352 AEUV, Rn. 48; *Winkler* in: Grabitz/Hilf/Nettesheim, Das Recht der EU, Art. 352 AEUV, Rn. 110; *Everling*, EuR 1976 (Sonderheft), 2 ff. (15); *Remmert*, EuR 2003, 134 ff. (137); *Schreiber*, Verwaltungskompetenzen der Europäischen Gemeinschaft, S. 171; *Uerpmann*, AöR 125 (2000), 551 ff. (585); *Wittinger* , EuR 2008, 609 ff. (614 f.); *Vetter*, DöV 2005, 721 ff. (731); *Hilf*, ZaöRV 36 (1976), 551 ff. (560); *Görisch*, JURA 2012, 42 ff. (44).

In den 60er Jahren hatte *Everling* noch die Ansicht vertreten, dass sich im Vertrag keine Grundlage für einen Organisationsakt zur Errichtung nachgeordneter Behörden befände[654]. Zumindest in Bezug auf die Errichtungskompetenz selbständiger Einrichtungen hat er diese Ansicht aber später relativiert[655].

Everling lag bei seiner Beurteilung noch die Fassung des EWG-Vertrages zugrunde. Zwar enthielt dieser bereits den Begriff der „geeigneten Vorschriften", vgl. Art. 235 EGV, jedoch lässt sich daraus, wie oben angeführt, kein Ausschluss organisatorischer Rechtsakte entnehmen. Entscheidend ist aber, dass der Vertrag von Lissabon mit der Einführung der Terminologie der „Einrichtungen und sonstigen Stellen" in verschiedenen Vorschriften[656] des AEU-Vertrages die Existenz der Europäischen Agenturen voraussetzt. Deshalb muss im Vertrag zumindest auch auf eine taugliche Errichtungskompetenz zurückgegriffen werden können.

c) Politische Hürden

Für auf Art. 352 AEU gestützte Rechtsakte ist seit jeher, vgl. Art. 235 EGV und Art. 308 EG, ein einstimmiger Ratsbeschluss erforderlich, der nach der Terminologie des AEU-Vertrages zumindest auch im besonderen Gesetzgebungsverfahren[657] ergehen kann. Die seit der Lissabonner Fassung erforderliche Zustimmung des Europäischen Parlaments erhöht die demokratische Eigenlegitimation der EU-Gesetzgebung, verschärft aber gleichzeitig die formellen Anforderungen an das Gesetzgebungsverfahren.

Auf nationaler Ebene hat das BVerfG in seinem Urteil zum Vertrag von Lissabon, sog. Lissabon-Entscheidung[658], das Rechtsetzungsverfahren über Art. 352 AEU zusätzlich erschwert. Ungeachtet der ausdrücklichen vertraglichen Verankerung der Vorschrift hat das BVerfG mit Hinblick auf nicht zulässige Blankettermächtigungen und der Begründung von Kompetenz-Kompetenzen verfassungsrechtliche Bedenken geäußert,

---

654 *Everling* in: FS-Ophüls, 1965, S. 33 ff. (42).

655 Vgl. *Everling*, EuR 1976 (Sonderheft), 2 ff. (15).

656 Siehe beispielsweise Art. 15 Abs. 1 und Art. 263 Abs. 1 Satz 2 AEU; vgl. auch Art. 263 Abs. V AEU, der auch die Gründungsrechtsakte der Einrichtungen und sonstigen Stellen erwähnt; noch deutlicher wird der Bezug durch die gem. Art. 55 Abs. 1 EU i.V.m. Art. 358 AEU ebenso verbindliche englische Fassung, welche ausdrücklich den Begriff der „*agencies*" verwendet.

657 Hierzu oben, unter Teil 3/A./II.

658 BVerfG, Urteil vom 30.06.2009, 2 BvE 2/08 u.a., NJW 2009, 2267 ff. = EuZW 2009, 552 ff. = BVerfGE 123, 267 ff.; siehe dazu *Schorkopf*, EuZW 2009, 718 ff.

„weil es die neu gefasste Regelung ermöglicht, Vertragsgrundlagen der Europäischen Union substantiell zu ändern, ohne dass über die mitgliedstaatlichen Exekutiven hinaus gesetzgebende Organe konstitutiv beteiligt werden müssen."[659]

Auf Art. 352 AEU gestützte Rechtsakte erfordern deshalb nach der vorgenannten Entscheidung jeweils ein Gesetz i.S.v. Art. 23 Abs. 1 Satz 2 GG, welches gem. Art. 23 Abs. 1 Satz 3 i.V.m. Art. 79 Abs. 2 und Abs. 3 GG der Zustimmung von zwei Dritteln der Mitglieder des Bundestages und zwei Dritteln der Stimmen des Bundesrates bedarf[660].

In Zukunft gilt es damit politische Hürden sowohl auf EU- als auch auf nationaler Ebene zu überwinden.

d) Schlussfolgerung und Ausblick

Die Vertragsabrundungsklausel hat damit einiges an „Flexibilität" einbüßen müssen. Sie entwickelt sich zu einem an strenge Voraussetzungen geknüpften Auffangtatbestand, der aufgrund der kompetenzerweiterungstangierenden Gefahr ein Tätigwerden des EU-Gesetzgebers nur mit Legitimation der nationalen Gesetzgeber, ohne Rückgriff auf Art. 48 EU, ermöglicht. Die nach der Lissabon-Entscheidung verlangte Beteiligung der rechtssetzenden Organe der Bundesrepublik Deutschland führt faktisch zu einer sich der Vertragsänderung annähernden Konstellation, nur, dass die nationalen Entscheidungsträger nicht über den Europäischen Rat gebündelt werden. Damit stellt sich die Frage des zukünftigen Anwendungsbereiches der Flexibilitätsklausel. Insbesondere ist zweifelhaft, ob die doppelstöckigen Verfahrensvoraussetzungen des Art. 352 AEU noch eine Erleichterung gegenüber den beiden in Art. 48 EU festgelegten Änderungsverfahren darstellen.

Soweit die formellen Anforderungen des Art. 352 AEU überwunden werden können, ermächtigt die Vorschrift zur Errichtung Europäischer Agenturen. Aufgrund des weiten materiellen Anwendungsbereiches ist davon auszugehen, dass auch noch in Zukunft, wenngleich nicht mehr in derselben Häufigkeit[661], Rechtsakte auf Basis der Vertragsabrundungskompetenz erlassen werden oder zumindest ein dahingehender Versuch unternommen wird. In Bezug auf die

---

659 BVerfG, NJW 2009, 2267 ff. (Rn. 328); BVerfGE 123, 267 (395); ein Verstoß gegen das Verbot der Übertragung von Kompetenz-Kompetenzen hat das BVerfG gleichwohl nicht angenommen, vgl. BVerfG, NJW 2009, 2267 ff. (Rn. 306); BVerfGE 123, 267 (384).

660 BVerfG, NJW 2009, 2267 ff. (Rn. 328 und 417); BVerfGE 123, 267 (395 und 436).

661 Siehe insbesondere die Kritik des BVerfG in der sog. Maastricht-Entscheidung zur großzügigen Handhabung des Art. 235 EGV, BVerfGE 89, 155 (210).

Errichtung selbständiger Einrichtungen scheint der EU-Gesetzgeber allerdings einen Rückgriff auf Art. 352 AEU, soweit möglich, vermeiden zu wollen[662].

In Bezug auf die EBA ist festzuhalten, dass die Ausrichtung der Bankenaufsichtsbehörde als „Europäische Agentur" jedenfalls auf Art. 352 AEU gestützt werden könnte. Dies gilt aufgrund des in der Vorschrift enthaltenen Subsidiaritätsgrundsatzes nur, wenn die Gründung der EBA nicht mittels einer vorrangigen Sachkompetenz begründet werden kann.

3. *Rechtsangleichungsnorm (Art. 114 AEU)*

Die Errichtungskompetenz der EBA könnte sich auch aus Art. 114 AEU ergeben. In der Vergangenheit hat sich der Unionsgesetzgeber bereits dieser Vorschrift zur Gründung von Europäischen Agenturen bedient. Dies gilt beispielsweise für die Europäische Agentur für chemische Stoffe (*European Chemicals Agency* – ECHA[663]) in Helsinki und für die (*European Network and Information Security Agency* – ENISA[664]) in Heraklion. Daraus lässt sich indes noch keine Legitimation zur Errichtung von Europäischen Agenturen ableiten, da das Verwerfungsmonopol für fehlerhafte Rechtsakte beim EuGH liegt, vgl. Art. 263 f. AEU, weshalb auch *per se* rechtswidrige Gründungsakte bis zu ihrer Nichtigerklärung durch das Unionsgericht rechtlichen Fortbestand haben können.

a) Maßnahme zur Rechtsangleichung

Vielmehr müsste die Etablierung einer Europäischen Agentur eine Maßnahme zur Angleichung der Rechts- und Verwaltungsvorschriften der Mitgliedstaaten i.S.v. Art. 114 AEU darstellen. Ähnlich dem Begriff der „Vorschriften" im Rahmen von Art. 352 AEU unterscheidet auch die Ermächtigung zum Erlass von „Maßnahmen" nicht zwischen legislativen und administrativen Handlungsformen. Diese fehlende Differenzierung ist charakteristisch für viele Kompetenznormen im europäischen Primärrecht[665]. Daher kann auch hier nicht davon

---

662 Vgl. Mitteilung der Kommission, KOM(2002) 718 endg., S. 8.

663 Verordnung (EG) Nr. 1907/2006 des Europäischen Parlaments und des Rates vom 18. Dezember 2006 zur Registrierung, Bewertung, Zulassung und Beschränkung chemischer Stoffe (REACH), zur Schaffung einer Europäischen Agentur für chemische Stoffe und zur Änderung/Aufhebung diverser Rechtsakte, ABl. L 396 vom 30.12.2006, S. 1.

664 Verordnung (EG) Nr. 460/2004 des Europäischen Parlaments und des Rates vom 10. März 2004 zur Errichtung der Europäischen Agentur für Netz- und Informationssicherheit, ABl. L 77 vom 13.03.2004, S. 1.

665 Näher dazu *Jarass*, AöR 121 (1996), 173 ff. (181 ff.).

ausgegangen werden, dass die „Maßnahme" die Gründung einer Europäischen Agentur *a priori* ausschließt. Die Einschränkung des Anwendungsbereiches der Vorschrift erfolgt vielmehr über das Erfordernis zur Annäherung (*rapprochement*[666]) der nationalen Rechts- und Verwaltungsvorschriften. Diesbezüglich ist fraglich, ob der von Art. 114 Abs. 1 Satz 2 AEU geforderte Bezug zum nationalen Recht durch den organisatorischen Gründungsakt einer Europäischen Agentur, der sich nicht direkt an die Mitgliedstaaten richtet, ausreichend hergestellt werden kann. Dafür müsste die Rechtsangleichungskompetenz auch Rechtsakte zulassen, die, wenn überhaupt, nur mittelbar zur Harmonisierung der mitgliedstaatlichen Vorschriften beitragen. Zudem dürfte die Verknüpfung mit der normativen Tätigkeit der Mitgliedstaaten nicht auch die Unionsrechtsakte auf einen normativen Inhalt beschränken[667], was administrativen oder organisatorischen Handlungsformen die rechtliche Grundlage entziehen würde.

aa) Der Fall der ENISA

Im Fall der ENISA hatte der EuGH bereits Gelegenheit, zu der Vorschrift des Art. 114 AEU Stellung zu nehmen.

Die bereits im Zusammenhang mit der Einsetzung des ESRB[668] und der Beaufsichtigung von Ratingagenturen durch ESMA[669] zitierte Rechtsprechung des EuGH[670] bezog sich auf die gerichtliche Überprüfung der Rechtmäßigkeit der Gründungsverordnung einer Europäischen Agentur (ENISA) im Rahmen des Art. 230 EG (Art. 263 AEU). Die ENISA-Verordnung wurde auf die Rechtsangleichungskompetenz des Art. 114 AEU gestützt.

Die Aufgaben der mit eigner Rechtspersönlichkeit[671] ausgestatteten ENISA erfüllen in Fragen der Netz- und Informationssicherheit eine beratende und unterstützende Funktion[672]. Einen Eingriff in die (Verwaltungs-)Zuständigkeiten der Mitgliedstaaten sieht die Verordnung ausdrücklich nicht vor[673].

---

666 Siehe französische Fassung des Art. 114 AEU.

667 Vgl. *von Borries* in: FS-Everling, 1995, 127 ff. (133); *Schreiber*, Verwaltungskompetenzen der Europäischen Gemeinschaft, S. 132 f.; *Vetter*, DöV 2005, 721 ff. (728 f.).

668 Siehe oben, unter Teil 2/B./1./c).

669 Siehe oben, unter Teil 2/C./IV./2./d).

670 EuGH, Rs. C-217/04, Slg. 2006, I-3789 – *Vereinigtes Königreich/Parlament u. Rat.*

671 Art. 18 Abs. 1 Verordnung (EG) Nr. 460/2004.

672 Vgl. Art. 3 Verordnung (EG) Nr. 460/2004.

673 Art. 1 Abs. 3 Verordnung (EG) Nr. 460/2004.

(1) Klagegründe

Das Vereinigte Königreich hatte gegen die ENISA-Verordnung Klage[674] erhoben, in welcher es die Feststellung der Nichtigkeit des Errichtungsaktes begehrte. Die wesentlichen Argumente des Vereinigten Königreichs richteten sich gegen die Wahl der Rechtsgrundlage.

Die Vorgängervorschrift des Art. 114 AEU sei nach Auffassung des Vereinigten Königreichs nicht die richtige Rechtsgrundlage für den Erlass der ENISA-Verordnung, da dieser Rechtsakt (nur) die Errichtung der Einrichtung betreffe. Sie regele u.a. die Organisation, Ziele und Aufgaben der Agentur und lege deren Rechtsform und Haushaltsautonomie fest. Art. 95 EG (Art. 114 AEU) enthalte eine Rechtsetzungsbefugnis zur Harmonisierung der nationalen Rechtsordnungen. Sie ermächtige aber nicht zur Errichtung von Unionseinrichtungen oder zur Übertragung von Aufgaben auf diese, da es sich dabei nicht um Angelegenheiten des innerstaatlichen Rechtes handele. Auch sei nicht ersichtlich, wie dadurch innerstaatliches Recht harmonisiert werden könne.

Nach Ansicht des klagenden Mitgliedstaates könne nur Art. 308 EG (Art. 352 AEU) als geeignete Rechtsgrundlage für die ENISA-Verordnung dienen.

(2) Position der Generalanwältin

Die mit der Rechtssache befasste Generalanwältin *Kokott* hat dem Klagebegehren des Vereinigten Königreichs im Ergebnis zugestimmt und daher dem Gerichtshof empfohlen, die ENISA-Verordnung für nichtig zu erklären[675].

Die Generalanwältin weist in ihren Schlussanträgen zunächst darauf hin, dass Maßnahmen i.S.d. Art. 95 EG (Art. 114 AEU) nicht zwingend selbst das Recht der Mitgliedstaaten angleichen müssen, sondern die Angleichung auch in einem mehrstufigen Modell mit Zwischenschritten herbeigeführt werden kann[676]. Im Anschluss[677] wurde dann untersucht, ob die ENISA-Verordnung einen solchen Zwischenschritt zur Rechtsangleichung darstellen kann. Da die ENISA-Verordnung selbst nicht nationales Recht angleicht und auch der ENISA nicht mittelbar eine solche Angleichungsbefugnis einräumt, konnte der Bezug zu den anzugleichenden Normen nur über einen sonstigen Harmonisierungsbeitrag der Agentur hergestellt werden. Ein durch ENISA nicht auszuschließender „potenzieller Beitrag“ zur Rechtsangleichung sei aber nicht ausreichend,

674 ABl. C 201 vom 07.08.2004, S. 8.

675 GA *Kokott*, Schlussanträge, Rs. C-217/04, Slg. 2006, I-3773, Rn. 53.

676 GA *Kokott*, Schlussanträge, Rs. C-217/04, Rn. 25; siehe auch GA *Kokott*, Schlussanträge, Rs. C-66/04, Slg. 2005, I-10556, Rn. 32 f.

677 GA *Kokott*, Schlussanträge, Rs. C-217/04, Rn. 26 ff.

um ihren Gründungsakt als Teil eines Harmonisierungsprozesses und damit als Maßnahme i.S.v. Art. 95 EG (Art. 114 AEU) zu qualifizieren[678].

Aufgrund der Tatsache, dass die Generalanwältin im Fall der ENISA keine hinreichende Verknüpfung zur Rechtsangleichung erblicken konnte, erübrigte sich konsequenterweise eine Stellungnahme zu der grundsätzlichen Frage, ob eine Europäische Agentur auf Art. 114 AEU oder andere Sachkompetenzen außerhalb des Art. 352 AEU gestützt werden kann[679].

(3) Ausführungen des EuGH

Der EuGH ist dem Vorschlag der Generalanwältin indes nicht gefolgt. Er hat die ENISA-Verordnung für rechtmäßig erachtet und daher die Klage abgewiesen.

In seinen Entscheidungsgründen hat er dem Unionsgesetzgeber einen Ermessensspielraum hinsichtlich der zu wählenden Angleichungstechniken eingeräumt, was auch die Gründung von Europäischen Einrichtungen anstelle von nicht zwingenden Begleit- und Rahmenmaßnahmen einschließen könne[680]. Damit hat er die Gründung von Unionseinrichtungen auf Grundlage der Rechtsangleichungskompetenz ausdrücklich für zulässig erklärt. Zudem wurde klargestellt, dass Maßnahmen i.S.d. Art. 95 EG (Art. 114 AEU) nicht zwingend an die Mitgliedstaaten gerichtet werden müssen. Diese Aussage deckt sich noch mit den Ausführungen der Generalanwältin über die Annahme eines schrittweise erfolgenden Angleichungsprozesses. Für den Bezug, den die Tätigkeit der Europäischen Einrichtung zur Angleichung der nationalen Vorschriften erfüllen muss, hat der Gerichtshof allerdings weniger konkrete Anforderungen aufgestellt. Ausreichend sei ein Beitrag „zur Verwirklichung des Harmonisierungsprozesses“[681]. Die Aufgaben der Einrichtung müssten ferner zu den Inhalten der Rechtsakte, die der Rechtsangleichung der mitgliedstaatlichen Vorschriften dienen, in einem „engen Zusammenhang“ stehen[682]. Dies sei insbesondere dann anzunehmen, wenn die Tätigkeit der Einrichtung die „einheitliche Durchführung der Harmonisierungsmaßnahmen“ fördere[683].

---

678 GA *Kokott*, Schlussanträge, Rs. C-217/04, Rn. 33 ff.

679 Vgl. GA *Kokott*, Schlussanträge, Rs. C-217/04, Rn. 46.

680 EuGH, Rs. C-217/04, Rn. 43 f. mit Bezugnahme auf EuGH, Rs. C-66/04, Slg. 2005, I-10574, Rn. 45 – *Vereinigtes Königreich/Parlament u. Rat* (Raucharomen).

681 EuGH, Rs. C-217/04, Rn. 44.

682 EuGH, Rs. 217/04, Rn. 45.

683 EuGH, Rs. 217/04, Rn. 45.

(4) Kritische Würdigung

Im ENISA-Fall wurde das erste Mal die Rechtsgrundlage einer Agenturgründungsverordnung vor dem EuGH angegriffen. Die Inhalte des Urteils wurden in der Literatur[684] zum Teil sehr kritisch[685] hinterfragt. Zu begrüßen ist in diesem Zusammenhang, dass die Große Kammer des Gerichtshofs zu der grundsätzlichen Frage, inwiefern eine Unionsagentur auf Grundlage des Art. 114 AEU errichtet werden kann, ausdrücklich Stellung genommen und dies im Fall der ENISA für zulässig erklärt hat. Diesbezüglich hat sie indes offen gelassen, ob sich die Errichtungskompetenz direkt oder nur mithilfe von ungeschriebenen (Annex-)Kompetenzen aus Art. 114 AEU ableiten lässt[686].

Über welche Aufgaben und Befugnisse eine Unionsagentur verfügen darf, hat der Gerichtshof nicht näher konkretisiert. Sie müssen lediglich zur Verwirklichung des Harmonisierungsprozesses beitragen. Mit seiner Entscheidung hat der EuGH jedenfalls impliziert, dass die der ENISA übertragenen Kompetenzen im Einklang mit den EU-Verträgen stehen und Art. 114 AEU eine darauf bezogene Ermächtigung enthält. Eine Aussage für Agenturen mit weiterreichenden Befugnissen lässt sich daraus nicht entnehmen.

Das Erfordernis des engen Zusammenhanges, welches insbesondere bei einer Förderung der einheitlichen Rechtsausführung der Harmonisierungsnormen erfüllt ist, bietet kein sachgerechtes Eingrenzungskriterium[687], da der indirekte Vollzug durch die nationalen Behörden gegenüber dem direkten Vollzug auf EU-Ebene in puncto Einheitlichkeit im Zweifel das Nachsehen haben wird. Am Beispiel der Beaufsichtigung der Ratingagenturen durch ESMA[688] zeigt sich, dass der Unionsgesetzgeber mit den von der Rechtsprechung aufgestellten Voraussetzungen regelmäßig die mitgliedstaatlichen Verwaltungskompetenzen an sich ziehen kann, ohne dass es dafür einer besonderen Legitimation auf nationaler Ebene bedarf.

Dennoch ist zu erwarten, dass die im ENISA-Fall aufgestellten Grundsätze, ungeachtet der divergierenden Aufgaben und Befugnisse, von der Rechtsprechung

684 *Randazzo*, CML Rev. 2007, 155 ff.; *Gutman*, Columbia Journal of European Law 2006, 147 ff.; *Bouveresse*, Europe 2006 Juillet Comm. n° 203, 9 f.; *Fabiano*, Diritto pubblico comparato ed europeo 2006, 1219 ff.; *Ohler*, EuZW 2006, 372 ff.; *Hansmann*, DVBl. 2006, 838 f.

685 Siehe insbesondere *Ohler*, EuZW 2006, 372 ff.

686 Vgl. insbesondere EuGH, Rs. 217/04, Rn. 59; siehe auch *Hansmann*, DVBl. 2006, 838 f. (839); *Wittinger*, EuR 2008, 609 ff. (613).

687 *Ohler*, EuZW 2006, 372 ff. (374).

688 Siehe oben, unter Teil 2/C./IV./2./d).

auch für die Gründung anderer Agenturen herangezogen werden. Gleichwohl wird die Rechtmäßigkeit solcher Gründungsrechtsakte der Einzelfallentscheidung vorbehalten bleiben. Wünschenswert wäre in diesem Kontext, dass der EuGH in Folgeentscheidungen die recht offenen ENSIA-Kriterien weiter einschränkt[689], da diese den Anwendungsbereich der Vorschrift sonst ausufern lassen. Es ist Aufgabe des Gerichtshofs, die vertikale Kompetenzverteilung zwischen Mitgliedstaaten und Union anhand der gewählten Rechtsgrundlage zu überprüfen[690]. Eine nur unzureichende Wahrnehmung der vertikalen Kompetenzkontrolle könnte die innerstaatliche Bindungswirkung unionaler Rechtsakte in Frage stellen und verfassungsrechtliche Prüfungsvorbehalte (*Ultra vires*-Kontrolle[691]) auslösen.

bb) Konsequenzen für die Errichtung der EBA

Der Gründungsakt der EBA nimmt ausdrücklich Bezug auf die Rechtsprechung im ENISA-Fall[692]. Ein Vergleich zwischen EBA und ENISA zeigt jedoch, dass diese beiden Agenturen in Bezug auf ihre Befugnisse recht unterschiedlich ausgerichtet sind. Während ENISA nur mittelbar oder potentiell einen Beitrag zur Rechtsangleichung leistet, ist die EBA aktiv in spezifischen Verfahren, insbesondere in Bezug auf technische Regulierungs- und Durchführungsstandards[693], beteiligt. Darüber hinaus sind der EBA Befugnisse zur Entscheidung im Einzelfall[694] eingeräumt, die bei ENISA gänzlich fehlen. Da die EBA im Vergleich zur ENISA mit der Ausarbeitung von normenkonkretisierenden Standards ein „Mehr" zur Rechtsangleichung leistet, wird der vom EuGH geforderte Beitrag zum Harmonisierungsprozess erst recht erfüllt sein. Problematisch sind an dieser Stelle eher die der EBA eingeräumten Vollzugsbefugnisse. Da die Rechtsprechung des EuGH zur Errichtung der ENISA keine Aussage zu direkten Verwaltungskompetenzen enthält, ist fraglich, ob solche Befugnisse

---

689 Der EuGH scheint allerdings in seiner jüngeren Rechtsprechung in die andere Richtung zu tendieren und den direkten Anwendungsbereich von Art. 114 AEU eher zu erweitern als zu beschränken, siehe unten, unter Teil 3/B./I./3./a)/bb)/(3).

690 Näher dazu *von Danwitz*, AöR 131 (2006), 510 ff, (561 ff.).

691 BVerfG, NJW 2009, 2267 ff. (Rn. 240 f.) – Lissabon-Entscheidung; siehe dazu auch *Streinz/Ohler/Herrmann*, Der Vertrag von Lissabon zur Reform der EU, § 2/V./3./c.; *Sauer*, ZRP 2009, 195 ff.; siehe zum sog. ausbrechenden Verwaltungsakt auch BVerfGE 89, 155 (188) – Maastricht-Entscheidung.

692 Erwägungsgrund 17 EBA-VO.

693 Art. 10-15 EBA-VO; siehe auch oben, unter Teil 2/C./III./1.

694 Art. 17-19 EBA-VO; siehe auch oben, unter Teil 2/C./III./2.

noch als Maßnahmen zur Rechtsangleichung der Rechts- und Verwaltungsvorschriften der Mitgliedstaaten i.S.v. Art. 114 Abs. 1 Satz 2 AEU angesehen werden können.

Entscheidungen im Einzelfall werden auf Rechts- und Verwaltungsvorschriften gestützt, tragen aber nicht zu ihrer Angleichung bei. Sie sind nur ein Resultat des geltenden Rechts. Mangels abstrakt-generellen Charakters können Einzelfallentscheidungen nicht unmittelbar der Rechtsangleichung dienen. Daher wird der direkte Anwendungsbereich des Art. 114 AEU für solche Befugnisse nicht eröffnet sein. Sie könnten aber für den Fall, dass rechtsharmonisierende Maßnahmen ignoriert und nicht angewendet werden, der Absicherung der rechtsangleichenden Tätigkeit dienen. In Betracht käme deshalb eine extensive Auslegung der Vorschrift, wodurch sich eine entsprechende Ermächtigung i.V.m. ungeschriebenen Kompetenzen herleiten lassen könnte.

(1) Anerkennung ungeschriebener Kompetenzen

Die Anwendbarkeit von nicht ausdrücklich im Vertrag festgelegten Ermächtigungen ist mittlerweile im Unionsrecht allgemein anerkannt[695]. Den Hauptfall bilden die impliziten Ermächtigungen in Anlehnung an die im Völkerrecht anerkannte Lehre der *implied powers*[696]. Daneben werden häufig noch die Kompetenzen kraft Natur der Sache genannt, sog. *resulting powers*[697].

Der EuGH hat erstmalig in der sog. Fédéchar-Entscheidung[698] aus dem Jahre 1956 die Existenz von ungeschriebenen Kompetenzen unterstellt. Er nahm dabei nicht ausdrücklich Bezug auf die *implied powers*-Doktrin. Aus seinen Ausführungen lässt sich aber eine inhaltliche Übereinstimmung mit der vorgenannten Lehre ableiten[699]. Hinsichtlich der im EGKS-Vertrag nicht ausdrücklich

695 *Winkler* in: Grabitz/Hilf/Nettesheim, Das Recht der EU, Art. 352 AEUV, Rn. 78 ff.; *Rossi* in: Calliess/Ruffert, EUV/AEUV, Art. 352 AEUV, Rn. 62; *Nicolaysen*, EuR 1966, 129 ff. (130 ff.); *Schreiber*, Verwaltungskompetenzen der Europäischen Gemeinschaft, S. 137 ff.; *Oppermann/Classen/Nettesheim*, Europarecht, § 11 Rn. 11 f.; *Herdegen*, Europarecht, S. 189 f.; *Kahl*, NVwZ 1996, 865 ff. (867 f.).

696 IGH, Reparation for injuries suffered in the service of the United Nations, 11.04.1949, ICJ Reports 1949, S. 175 ff. (178 ff. und 185); grundlegend dazu *Sloot*, Die Lehre von den implied powers im Recht der Europäischen Gemeinschaften.

697 *Nicolaysen*, EuR 1966, 129 ff. (131); *Schreiber*, Verwaltungskompetenzen der Europäischen Gemeinschaft, S. 140; *Kahl*, NVwZ 1996, 865 ff. (868).

698 EuGH, Rs. 8/55, Slg. 1955, 302 – *Fédération Charbonnière de Belgique/Hohe Behörde* (Fédéchar).

699 So auch *Schreiber*, Verwaltungskompetenzen der Europäischen Gemeinschaft, S. 140 f.

vorgesehenen Befugnis der Hohen Behörde zur Bestimmung von Kohlepreisen hielt der Gerichtshof

> „die Anwendung einer sowohl im Völkerrecht als auch im innerstaatlichen Recht allgemein anerkannten Auslegungsregel für zulässig, wonach die Vorschriften eines völkerrechtlichen Vertrages oder eines Gesetzes zugleich diejenigen Vorschriften beinhalten, bei deren Fehlen sie sinnlos wären oder nicht in vernünftiger und zweckmäßiger Weise zur Anwendung gelangen können.“[700]

Im Einklang mit dem Fédéchar-Urteil hat der EuGH auch in nachfolgenden Entscheidungen[701] auf ungeschriebene Kompetenzen zurückgegriffen, wobei indes eine ausdrückliche Bezugnahme weiterhin unterlassen wurde. Damit hat sich die Anwendung stillschweigender Ermächtigungen im Unionsrecht weiter verfestigt.

In jüngerer Zeit hat der Gerichtshof nicht explizit im Vertrag festgelegte Kompetenzen für strafrechtliche Sanktionen im Bereich des Umweltschutzes[702] angenommen. Danach könne der Unionsgesetzgeber im Rahmen des Angleichungsprozesses auch strafrechtliche Maßnahmen ergreifen, wenn dies erforderlich ist, um die Wirksamkeit der jeweils in diesem Zusammenhang erlassenen Harmonisierungsnormen abzusichern[703]. Mit dieser Feststellung sollte natürlich nicht das Strafrechtsmonopol der Mitgliedstaaten in Frage gestellt werden[704], gleichwohl wird das mitgliedstaatliche materielle Strafrecht durch die auf EU-Ebene ausgesprochene Verpflichtung zur Umsetzung eines Mindeststraftatbestandes/-strafrahmens tangiert. In der Entscheidung zur Meeresverschmutzung von Schiffen hat der Gerichtshof einem Ausufern der strafrechtlichen Unionskompetenz entgegengewirkt, indem er die Befugnis zur Bestimmung von „Art und Maß“ der strafrechtlichen Sanktionen eindeutig bei den Mitgliedstaaten angesiedelt hat[705].

---

700 EuGH, Rs. 8/55, 302 (312).

701 EuGH, Rs. 20/59, Slg. 1960, 687 (708) – *Italien/Hohe Behörde*; EuGH, Rs. 45/86, Slg. 1987, 1517, Rn. 20 – *Kommission/Rat*; EuGH, Rs. C-295/90, Slg. 1992, I-4230, Rn. 18 – *Kommission/Rat*; siehe auch EuGH, Gutachten 2/94, Slg. 1996, I-1783, Rn. 25 – Beitritt zur EMRK, wonach Befugnisse der Union nicht nur ausdrücklich sondern auch implizit aus den Bestimmungen des Vertrages abgeleitet werden können.

702 EuGH, Rs. C-176/03, Slg. 2005, I-7907 – *Kommission/Rat* (Umweltstrafrecht); EuGH, Rs. C-440/05, Slg. 2007, I-9128 – *Kommission/Rat* (Meeresverschmutzung); siehe auch *Suhr*, ZEuS 2008, 45 ff. (57 ff.).

703 EuGH, Rs. C-176/03, Rn. 48.

704 Vgl. EuGH, Rs. C-176/03, Rn. 47.

705 EuGH, Rs. C-440/05, Rn. 70.

Das BVerfG hat die vom EuGH unterstellte ungeschriebene Strafrechtskompetenz in seiner Lissabon-Entscheidung als Annexzuständigkeit[706] bezeichnet. Mittlerweile ist die ungeschriebene Zuständigkeit mit Inkrafttreten des Lissaboner Vertrages in der Vorschrift des Art. 83 Abs. 2 AEU als sog. strafrechtliche Annexkompetenz[707] aufgegangen, welche in Karlsruhe einer kritischen verfassungsrechtlichen Prüfung unterzogen wurde. Nach Ansicht der Verfassungsrichter könne Art. 83 Abs. 2 AEU nur aufgrund einer restriktiv zu handhabenden Anwendung des Tatbestandes einer verfassungskonformen Auslegung Stand halten[708].

Auch im Zusammenhang mit der Rechtsangleichungsnorm des Art. 114 AEU wird das Konstrukt der Annexkompetenz[709] diskutiert, um nicht direkte mit der Rechtsangleichung verbundene Maßnahmen zu erfassen. Die genaue Abgrenzung der Annexkompetenz zu anderen ungeschriebenen Ermächtigungen gestaltet sich schwierig. Man könnte sie als konkretisierte Form der *implied powers* verstehen, weil dieser Begriff häufig im Rahmen der impliziten Kompetenzen verwendet wird[710]. Eine strenge Einordnung erscheint allerdings auch nicht zwingend erforderlich, da sowohl die Lehre von den *implied powers* als auch die Existenz von Annexzuständigkeiten im Unionsrecht anerkannt sind.

(2) Annexkompetenz

Die Bemühung einer Annexkompetenz ist insbesondere für den Errichtungsakt einer Europäischen Einrichtung von besonderer Bedeutung, da dieser nicht unmittelbar zur Rechtsangleichung nationaler Vorschriften beiträgt. Das Erfordernis und der Umfang einer Art. 114 AEU innewohnenden Zusatzkompetenz zur Errichtung und Ausstattung von Europäischen Agenturen werden jedoch unterschiedlich beurteilt.

---

706 BVerfG, NJW 2009, 2267 ff. (Rn. 352 und 361 f.).

707 Näher dazu *Suhr* in: Calliess/Ruffert, EUV/AEUV, Art. 83 AEUV, Rn. 23 ff.; siehe auch *Nelles/Tinkl/Lauchstädt* in: Schulze/Zuleeg/Kadelbach, Europarecht, § 42, Rn. 17.

708 BVerfG, NJW 2009, 2267 ff. (Rn. 362).

709 *Herdegen*, Bankenaufsicht im Europäischen Verbund, S. 63; *Ohler*, EuZW 2006, 372 ff. (374); *Kment*, JuS 2011, 211 ff. (213).

710 Vgl. *Oppermann/Classen/Nettesheim*, Europarecht, § 11 Rn. 11 f.; *Hansmann*, DVBl. 2006, 838 f. (839); *Schreiber*, Verwaltungskompetenzen der Europäischen Gemeinschaft, S. 145; *Hilz*, Subsidiaritätsprinzip und EU-Gemeinschaftsordnung, S. 122.

(a) Rückgriff auf Art. 115 AEU

Nach einer Stimme in der Literatur seien für die Errichtung der EBA mangels ausreichenden Beitrages zur Verwirklichung des Binnenmarktes die Tatbestandsvoraussetzungen des Art. 114 AEU nicht erfüllt. Daher wäre vielmehr die Rechtsangleichungsvorschrift nach Art. 115 AEU als Rechtsgrundlage einschlägig[711].

Auch wenn die Voraussetzungen des Art. 114 AEU nicht erfüllt sein sollten und Art. 115 AEU sachlich zur Anwendung käme[712], wäre diese Vorschrift keine taugliche Rechtsgrundlage für die Gründung einer Europäischen Agentur, da sie nur die Handlungsform der Richtlinie erlaubt und die mitgliedstaatliche Verpflichtung zur Errichtung einer unionseigenen Institution wenig praktikabel ist.

(b) Durchführungsrechtsakt gem. Art. 291 AEU

Mit Inkrafttreten des Vertrages von Lissabon sei nach einer im Schrifttum vertretenen Meinung ein Rückgriff auf Art. 114 AEU zur Gründung von Unionsagenturen nicht mehr erforderlich, da Art. 291 AEU diesbezüglich eine ausdrückliche Ermächtigung enthalte[713].

Danach wäre weiter zu prüfen, unter welchen Voraussetzungen die Gründungsverordnung einer Europäischen Agentur die Form eines Durchführungsrechtsaktes i.S.v. Art. 291 Abs. 2 und Abs. 4 AEU annehmen kann und, ob dies für den Fall der EBA zweckmäßig wäre.

(c) Ausschluss von Einzelfallbefugnissen gegenüber Privaten

Nach anderer Ansicht[714] wird eine Annexregelung i.V.m. Art. 114 AEU in nur sehr eng begrenzten Fällen befürwortet. Diese sei jedenfalls dann nicht zulässig, wenn eine Unionsagentur hoheitlich gegenüber dem Bürger tätig wird[715].

---

711 *Vaubel*, Die Europäische Bankenaufsichtsbehörde: ein Eigentor?, S. 2.

712 Zum Binnenmarkbezug im Rahmen des Art. 114 AEU siehe unten, unter Teil 3/B./I./3./b).

713 *Oppermann/Classen/Nettesheim*, Europarecht, § 32 Rn. 13.

714 *Vetter*, DöV 2005, 721 ff. (728 f.); siehe in Bezug auf die Errichtung der ECHA *Reusch/Burkhart*, StoffR 2009, 224 ff. (226 ff.); siehe allgemein zur Übertragung von Vollzugsbefugnissen auf Basis ungeschriebener Kompetenzen *Priebe*, Entscheidungsbefugnisse vertragsfremder Einrichtungen im Europäischen Gemeinschaftsrecht, S. 165 f.

715 *Vetter*, DöV 2005, 721 ff. (729); nach *Reusch/Burkhart*, StoffR 2009, 224 ff. (228) können jedenfalls die Befugnisse der ECHA nicht mehr auf eine Annexregelung des Art. 114 AEU gestützt werden; nach *Priebe*, Entscheidungsbefugnisse

Da die EBA im Einzelfall auch Beschlüsse direkt an Finanzinstitute mit unmittelbarer Wirkung richten kann, wäre der Umfang einer Annexkompetenz hiernach erschöpft, weshalb Art. 114 AEU nicht als Rechtsgrundlage in Betracht käme. Im Einklang mit dem Standpunkt des Vereinigten Königreichs[716] zur Etablierung des ESFS wäre in Bezug auf die EBA eine Ermächtigung über Art. 352 AEU zu erörtern. Erst wenn ein Rückgriff auf die Flexibilitätsklausel eindeutig ausgeschlossen werden kann, vermag die Forderung einer Vertragsänderung[717] i.S.d. Art. 48 EU zu überzeugen.

(d) Verknüpfung mit Harmonisierungszielen

Eine weitere Meinung[718] rechtfertigt die Begründung von Vollzugsbefugnissen der Union über eine selbständige Verwaltungseinrichtung im Rahmen des Art. 114 AEU mit Hilfe einer Annexkompetenz. Jedoch ist im Gegensatz zu der vorgenannten Ansicht die Übertragung von Entscheidungsbefugnissen mit Rechtswirkung gegenüber privaten Akteuren nicht von vorneherein ausgeschlossen. Sie können von Rechtsangleichungsermächtigungen mitgetragen werden, wenn sie als Maßnahme zur Realisierung des Harmonisierungsvorhabens erforderlich erscheinen[719].

---

vertragsfremder Einrichtungen im Europäischen Gemeinschaftsrecht, S. 166, fehle es in den meisten Fällen an der Notwendigkeit der übertragenen Vollzugsbefugnisse.

716 *House of Commons*, Treasury Committee, The Committee's Opinion on proposals for European financial supervision, Sixteenth Report of Session 2008-09, vom 11.11.2009, Rn. 29 ff.; siehe auch oben unter Teil 2/B./I./1./a).

717 So *Lee/McCahery/Hertig*, ECFR 2010, 171 ff. (192); siehe auch oben, unter Teil 2/B./I./1./b).

718 *Herdegen*, Bankenaufsicht im Europäischen Verbund, S. 63; vgl. auch *Herdegen*, Europarecht, S. 148; der Begründung einer Annexkompetenz des Art. 114 AEU in Bezug auf die Errichtung der EBA zustimmend *Michel*, DöV 2011, 728 ff. (729 f.); siehe ferner *Schreiber*, Verwaltungskompetenzen der Europäischen Gemeinschaft, S. 145, die zur einheitlichen Anwendung des Unionsrechts erforderliche Vollzugbefugnisse im Rahmen einer Annexregelung des Art. 100a EGV grundsätzlich als zulässig erachtet, die Beurteilung aber einer Einzelfallprüfung vorbehält; *Klepper*, Vollzugskompetenzen der Europäischen Gemeinschaft aus abgeleitetem Recht, S. 63 ff., knüpft ferner die Begründung von Vollzugskompetenzen im Rahmen der Rechtsangleichung (Art. 95 EG) an vier Voraussetzungen (S. 73); GA *Jääskinen*, Schlussanträge, Rs. C-270/12, Slg. (noch nicht veröffentlicht), Rn. 27 ff. – *Vereinigtes Königreich/Parlament u. Rat*, spricht nicht von einer Annexkompetenz, sieht aber in Art. 114 AEU eine taugliche Rechtsgrundlage für die Errichtung der ESMA.

719 *Herdegen*, Bankenaufsicht im Europäischen Verbund, S. 63; vgl. *Herdegen*, Europarecht, S. 148.

Demzufolge wäre eine Übertragung von Vollzugsbefugnissen auf die EBA mittels der Rechtsangleichungskompetenz gem. Art. 114 AEU zumindest grundsätzlich möglich. Wie die Befugnisse der Europäischen Bankenaufsichtsbehörde im Einzelnen ausgestaltet sein müssen und welchen Beschränkungen sie unterliegen, wäre dann in einem weiteren Schritt zu erörtern.

(e) Stellungnahme

Fraglich ist, ob die Gründungsverordnung der EBA als Durchführungsrechtsakt darstellbar wäre. Die Vorschrift des Art. 291 AEU enthält zunächst den Grundsatz, dass der Vollzug des Unionsrechts den Mitgliedstaaten obliegt, vgl. Art. 291 Abs. 1 AEU. Als Ausnahme dazu können gem. Art. 291 Abs. 2 AEU Durchführungsbefugnisse[720] auf die Kommission oder ggf. den Rat übertragen werden. Der Begriff der Durchführung ist nach der Rechtsprechung des EuGH weit auszulegen[721]. Allerdings muss die Befugnis zum Erlass von Durchführungsregeln bereits in dem sog. Basisrechtsakt enthalten sein. Den Umfang der Durchführungsermächtigung hat der Gerichtshof dahingehend konkretisiert, dass im Basisrechtsakt zumindest die wesentlichen Elemente der zu regelnden Materie festgelegt werden müssen[722]. Hinsichtlich der Errichtung einer selbständigen Verwaltungseinrichtung gäbe es demnach gute Gründe, die grundlegenden einrichtungstypischen Bestimmungen zur Rechtsform, Organisation, Aufgaben und Befugnissen bereits in dem Basisrechtsakt (und nicht in dem Durchführungsrechtsakt) festzulegen, was bei mehreren zur Verfügung stehenden Basisrechtsakten im Bankenaufsichtsrecht zu einem erheblichem Aufwand und Wiederholungen führen würde. Zudem steht der im Rahmen von Art. 291 Abs. 2 AEU erlassene Durchführungsrechtsakt in einer gewissen Akzessorietät zu seinem Basisrechtsakt. Wird Letzterer auf Grundlage der Rechtsangleichungskompetenz erlassen, so ist auch von den Durchführungsbestimmungen zu verlangen, dass diese zur Harmonisierung im Sinne des Art. 114 AEU führen[723]. Dies ist gerade mit Hinblick auf die Vollzugsbefugnisse der EBA problematisch, so dass innerhalb des Art. 291 Abs. 2 AEU ebenfalls die

720 Zu den Grenzen der Durchführungsrechtssetzung siehe *Bueren*, EuZW 2012, 167 ff.

721 EuGH, Rs. 23/75, Slg. 1975, 1280, Rn. 10/14 – *Rey Soda/Cass Conguaglio Zucchero*; EuGH, Rs. C-37/02 und C-38/02, Slg. 2004, I-6945, Rn. 55 – *Di Lenardo Adriano und Dilexport/ Ministero del Commercio con l'Estero.*

722 EuGH, Rs. 25/70, Slg. 1970, 1162, Rn. 6 – *Einfuhr- und Vorratsstelle für Getreide und Futtermittel/Köster*; EuGH, Rs. C-417/93, Slg. 1995, I-1210, Rn. 30 – *Parlament/Rat*; EuGH, Rs. C-66/04, Rn. 48.

723 EuGH, Rs. C-66/04, Rn. 49.

Erweiterung des Anwendungsbereiches in Form einer Annexregelung geprüft werden müsste. Zudem würde eine EBA-Durchführungsverordnung gegenüber Art. 114 AEU die demokratische Eigenlegitimation des Unionsgesetzgebers schmälern, da an dem Erlass der Durchführungsrechtsakte entweder die Kommission oder der Rat, nicht aber das Europäische Parlament[724], beteiligt sind.

Damit ist festzuhalten, dass die Vorschrift des Art. 291 AEU keine eigenständige Kompetenz zum Erlass des Basisrechtsaktes enthält. Die Gründung einer Agentur müsste als „wesentliches Element" bereits in diesem aufgeführt werden. Die Zulässigkeit dieser Vorgehensweise wäre wiederum abhängig von der Rechtsgrundlage des Basisrechtsaktes. Nur wenn diese bejaht werden kann, ermöglicht Art. 291 Abs. 2 AEU den Erlass von Durchführungsrechtsakten. Diese akzessorische Ermächtigung ist damit, isoliert betrachtet, nicht ausreichend, um die Errichtungskompetenz einer Unionsagentur wie der EBA zu begründen.

Aus diesen Gründen ist die Annahme einer der Vorschrift des Art. 114 AEU innewohnenden Annexkompetenz die einzig denkbare Lösung, außerhalb von Art. 352 AEU die Errichtung der EBA zu rechtfertigen. Dabei ist der zulässige Umfang dieses Annexes noch näher zu bestimmen. Diesbezüglich ist nicht ersichtlich, warum Vollzugsbefugnisse, die auch gegenüber Privaten wirken, aus dem Bereich des Annexes bereits *a priori* ausgeklammert werden sollten, solange dadurch nicht die Rechtsschutzposition der Adressaten verkürzt wird. Zwar führt die Gegenmeinung an, dass die Verleihung solcher Befugnisse einen so bedeutenden Stellenwert einnähme, welcher in Relation zum restlichen Verordnungsinhalt nicht mehr als bloße Annexregelung angesehen werden könne[725], dies vermag jedoch zumindest in Bezug auf die EBA nicht zu überzeugen. Neben den ihr verliehenen Vollzugsbefugnissen (Art. 17-19 EBA-VO) ist die Behörde auch am umfangreichen Normsetzungsverfahren (Art. 10 ff. EBA-VO) beteiligt. Bereits die überblicksartige Darstellung der Basel-Kriterien[726] hat veranschaulicht, dass es sich bei den Anforderungen an die Eigenkapitalunterlegung und die zu erhaltende Liquiditätsquote um komplexe Produkte von diversen mathematisch erfassten Risikopositionen handelt. Der rechtsangleichende Beitrag der EBA ist ebenfalls technischer Natur. Dies äußert sich an der Befugnis zur Ausarbeitung von technischen Regulierungs- und Durchführungsstandards (Art. 10 und 15 EBA-VO). Im Sinne der Fédéchar-Rechtsprechung wäre es

724 Eine Einflussnahme des Europäischen Parlaments ist nur über Art. 291 Abs. 3 AEU möglich; zur Mitwirkung des Europäischen Parlaments im Rahmen der Art. 290 f. AEU siehe *Möllers/von Achenbach*, EuR 2011, 39 ff.

725 *Vetter*, DöV 2005, 721 ff. (729).

726 Siehe oben, unter Teil 1/B.

unzweckmäßig, wenn die fachnächste Instanz, die selbst auf die Konkretisierung des materiellen Bankenaufsichtsrechts einwirkt, nicht bei unterschiedlich interpretierten oder unterlassenen Anwendungsvorgaben ein verbindliches Machtwort sprechen dürfte. Aufgrund der komplexen Regelungsmaterie ist es nicht ausgeschlossen, dass mehrere mathematische Lösungsansätze zur Berechnung und Festlegung von einzelnen Risikopositionen bestehen. Um einer Wettbewerbsverzerrung entgegenzuwirken, ist es daher erforderlich die normkonkretisierenden Aufgaben der EBA durch Vollzugsbefugnisse abzusichern. Voraussetzung dafür ist aber, dass die Aufsicht, so wie es für das ESFS vorgesehen ist[727], grundsätzlich bei den nationalen Aufsichtsbehörden verbleibt und Einzelfallentscheidungen der EBA nur als *ultima ratio* zur Geltung kommen. Ansonsten wäre einem Ausufern unionseigener Verwaltungskompetenzen in Anlehnung an die Kritik zur ENISA-Rechtsprechung Tür und Tor geöffnet. Damit würde auch die mitgliedstaatliche Bindungswirkung gegenüber solchen Befugnissen in Frage gestellt, die nur durch eine maßvolle Anwendung inhärenter Kompetenzen der Union erhalten werden kann[728].

Ein grundsätzlicher Ausschluss hoheitlicher Befugnisse ist damit nicht zu befürworten. Überzeugender ist es zur Verwirklichung der normenkonkretisierenden Aufgaben der EBA auch die Übertragung von Vollzugsbefugnissen zuzulassen.

Damit wird aber nur die Frage beantwortet, „ob" grundsätzlich über die Rechtsangleichungskompetenz des Art. 114 AEU Vollzugsbefugnisse mit Rechtswirkung gegenüber Privaten auf die EBA übertragen werden dürfen. Welche Grenzen und Beschränkungen diesen Aufgaben und Befugnissen im Einzelnen, insbesondere aufgrund des unionsinternen Zuständigkeitsgefüges[729], auferlegt werden müssen, ist Gegenstand einer weiteren Untersuchung, die das „Wie" der Befugnisübertragung betrifft.

(3) Tendenz des EuGH

In seiner kürzlich ergangen Entscheidung zu Art. 28 Verordnung (EU) Nr. 236/2012 und der damit verbundenen Übertragung von Einzelfallbefugnissen auf ESMA hat der EuGH, entgegen der Ansicht des Generalanwaltes *Jääskinen*[730],

---

727 Siehe dazu oben, unter Teil 2/E.

728 Vgl. dazu insbesondere die Kritik des BVerfG in seiner Masstricht-Entscheidung zur Begründung von ungeschriebenen Kompetenzen (*implied powers*) im Unionsrecht, BVerfGE 89, 155 (210).

729 Näher dazu unten, unter Teil 3/C./III./2./b).

730 GA *Jääskinen*, Schlussanträge, Rs. C-270/12, Slg. (noch nicht veröffentlicht), Rn. 35 ff.

Art. 114 AEU als zulässige Rechtsgrundlage erachtet[731]. Das Unionsgericht hat diesbezüglich nicht zwischen geschriebenen und ungeschriebenen Ermächtigungen differenziert, weshalb davon auszugehen ist, dass es der Rechtsangleichungsvorschrift einen direkten Anwendungsbereich zugrunde gelegt hat. Die Übertragung von Einzelfallbefugnissen mit Rechtswirkung gegenüber einzelnen natürlichen oder juristischen Personen, wie im Fall von Art. 28 Verordnung (EU) Nr. 236/2012 die Ermächtigung der ESMA ein Verbot für Leerverkäufe auch gegenüber privaten Akteuren des Finanzsektors auszusprechen, wurde mit der Rechtsprechung zur Produktsicherheitsrichtlinie[732] gerechtfertigt, nach welcher die Rechtsangleichungsbefugnis des Unionsgesetzgebers i.S.v. Art. 114 AEU auch die Befugnis umfasst, Maßnahmen für ein bestimmtes Produkt und gegebenenfalls auch Einzelmaßnahmen hinsichtlich dieses Produktes zu erlassen[733]. In diesem Zusammenhang hat der Gerichtshof nochmals den weiten Ermessenspielraum des Unionsgesetzgebers hinsichtlich der zu wählenden Maßnahmen im Rahmen des Art. 114 AEU betont[734]. Problematisch ist daran allerdings, dass, ähnlich wie bei der Ratingagenturaufsicht durch ESMA[735], die Zuständigkeit der nationalen Aufsichtsbehörden durch die Zuständigkeit einer Europäischen Aufsichtsbehörde ersetzt wird. Aufgrund dieser Tatsache wurde der direkte Anwendungsbereich des Art. 114 AEU vom Generalanwalt zu Recht verneint[736]. Zudem kann auch ein sehr großzügiger Ermessenspielraum nicht über das Erfordernis eines Bezuges zur Rechtsangleichung hinweghelfen. Hinsichtlich der Analogie zur Rechtsprechung in Verbindung mit der Produktsicherheit ist dem Generalanwalt ebenfalls dahingehend beizupflichten, dass sich Art. 28 Verordnung (EU) Nr. 236/2012 nicht an ein bestimmtes Finanzprodukt richtet, da Leerverkäufe grundsätzlich nicht auf ein bestimmtes Finanzinstrument beschränkt sind. Der Leerverkaufshandel kann vielmehr von einer Europäischen Behörde beschränkt und damit in die Wettbewerbsbedingungen eines Finanzmarktes eingegriffen

---

731 EuGH, Rs. C-270/12, vom 22. Januar 2014, Slg. (noch nicht veröffentlicht), Rn. 97 ff. – *Vereinigtes Königreich/Parlament u. Rat.*

732 Richtlinie 92/59/EWG des Rates vom 29. Juni 1992 über die allgemeine Produktsicherheit, ABl. L 228 vom 11.08.1992, S. 24.

733 EuGH, Rs. C-270/12, Rn. 106 mit Bezugnahme auf EuGH, Rs. C-359/92, Slg. 1994, I-3681, Rn. 37.

734 EuGH, Rs. C-270/12, Rn. 102 f.

735 Siehe oben, unter Teil 2/C./IV./2./d).

736 Vgl. GA *Jääskinen*, Schlussanträge, Rs. C-270/12, Rn. 52. f.; zustimmend *Orator*, EuZW 2013, 852 ff. (853).

werden, für den eine nationale Behörde zuständig ist[737]. Da sich ein konkreter Bezug zur Rechtsangleichung i.S.d. Art. 114 AUE aus Art. 28 Verordnung (EU) Nr. 236/2012 nicht entnehmen lässt, werden die Anforderungen an einen Beitrag zur Rechtsangleichung auf einem derart niedrigen Niveau angesiedelt, dass die effektive gerichtliche Kontrolle i.S.d. Art. 19 EU hinsichtlich der vom Unionsgesetzgeber gewählten Rechtsgrundlage durchaus in Frage gestellt werden könnte[738].

Im Verhältnis zur EBA ist bei dieser Rechtsprechung ferner zu beachten, dass sich der EuGH nicht mit der Rechtmäßigkeit der Gründungsverordnung von ESMA selbst beschäftigt, sondern sich lediglich mit der Zulässigkeit einer zusätzlichen durch separate Verordnung auf ESMA übertragen Befugnis auseinandergesetzt hat[739]. Inwiefern diese neue Rechtsprechung auf Gründungsverordnungen von Unionsagenturen übertragbar ist, lässt sich noch nicht eindeutig festlegen, es zeigt aber die klare und gewagte Tendenz des EuGH, den direkten Anwendungsbereich des Art. 114 AEU, unter Berufung auf einen großzügigen Ermessensspielraum zugunsten des Unionsgesetzgebers, weit über den Rahmen der im Fall von ENISA legitimierten Befugnisse ansiedeln zu wollen.

(4) Ergebnis

Entsprechend der vorangestellten Argumentation bleibt festzuhalten, dass die Gründung der EBA als Maßnahme zur Rechtsangleichung der Rechts- und Verwaltungsvorschriften der Mitgliedstaaten i.S.v. Art. 114 Abs. 1 Satz 2 AEU verstanden werden kann. Soweit dabei Vollzugsbefugnisse auf die Einrichtung übertragen werden, lässt sich dies über eine Annexzuständigkeit der Union im Rahmen der ihr zur Rechtsangleichung übertragenen Ermächtigungen rechtfertigen.

Die Mitwirkung der EBA im Normsetzungsverfahren überschreitet bei weitem den vom EuGH als ausreichend bewerteten potentiellen Beitrag der ENISA zur Rechtsharmonisierung. Die Ermächtigung zur Ausarbeitung technischer Standards könnte man daher mit Bezugnahme auf den Standpunkt der Generalanwältin im ENISA-Fall auch als Zwischenschritt eines mehrstufigen Angleichungsprozesses ansehen.

---

737 GA *Jääskinen*, Schlussanträge, Rs. C-270/12, Rn. 45.

738 Siehe dazu in Bezug auf die ENISA-Rechtsprechung schon oben, unter Teil 3/B./I./3./a)/aa)/(4); dahingehend auch der Hinweis von GA *Jääskinen*, Schlussanträge, Rs. C-270/12, Rn. 46.

739 Siehe dazu auch den expliziten Hinweis in EuGH, Rs. C-270/12, Rn. 26.

b) Binnenmarktbezug

Voraussetzung von auf Art. 114 AEU gestützten Rechtsakten ist weiter, dass sie die Errichtung und das Funktionieren des Binnenmarktes zum Gegenstand haben. Diese Zweckrichtung muss objektiv und tatsächlich aus dem Rechtsakt hervorgehen[740].

Der Begriff des Binnenmarktes ist in Art. 26 Abs. 2 AEU legal definiert. Er gewährleistet die uneingeschränkte Ausübung der Verkehrsfreiheiten. Ausreichend ist, wenn die auf Art. 114 AEU gestützte Maßnahme dazu einen mittelbaren Bezug aufweist[741], der sich aufgrund der gegenüber Art. 115 AEU[742] strengeren Fassung aber zumindest in substantieller und konkreter Weise auf die Errichtung und das Funktionieren des Binnenmarktes auswirken muss[743]. Nach der überwiegenden Meinung[744] fällt darunter auch die Vermeidung oder Beseitigung von Wettbewerbsverfälschungen.

Die mathematisch geprägten Solvabilitätskriterien dürften durch die Konkretisierung mittels einheitlicher technischer Standards die Gefahr von nicht beabsichtigten alternativen Interpretationsmöglichkeiten beseitigen und damit einen homogenen Ansatz zur Berechnung der Eigenkapitalanforderungen fördern. Dies trägt zu einheitlichen Wettbewerbsbedingungen bei, da die Höhe der Eigenkapitalbindung den Spielraum für Investitionen oder die Darlehensvergabe

---

740 EuGH, Rs. C-66/04, Rn. 44; EuGH, Rs. C-217/04, Rn. 42.

741 Vgl. GA *Jakobs*, Schlussanträge, Rs. C-350/92, Slg. 1995, I-1988, Rn. 45 – *Spanien/Rat.*

742 Die Vorgängervorschriften Art. 95 und 94 EG knüpften noch an unterschiedliche Begriffe („Binnenmarkt“ und „Gemeinsamer Markt“) an, wobei das Verhältnis der beiden Begriffe umstritten war, einen Überblick über den Streitstand liefert m.w.N. *Kahl* in: Calliess/Ruffert, EUV/AEUV, Art. 26 AEUV, Rn. 8 ff.; mit Inkrafttreten des Vertrages von Lissabon erfolgt nun eine einheitliche Bezugnahme auf den Begriff des Binnenmarkts, welche sich nur in ihrer Intensität unterscheidet (Art. 114 AEU „zum Gegenstand haben“ und Art. 115 AEU „auswirken“).

743 *Kahl* in: Calliess/Ruffert, EUV/AEUV, Art. 114 AEUV, Rn. 20; vgl. auch *Frenz/Ehlenz*, EuZW 2011, 623 ff. (625).

744 EuGH, Rs. C-300/89, Slg. 1991, I-2895, Rn. 15 und 23 – *Kommission/Rat*; *Pipkorn/Bardenhewer-Rating/Taschner* in: v. d. Groeben/Schwarze, EUV/EGV, Art. 95 EG, Rn. 17 ff.; *Grabitz* in: FS-Steindorff, 1990, S. 1229 ff. (1240 ff.); *Kersten*, VVDStRL 69 (2010), 288 ff. (294 f.); *Schröder* in: Streinz, EUV/AEUV, Art. 26 AEUV, Rn. 24; *Kahl* in: Calliess/Ruffert, EUV/AEUV, Art. 26 AEUV, Rn. 27; a.A. früher noch *Everling* in: FS-Steindorff, 1990, S. 1155 ff. (1170 f.), dieser Ansicht steht aber das Protokoll (Nr. 27) über den Binnenmarkt und den Wettbewerb (ABl. C 306 vom 17.12.2007, S. 156) entgegen, wonach der Binnenmarkt als System verstanden wird, das auch den Wettbewerb vor Verfälschungen schützt.

entscheidend mitbestimmt. Die daraus resultierende Gewinnmarge darf jedenfalls nicht durch aufsichtsrechtliche Bestimmungen innerhalb der einzelnen Mitgliedstaaten unterschiedlich ausfallen, da ansonsten eine Aufsichtsarbitrage begünstigt würde. Die EU-interne Standortwahl eines Kreditinstitutes sollte nicht mit den schwächsten regulatorischen Anforderungen einhergehen.

Des Weiteren dient das Erfordernis einer ausreichend strengen Bankenaufsicht letztendlich dem Schutz der Einleger. Der Verweis von Art. 169 Abs. 2 lit. a) AEU auf Art. 114 AEU stellt diesbezüglich klar, dass Maßnahmen zur Rechtsangleichung auch den Verbraucherschutz zum Gegenstand haben können. Durch die Errichtung der EBA wird der Einlegerschutz beispielsweise für den Fall verbessert, dass nationale Aufsichtsbehörden unionsrechtliche Vorschriften unangewendet lassen, die zur Verstärkung der Kapitalreserven oder Liquiditätsversorgung der Kreditinstitute beitragen. Durch entsprechende verpflichtende Maßnahmen der EBA können Einleger bei Gefahr im Verzug vor der Insolvenz des Kreditinstitutes geschützt werden, mit denen sie das Einlagengeschäft betreiben.

Der Binnenmarktbezug wird in den Erwägungsgründen der EBA-Verordnung[745] auch ausführlich erläutert. Die EBA-Verordnung kann damit aufgrund der wettbewerbsvereinheitlichenden und verbraucherschützenden Intention als Maßnahme, welche die Errichtung und das Funktionieren des Binnenmarktes zum Gegenstand hat, angesehen werden[746].

II. Ergebnis

Das Primärrecht der Europäischen Union enthält keine ausdrücklichen Regelungen zur Gründung von Europäischen Agenturen. Es setzt aber an verschiedenen Stellen im Vertrag ihre Existenz voraus. Daher muss die Union auch über Kompetenzen verfügen, um solche Einrichtungen ins Leben zu rufen. Die Errichtung Europäischer Agenturen lässt sich sowohl auf Art. 114 AEU als auch auf Art. 352 AEU stützen, wobei die Vertragsabrundungskompetenz aufgrund des in ihr enthaltenen Subsidiaritätsgrundsatzes nur nachrangig zur Anwendung kommt.

Mit der ENISA-Rechtsprechung hat der EuGH die Gründung von Europäischen Agenturen auf Basis der Rechtsangleichungskompetenz gem. Art. 114 AEU grundsätzlich legitimiert. Es bleibt aber weiterhin einer Einzelfallprüfung

745 Siehe insbesondere Erwägungsgrund 7 und 11 EBA-VO.

746 A.A. *Vaubel*, Die Europäische Bankenaufsichtsbehörde: ein Eigentor?, S. 2; siehe auch oben, unter Teil 3/B./I./3./a)/bb)/(2)/(a).

überlassen, ob die gegenständliche Agentur einen ausreichenden Bezug zur Rechtsangleichung vorweist. Mit der Genugtuung von potentiellen Beiträgen im Fall von ENISA sind daran aber recht geringe Anforderungen zu stellen. Auch das Kriterium des einheitlichen Vollzugs dürfte leicht zu überwinden sein, da dies in Hinblick auf den direkten Unionsvollzug gegenüber dem indirekten Vollzug durch die Mitgliedstaaten aus der Natur der Sache regelmäßig zu bejahen ist.

Die Aussagekraft der ENISA-Entscheidung endet aber dort, wo die betreffende Unionsagentur über Befugnisse verfügt, die den Rahmen der ENISA-Ermächtigungen verlassen. Dabei müsste aber eine verstärkte Einbindung in das Normsetzungsverfahren *a fortiori* zur Bejahung des Rechtsangleichungszweckes führen. Problematisch wird es bei Befugnissen, die nicht unmittelbar die Rechtsangleichung zum Gegenstand haben, sondern nur ihrer Absicherung dienen. Dazu zählen Entscheidungsbefugnisse zur verbindlichen Regelung eines Einzelfalles.

Der Urteilsspruch aus einem langwierigen Vertragsverletzungsverfahren gem. Art. 258 AEU kann aber gerade im schnelllebigen Finanzsektor nicht immer die ausreichende und vor allem rechtzeitige Wirkung einer Rechtsangleichungsmaßnahme sicherstellen und fordert daher bei Gefahr im Verzug eine schnellere Reaktionsmöglichkeit, die über die *fast track procedure* der ESAs gelungen ist. Daher kann in eng begrenzten Ausnahmefällen und als letztes Mittel auch die Einräumung von Vollzugsbefugnissen mit Rechtswirkung gegenüber privaten Akteuren des Finanzsektors auf den Annex der Rechtsangleichungskompetenz nach Art. 114 AEU gestützt werden. Dabei muss aber auch immer der Umfang der Vollzugsbefugnisse in Relation zu der Rechtsangleichungstätigkeit der Agentur betrachtet werden. Wären einer Agentur wie ENISA die Vollzugsbefugnisse der EBA eingeräumt, so würde der Annex ein derartiges Gewicht einnehmen, das nicht mehr durch einen möglichen Beitrag zur Rechtsangleichung kompensiert werden könnte. Nur die umfangreiche Beteiligung der EBA am Erlass von normkonkretisierenden Vorschriften sorgt für ein angemessenes Verhältnis zwischen dem Hauptanwendungsbereich des Art. 114 AEU und seiner ihm innewohnenden Zusatzkompetenz.

C. Begrenzungen durch allgemeine Rechtgrundsätze

Nach dem hier vertretenen Standpunkt kann das Prinzip der begrenzten Einzelermächtigung gem. Art. 5 Abs. 1 Satz 1, Abs. 2 EU in Bezug auf die EBA-Verordnung unter Heranziehung der Rechtsangleichungskompetenz gem. Art. 114 AEU gewahrt werden. Das vom Unionsgesetzgeber erlassene Sekundärrecht ist aber weiterhin an die Maßgaben des übrigen Primärrechtes gebunden. Dazu zählen auch die allgemeinen Rechtsgrundsätze[747]. Diese hat der EuGH[748] früher in Anlehnung an die mitgliedstaatlichen Verfassungen unter Berücksichtigung des Wesens der Union hergeleitet[749]. Sie waren zunächst Bestandteil des richterlich geprägten ungeschriebenen Unionsrechtes. Durch die Verträge von Maastricht bzw. Amsterdam konnten wichtige Grundsätze, wie das der Subsidiarität und der Verhältnismäßigkeit, in die Verträge mit aufgenommen werden. Mit Inkrafttreten des Vertrages von Lissabon wurde eine Vielzahl der allgemeinen Rechtsgrundsätze unter dem Begriff der „Werte" in Art. 2 Satz 1 EU zusammengefasst. Eine inhaltliche Änderung dürfte damit aber nicht verbunden sein[750]. Auch ist die Kodifizierung nicht endgültig und schließt die (Weiter)-Entwicklung von ungeschriebenen allgemeinen Rechtsgrundsätzen für die Zukunft nicht aus[751]. Im Bereich der unionseigenen Verwaltungseinrichtungen dürften insbesondere die in Art. 2 Satz 1 EU aufgeführten Prinzipien der „Rechtsstaatlichkeit" und „Demokratie" von besonderer Bedeutung sein. Für private Adressaten von EBA-Beschlüssen muss des Weiteren dem Grundrechtsschutz i.S.v. Art. 6 EU Rechnung getragen werden. Darüber hinaus ist die EBA-Verordnung am Subsidiaritätsprinzip (Art. 5 Abs. 1 S atz 2, Abs. 3 EU) und am Verhältnismäßigkeitsgrundsatz (Art. 5 Abs. 1 Satz 2, Abs. 4 EU) zu messen.

I. Vertikale und horizontale Kompetenzverteilung

Im Zuständigkeitsbereich der Europäischen Union sind zwei Ebenen der Kompetenzverteilung zu unterscheiden. Die erste Ebene betrifft die vertikale

---

747 Näher dazu *Oppermann/Classen/Nettesheim*, Europarecht, § 9, Rn. 31 ff.; *Bleckmann/Pieper* in: Dauses, EU-Wirtschaftsrecht, B. I. Rn. 60 ff.; *Herdegen*, Europarecht, S. 162 ff.; grundlegend *Lecheler*, Der Europäische Gerichtshof und die allgemeinen Rechtsgrundsätze.

748 Zum Grundrechtsschutz siehe EuGH, Rs. 44/79, Slg. 1979, 3729, Rn. 15 – *Hauer/Rheinland-Pfalz*; EuGH, Rs. 4/73, Slg. 1974, 491, Rn. 12 ff. – *Nold/Kommission*; zum Rechtsstaatsprinzip (bzw. Rechtsstaatlichkeit) siehe EuGH, Rs. 101/78, Slg. 1979, 624, Rn. 5 – *Granaria/Hoofdproduktschap*; EuGH, Rs. 63/87, Slg. 1988, 2888, Rn. 10 – *Kommission/Griechenland*; EuG, Rs. T-177/94 u. T-377/94, Slg. 1996, II-2041, Rn. 124 – *Altmann u. Casson/Kommission*; EuG, Rs. T-54/99, Slg. 2002, II-313, Rn. 48 – *max.mobil/Kommission*.

749 Vgl. *Schwarze* in: Schwarze, EU-Kommentar, Art. 19 EUV, Rn. 24.

750 Vgl. *Hilf/Schorkopf* in: Grabitz/Hilf/Nettesheim, Das Recht der EU, Art. 2 EUV, Rn. 21.

751 Vgl. *Schwarze*, Europäisches Verwaltungsrecht, CLI f.

Kompetenzverteilung. Auf ihr werden die bei den Mitgliedstaaten verbliebenen Zuständigkeiten von den auf die Union transferierten Befugnissen abgegrenzt (Verbandskompetenz). Dies geschieht in erster Linie durch das Prinzip der begrenzten Einzelermächtigung[752]. Mit der Gründung einer Unionsagentur gehen aber nicht nur die inhaltliche Rechtsetzung, sondern auch institutionelle Auswirkungen einher. Die Unionsorgane dürfen selbst nur solche Befugnisse ausüben, die ihnen durch die EU-Verträge übertragen wurden, vgl. Art. 13 EU. Es darf also durch die Delegation nicht zu einer erweiterten Ausübung der ursprünglich transferierten Befugnisse kommen. Dies kann bei der Betrauung der selbständigen Einrichtung mit Verwaltungsaufgaben die vertikale Zuständigkeitsebene tangieren, da die Ausführung des Unionsrechts grundsätzlich Sache der Mitgliedstaaten ist (Vollzugsföderalismus). Durch die Auslagerung von Befugnissen geben die Unionsorgane aber auch u.U. einen Teil der ihnen von den Mitgliedstaaten übertragenen Kompetenzen auf die jeweilige gegründete Unionseinrichtung ab. Dieser Aspekt betrifft die zweite Ebene, die horizontale Kompetenzverteilung, welche das Verhältnis der Zuständigkeiten innerhalb der EU, also zwischen den Organen und/oder sonstigen institutionellen Einrichtungen, betrifft (Organkompetenz). In diesem Zusammenhang hat der EuGH in den *Meroni*-Urteilen den Begriff des „institutionellen Gleichgewichts" hervorgebracht[753]. Zumindest in der Fassung des Vertrages von Amsterdam knüpfte das Protokoll über die Anwendung der Grundsätze der Subsidiarität und der Verhältnismäßigkeit[754] in Ziff. 2 an die Wahrung des institutionellen Gleichgewichts an, wodurch neben einer horizontalen auch eine vertikale Wirkungsrichtung zum Ausdruck kommt[755].

II. Demokratieprinzip

Die Aufführung des Demokratiebegriffes als Wert in Art. 2 EU bzw. als Grundsatz in Art. 6 Abs. 1 EU a.F. trifft noch keine Aussage über dessen strukturelle unionspezifische Ausgestaltung. Insbesondere bleibt unklar, welche Anforderungen an die demokratische Legitimation der Europäischen Union zu stellen sind. Grundsätzlich kann auf eine Erörterung der demokratischen Legitimation von internationalen Organisationen[756] verzichtet werden, da diese aufgrund ihres begrenzten

752 Vgl. *von Danwitz* in: Dauses, EU-Wirtschaftsrecht, B. II. Rn. 2 f.
753 Näher dazu unten, unter Teil 3/C./III./2.
754 ABl. C 340 vom 10.11.1997, S. 105.
755 Siehe *Fischer-Appelt*, Agenturen der Europäischen Gemeinschaft, S. 172 ff.
756 Zur Rechtsnatur der Union siehe *Herdegen*, Europarecht, S. 68 f.

Kompetenzbereichs und der meist durch mitgliedstaatliche Einstimmigkeit geprägten Entscheidungsstruktur bejaht werden kann[757]. Zwar sind die Aufgaben der Union ebenfalls über Art. 5 Abs. 1 Satz 1, Abs. 2 EU beschränkt, jedoch geht der Wirkungsgrad des Unionsrechts aufgrund seines Anwendungsvorranges gegenüber den mitgliedstaatlichen Bestimmungen über den von anderen internationalen Organisationen hinaus. Zudem werden durch das unmittelbar anwendbare Unionsverordnungsrecht nicht nur die Mitgliedstaaten, sondern auch ihre Bürger verpflichtet. Auch die durch den Vertrag von Maastricht eingeführte (nunmehr in Art. 9 Satz 2 und 3 EU und Art. 18-25 AEU geregelte) Unionsbürgerschaft sowie die damit verbundene Zusammensetzung des Parlaments (Art. 14 Abs. 2 Satz 1 EU) verlangt eine Auseinandersetzung mit der demokratischen Legitimation.

Der in Art. 2 EU erwähnte Demokratiebegriff wird seit der Lissaboner Fassung des EU-Vertrages durch die „Bestimmungen über die demokratischen Grundsätze“ in Art. 9-12 EU ergänzt. Danach fußt die Union auf der repräsentativen Demokratie (Art. 10 Abs. 1 EU). Die Europäische Union zeichnet sich durch eine duale Legitimationsstruktur aus[758]. Der Rat spiegelt den für internationale Organisationen typischen mittelbaren Legitimationsstrang wider. Er transportiert die bereits auf nationaler Ebene demokratisch legitimierten Vertreter der Regierungsorgane auf EU-Ebene (Vermittlungsfunktion). Während der Rat in jungen Jahren der Union bzw. Gemeinschaft die Entscheidungsprozesse noch größtenteils alleine gesteuert hat, kam dem Europäischen Parlament im späteren Verlauf eine immer größere Bedeutung im Gesetzgebungsprozess zu, die durch die Einführung und verstärkte Anwendung des Mitentscheidungsverfahrens[759] zumindest hinsichtlich des ordentlichen Gesetzgebungsverfahren zu einer gleichberechtigten Stellung gegenüber dem Rat geführt hat. Das Europäische Parlament repräsentiert den unmittelbaren Legitimationsstrang durch eine direkte Vertretung der Unionsbürger. Vor einer primärrechtlichen Kodifizierung hatte der EuGH bereits auf den Demokratiebegriff als ungeschriebenen allgemeinen Rechtsgrundsatz abgestellt und die Beteiligung des Europäischen Parlaments am Gesetzgebungsverfahren als „grundlegendes demokratisches Prinzip“ hervorgehoben[760]. Die Mitglieder des Europäischen Parlaments werden nach den Wahlrechtsgrundsätzen des Art. 14 Abs. 3 EU in allgemeiner,

---

757 *Oppermann/Classen/Nettesheim*, Europarecht, § 15, Rn. 2.

758 Vgl. Art. 10 Abs. 2 EU, der zwischen einer unmittelbaren Vertretung der Bürgerinnen und Bürger durch das Europäische Parlament und einer (mittelbaren) Vertretung durch die Mitgliedstaaten im Europäischen Rat bzw. Rat unterscheidet.

759 Siehe oben, unter Teil 3/A./I.

760 EuGH, Rs.138/79, Slg. 1980, 3333, Rn. 33 – *Roquette Frères/Rat*.

unmittelbarer, freier und geheimer Wahl gewählt[761]. Diese vier Wahlrechtsgrundsätze sind beispielsweise in der nationalen Bestimmung des Art. 38 Abs. 1 GG ebenfalls enthalten. Im Gegensatz zu Art. 14 Abs. 3 EU enthält die innerstattliche Vorschrift jedoch fünf Wahlrechtsgrundsätze, d.h. zusätzlich noch den Grundsatz der Gleichheit der Wahl. Dieser Wahlrechtsgrundsatz konnte nicht in die primärrechtliche Unionsvorschrift mit aufgenommen werden, da die Zusammensetzung des Europäischen Parlaments dies nicht erlauben würde. Die Vertretung der Unionsbürger im Parlament folgt einer degressiven Proportionalität[762]. Zudem ist jeder Mitgliedstaat mit mindestens sechs aber höchstens 96 Abgeordneten im Parlament vertreten[763]. Der „ungleiche" Erfolgswert der Unionsbürgerstimmen lässt sich gut am Beispiel Luxemburg und Deutschland verdeutlichen. Während die knapp 500.000 Einwohner[764] des Großherzogtums Luxemburg mit der Mindestzahl von sechs Abgeordneten im Parlament vertreten werden, so finden die etwa 82 Millionen Einwohner der Bundesrepublik Deutschland mit der Höchstzahl von 96 Abgeordneten Berücksichtigung. Im Fall Luxemburgs vertritt damit ein Abgeordneter etwa 80.000 Unionsbürger. Demgegenüber muss ein Abgeordneter im Fall Deutschland ca. 850.000 Unionsbürger repräsentieren. Der Wirkungsgrad einer einzelnen Stimme divergiert damit um über ein Zehnfaches[765]. Würde man den Erfolgswert der Unionsbürgerstimmen anpassen, so käme den Einwohnern von kleineren Mitgliedstaaten wie Malta und Luxemburg nur eine marginale Bedeutung zu. Dies wäre insbesondere für Luxemburg als Gründungsmitgliedstaat und der damit verbundenen Rolle am Integrationsprozess ein nicht zufrieden stellendes Ergebnis. Für die demokratische Legitimation des Europäischen Parlaments kann dieses Argument jedoch nicht ausreichen. Das BVerfG hatte daher zu Recht die Ungleichheit der Unionsbürgerstimmen für die Wahl der Parlamentsabgeordneten hervorgehoben[766]. Gleichwohl strebte es einen verfassungsstaatlichen Vergleich nicht an, denn

---

761 Siehe auch den damit übereinstimmenden Wortlaut des Art. 39 Abs. 2 Grundrechte-Charta, welcher i.V.m. Art. 6 Abs. 1 Halbsatz 2 EU gleichrangig zu berücksichtigen ist.

762 Art. 14 Abs. 2 Unterabs. 1 Satz 3 EU.

763 Art. 14 Abs. 2 Unterabs. 1 Satz 3 und 4 EU.

764 Siehe Übersichten bei *Hölscheidt* in: Grabitz/Hilf/Nettesheim, Das Recht der EU, Art. 14 EUV, Rn. 58; *Geiger* in: Geiger/Khan/Kotzur, EUV/AEUV, Art. 14 EUV, Rn. 22; die Angaben wurden teilweise ab- bzw. aufgerundet.

765 Im Verhältnis zu Malta ergäbe sich sogar eine zwölffache Divergenz; siehe insgesamt auch die Darstellung des BVerfG, BVerfGE 123, 267 (374 f.).

766 Vgl. BVerfGE 89, 155 (185 f.); BVerfGE 123, 267 (371 f.).

„die demokratische Grundregel der wahlrechtlichen Erfolgschancengleichheit („*one man, one vote*") gilt nur innerhalb eines Volkes, nicht in einem supranationalen Vertretungsorgan, das – wenngleich nunmehr unter besonderer Betonung der Unionsbürgerschaft – eine Vertretung der miteinander vertraglich verbundenen Völker bleibt."[767]

Die unionsspezifische demokratische Legitimation ist daher mit der (inner-) staatlichen Volksermächtigung nicht vergleichbar. Spätestens mit der Maastricht-Entscheidung des BVerfG wurde auch in der Literatur die demokratische Legitimation der Europäischen Union verstärkt diskutiert. Hinsichtlich dieser sehr umstrittenen Frage haben sich im Wesentlichen zwei Standpunkte[768] herauskristallisiert.

Vertreter der ersten Position gehen davon aus, dass die Union ausreichend über ihre Mitgliedstaaten als „Herren der Verträge" demokratisch legitimiert ist. Die Volksvertreter der Mitgliedstaaten sind ihrerseits bereits demokratisch legitimiert und haben mit ihrer Zustimmung zu den EU-Verträgen auch das Konstrukt der Europäischen Union entsprechend abgesegnet. Hinzu kommt die wachsende Bedeutung des Europäischen Parlaments, die den direkten Legitimationsstrang der Union verkörpert.

Die zweite Ansicht sieht gerade in der dualen Legitimationsstruktur der Europäischen Union ein Manko, welches überwiegend als „Demokratiedefizit" bezeichnet wird. Dieses Defizit äußert sich insbesondere in der ungleichen Repräsentation von Unionsbürgern durch Abgeordnete im Europäischen Parlament, welche der obige Vergleich zwischen Mitgliedstaaten mit der höchsten und der niedrigsten Bevölkerung innerhalb der EU veranschaulicht hat.

Geht man in Anlehnung an die Rechtsprechung des BVerfG davon aus, dass das Demokratieniveau der Europäischen Union nicht nach verfassungsstaatlichen Grundsätzen bestimmt werden kann, wofür das Prinzip der begrenzten Einzelermächtigung spricht, so lässt sich auch das Demokratiedefizit als Resultat des ungleich bevölkerten Staatenverbundes verstehen. Deshalb wird unabhängig vom vertretenen Demokratieverständnis von einer ausreichenden Legitimation der Union auszugehen sein[769], welche sich auch auf von den Unionsorganen nachträglich gegründete unabhängige Einrichtungen beziehen muss[770].

---

767 BVerfGE 123, 267 (371).

768 Siehe dazu jeweils m.w.N. *Kadelbach*, EuGRZ 2006, 384 ff. (385); *M. Schmidt*, Demokratietheorien, S. 399 ff.; neben diesen zwei Positionen steht beispielsweise noch der Standpunkt von *V. Schmidt*, Democracy in Europe, S. 5, welcher die EU als *„fragmented democracy"* begreift; vgl. ferner *Gerkrath*, EuGRZ 2006, 371 ff.

769 *Wittinger*, EuR 2008, 609 ff. (621).

770 Näher dazu *Hermes* in: Bauer/Huber/Sommermann, Demokratie in Europa, S. 474 ff.

Durch den Vertrag von Lissabon könnte darüber hinaus die degressiv proportionale Wirkung der Unionsbürgerstimmen im Europäischen Parlament mit der Einführung der Bürgerinitiative[771] gem. Art. 11 Abs. 4 EU relativiert werden. Dafür müssen sich aber mindestens eine Million Unionsbürger vereinen, deren Herkunft sich auf eine erhebliche Anzahl von Mitgliedstaaten erstreckt. Aufgrund der unterschiedlichen Sprachbarrieren dürfte die zweite Voraussetzung aber nur schwer zu erfüllen sein, worunter die praktische Relevanz dieser Vorschrift leidet. Die Einführung der Bürgerinitiative als direkte Form der Volksvertretung ist ein richtiges Signal, sollte aber durch eine Plattform der EU unterstützt werden, die den Austausch zwischen Unionsbürgern aus unterschiedlichen Mitgliedsstaaten erleichtert. Die in Art. 11 Abs. 1 EU enthaltene Mitwirkungsverpflichtung dürfte für diesen Zweck ausreichend Spielraum einräumen.

1. Demokratische Legitimation von Unionsagenturen

Europäische Agenturen sind ein Bestandteil des institutionellen Unionsgefüges. Sie sind daher ebenfalls an die in Art. 2 EU enthaltenen Werte gebunden[772]. Wie soeben erörtert, ist das dazu zählende unionsspezifische Demokratieprinzip noch nicht eindeutig ausdefiniert. Auch die konkretisierenden Vorschriften in Art. 9-12 EU enthalten keine näheren Vorgaben über die demokratische Legitimation von Unionsagenturen. Daher ist auf allgemeine Überlegungen abzustellen.

Die duale Legitimationsstruktur der Europäischen Union darf durch die Delegation von Aufgaben und Befugnissen auf selbständige Verwaltungsapparate nicht entarten. Dies bedeutet zum einen, dass die Unionsorgane auf die sekundärrechtlich gegründeten Einrichtungen nicht mehr übertragen dürfen, als ihnen von den legitimierenden Adressaten selbst eingeräumt wurde. Zum anderen wird die zwischen den Unionsbürgern unmittelbar und mittelbar über die Mitgliedstaaten bestehende Legitimationskette durch die Agenturgründung um ein weiteres Glied erweitert. Daraus folgt, dass die beispielsweise über den Rat an die mitgliedstaatlichen Regierungsvertreter erfolgende demokratische Rückkopplung[773] zusätzlich auch den Weg von einer Unionseinrichtung auf die Unionsorgane überwinden muss. Mit anderen Worten muss auf der tertiären Strukturebene der Union ein entsprechendes demokratisches Legitimationsniveau[774] erhalten bleiben.

771 Näher dazu *Vogel* in: Lieb/Maurer, Der Vertrag von Lissabon, S. 37 ff.

772 So auch schon *Görisch*, Demokratische Verwaltung durch Unionsagenturen, S. 362, in Bezug auf Art. 6 Abs. 1 EU a.F.

773 Siehe *Ipsen*, EuR 1994, 1 ff. (5).

774 BVerfGE 123, 267 (364, 370 und 390); kritisch aber zur Legitimation von Selbstverwaltungskörperschaften durch das BVerfG *Köller*, Funktionale Selbstverwaltung

2. *Demokratische Entkopplung der EBA*

Der organisatorische Aufbau[775] der EBA zeichnet sich dadurch aus, dass sämtliche EBA-Organe weisungsunabhängig[776] tätig werden. Diese Ausrichtung der EBA deckt sich etwa auch mit der Forderung des EuGH[777], dass mitgliedstaatliche Aufsichtsbehörden unionsrechtliche Bestimmungen zur Vorratsdatenspeicherung „in völliger Unabhängigkeit" auszuführen haben[778].

Die Weisungsunabhängigkeit der EBA suggeriert zunächst, dass gegenüber den Unionsorganen eine gewisse Verselbständigung eintritt. Es besteht somit die Gefahr einer „demokratischen Entkopplung"[779], mit der Folge, dass die „sachliche Legitimationskette"[780] zum Volk unterbrochen würde. Zu untersuchen ist daher, wie eine hinreichende demokratische Rückkopplung zu den Unionsorganen trotz der Weisungsunabhängigkeit der EBA stattfinden kann.

a) Demokratische Rückkopplung durch nationale Vertreter

Die Tatsache, dass alle stimmberechtigten Mitglieder im Rat der Aufseher der EBA ausschließlich Vertreter der nationalen Aufsichtsbehörden sind, könnte zunächst für eine direkte demokratische Rückkopplung zu den Mitgliedstaaten, also ohne „Umweg" über die Unionsorgane, sprechen. Die mitgliedstaatlichen Bankenaufsichtsbehörden sind aber der Exekutive zuzuordnen. Aufgrund des innerstaatlich geltenden Prinzips der Gewaltenteilung kann ein Bezug zu den nationalen Parlamenten nur schwerlich hergestellt werden. Daher kann die Besetzung des EBA-Entscheidungsorgans mit Angehörigen der nationalen Exekutive für eine demokratische Rückkopplung nicht überzeugen[781].

Im Übrigen können die nationalen Parlamente nur über Art. 12 EU Einfluss auf die Gesetzgebungsakte der Union nehmen. Dies würde auch den

---

und ihre demokratische Legitimation, S. 302 ff.; *Hermes* in: Bauer/Huber/Sommermann, Demokratie in Europa, S. 474.

775 Siehe oben, unter Teil 2/C./II.

776 Art. 42 EBA-VO (Rat der Aufseher); Art. 46 EBA-VO (Verwaltungsrat); Art. 49 EBA-VO (Vorsitzender); Art. 52 EBA-VO (Exekutivdirektor) und Art. 59 EBA-VO (Beschwerdeausschuss).

777 EuGH, Rs. C-518/07, Slg. 2010, I-1885, Rn. 17 ff. – *Kommission/Deutschland.*

778 Näher dazu *Frenzel*, DöV 2010, 925 ff.

779 *Wittinger*, EuR 2008, 609 ff. (621).

780 *Görisch*, JURA 2012, 42 ff. (47).

781 Losgelöst vom Fall der EBA ebenfalls kritisch *Wittinger*, EuR 2008, 609 ff. (623); vgl. auch *Görisch*, JURA 2012, 42 ff. (47 f.).

Errichtungsakt der EBA einschließen. Allerdings sind die Einwirkungsmöglichkeit auf Grundlage von Art. 12 EU begrenzt. Zunächst regelt Art. 12 lit. a) EU eine Informationspflicht der Unionsorgane gegenüber den nationalen Regierungen hinsichtlich der Übermittlung von Gesetzesentwürfen nach dem Protokoll über die Rolle der nationalen Parlamente in der Europäischen Union[782]. Der Prüfungsumfang der mitgliedstaatlichen Parlamente ist dann aber gem. Art. 12 lit. b) EU i.V.m. dem Protokoll über die Anwendung der Grundsätze der Subsidiarität und der Verhältnismäßigkeit[783] auf die Wahrung des Subsidiaritätsgrundsatzes als Kompetenzausübungsschranke beschränkt[784]. Sind die innerstaatlichen Volksvertretungen der Auffassung, dass ein Unionsrechtsaktentwurf nicht mit dem Subsidiaritätsprinzip zu vereinen ist, können sie nach Maßgabe von Art. 6 Subsidiaritätsprotokoll eine begründete Stellungnahme an die gesetzgebenden Unionsorgane richten. Eine Überprüfung des Gesetzesentwurfes findet aber nur statt, wenn eine ausreichende Anzahl[785] an begründeten Stellungnahmen vorliegt. Aber auch bei einer Überprüfung kann an dem Entwurf mit entsprechender Begründung festgehalten werden[786]. Die parlamentarische Kontrollfunktion ist damit im Gesetzgebungsprozess nur sehr gering[787]. Zwar bleibt noch die Möglichkeit der Subsidiaritätsklage gem. Art. 8 Subsidiaritätsprotokoll, diese ist aber entsprechend ihrer Bezeichnung wiederum nur auf die Wahrung des Subsidiaritätsgrundsatzes beschränkt und betrifft zudem nicht die Einwirkungsmöglichkeit nationaler Parlamente im Zuge des Gesetzgebungsverfahrens.

Die Weisungsunabhängigkeit der EBA kann durch dieses symbolische[788] Prüfungsrecht jedenfalls nicht demokratisch legitimiert werden, da sie das Verhältnis zwischen Behörde und Unionsorganen betrifft und daher keine ersichtlichen Berührungspunkte zum Subsidiaritätsgrundsatz vorweist. Außerdem geht die in Art. 12 lit. a) und b) EU i.V.m. dem Parlaments- und Subsidiaritätsprotokoll enthaltene Kontrollmöglichkeit während des Gesetzgebungsverfahrens, also unbeschadet der Subsidiaritätsklage, nicht über das Stadium eines Anhörungsrechts hinaus.

---

782 ABl. C 306 vom 17.12.2007, S. 148.

783 ABl. C 306 vom 17.12.2007, S. 150.

784 Siehe diesbezüglich auch Art. 3 des vorgenannten Parlamentsprotokolls, welcher auf das Verfahren nach dem Subsidiaritätsprotokolls verweist.

785 Mindestens ein Drittel der Gesamtzahl der den nationalen Parlamenten zugewiesenen Stimmen, Art. 7 Abs. 1 Unterabs. 2 i.V.m. Abs. 2 Subsidiaritätsprotokoll.

786 Vgl. Art. 7 Abs. 2 Unterabs. 2 Subsidiaritätsprotokoll.

787 Vgl. auch *Hölscheidt*, DöV 2012, 105 ff. (106 f.).

788 *Hölscheidt*, integration 2008, 254 ff. (261).

b) Demokratische Rückkopplung durch Kontroll- und Zustimmungsmechanismen

Des Weiteren könnte die Legitimationskette dadurch aufrechterhalten werden, dass die Aufgaben und Befugnisse der EBA Anknüpfungspunkte zu den Unionsorganen vorweisen. Ein generelles Indiz konstituiert diesbezüglich Art. 3 EBA-VO, der gegenüber dem Europäischen Parlament und dem Rat eine allgemeine Rechenschaftspflicht der EBA enthält. Dies ist allein aber noch nicht ausreichend, da Parlament und Rat dadurch nur von den Tätigkeiten der EBA in Kenntnis gesetzt werden. Es muss zusätzlich eine inhaltliche Einflussnahme der Unionsorgane auf das Handlungsspektrum der EBA sichergestellt werden. Die Einwirkungsmöglichkeiten der Unionsorgane können dabei je nach Art der Befugnisse unterschiedlich sein.

aa) Normenkonkretisierende Befugnisse

(1) Technische Standards

Die Ausarbeitung von Entwürfen technischer Regulierungs- und Durchführungsstandards (Art. 10 ff. EBA-VO) führt die EBA weitestgehend selbständig aus. Grundsätzlich fällt dieser Bereich in den Aufgabenbereich der Kommission gem. Art. 290 f. AEU. Im Rahmen des CRD IV-Gesetzgebungsverfahrens hat die Kommission bereits Bedenken geäußert, ob die Beschränkung ihrer Befugnisse beim Erlass von delegierten Rechtsakten und Durchführungsbestimmungen mit Art. 290 f. AEU vereinbar ist[789], zumal die EBA an über 50 Stellen im CRD IV-Paket mit der Ausarbeitung von entsprechenden Entwürfen bevollmächtigt wird und somit im erheblichen Maße am Gesetzgebungsverfahren teilnimmt.

Vor Inkrafttreten der Art. 290 f. AEU sah bereits Art. 202 Spiegelstrich 3 Satz 1, Art. 211 Spiegelstrich 4 EG und davor Art. 145 Spiegelstrich 3, Art. 155 Spiegelstrich 4 EGV die Übertragung von Durchführungsbefugnissen auf die Kommission vor. Zur Unterstützung ihrer exekutiven Gesetzgebungstätigkeit konnte sich die Kommission auf Grundlage des Komitologiebeschlusses also schon vorher unterschiedlicher Ausschüsse bedienen[790]. Dieses Vorgehen wurde aufgrund der Ermächtigung in Art. 202 Spiegelstrich 3 Satz 2 EG als unproblematisch angesehen[791]. Die Ausschüsse bleiben hinsichtlich ihres organisatorischen Aufbaus und der Reichweite ihrer Aufgaben hinter denen der Regulierungsagenturen

---

789 Siehe Vorschläge der Kommission, KOM(2011) 452, S. 11; KOM(2011) 453, S. 11 (CRD IV-Paket).

790 Siehe oben, unter Teil 1/A./II./1.

791 So beispielsweise *Remmert*, EuR 2003, 134 ff. (135, Anm. 10); grundlegend EuGH, Rs. 25/70, Slg. 1970, 1161, Rn. 9 – *Einfuhr- und Vorratsstelle für Getreide und*

zurück. Aber auch die innerhalb des Komitologieverfahrens von den Ausschüssen abgegebenen Stellungnahmen können eine erhebliche Bindungswirkung entfalten und damit die Handlungsmöglichkeiten der Kommission einschränken. So darf die Kommission beispielweise von einem Gutachten des Ständigen Futtermittelausschusses (*Standing Committee for Animal Nutrition* - SCAN) nur durch Einholung eines zusätzlichen Gutachtens des SCAN oder aufgrund von Informationen, die diesem ebenbürtig sind, abweichen[792]. Vorbehaltlich einer anderen Interpretation durch die Unionsgerichte, ist eine derartige Bindung der Kommission an die EBA-Entwürfe der EBA-Verordnung nicht zu entnehmen. Jedenfalls geht sie nicht über die Bindungswirkung eines SCAN-Gutachtens hinaus. Die Kommission entscheidet, ob sie einen Entwurf billigt, nicht billigt oder nur mit Änderungen billigt[793]. Für die letzten beiden Fälle hat die Kommission ihre Entscheidung zu begründen. Änderungen sind zusätzlich mit der EBA abzustimmen. Die Einholung eines alternativen EBA-Entwurfs ist gerade nicht vorgesehen. Weicht die EBA von Änderungen der Kommission ab, so kann Letztere wiederum entscheiden, ob sie an diesen neuen Änderungen festhält. Der Kommission dürfte damit ein größerer Ermessensspielraum zukommen als beispielsweise hinsichtlich der Berücksichtigung von Gutachten des SCAN oder anderer Expertenausschüsse. Dies wäre allerdings nur dann der Fall, wenn sich die Überlegungen zu den Expertenausschüssen nicht auf Unionsagenturen übertragen lassen[794]. Da die EBA nicht nur eine Stellungnahme zu einem Gesetzesentwurf abgibt, sondern den Rechtsakt selbst entwirft, könnten die von der Rechtsprechung zum Expertenausschuss entwickelten Grundsätze *a fortiori* auch für die EBA als Unionsagentur gelten. Dagegen spricht aber die detaillierte Regelung in Art. 10 ff. EBA-VO, die man als abschließend betrachten könnte, weil sie der EBA bereits die Befugnis einräumt, von Änderungen der Kommission wiederum abzuweichen, woran die Kommission dann aber in letzter Konsequenz mit entsprechender Begründung nicht gebunden ist.

Das EuG hat in dem SCAN-Fall die demokratische Legitimation der Kommission wegen der politischen Kontrolle durch das Europäische Parlament bestätigt[795]. Es kann gem. Art. 17 Abs. 8 EU i.V.m. Art. 234 AEU über ein Misstrauensvotum die Mitglieder der Kommission ihres Amtes entheben.

Futtermittel/Köster; zum Demokratieprinzip im Rahmen des Komitologieverfahrens siehe *Roller*, KritV 2003, 249 ff.

792 EuG, Rs. T-13/99, Slg. 2002, II-3318, Rn. 199 f. – *Pfizer Animal Health SA/Rat.*

793 Zum Verfahren im Einzelnen oben, unter Teil 2/C./III./1./a) und b).

794 Für eine Übertragung *Wittinger*, EuR 2008, 609 ff. (622).

795 Vgl. EuG, Rs. T-13/99, Rn. 201.

Des Weiteren seien die Experten nur fachlich, die Kommission hingegen auch demokratisch legitimiert[796]. Aufgrund ihrer demokratischen Legitimation muss die Kommission daher auch von den Expertenmeinungen abweichen dürfen. Im Umkehrschluss lässt sich daraus schließen, dass die der Kommission durch die entfaltete Bindungswirkung von Expertengutachten auferlegten Beschränkungen im Gesetzgebungsverfahren jedenfalls nicht mit dem Demokratieprinzip kollidieren. Da im Fall der technischen Standards alternative Entwürfe der EBA nicht zwingend vorgelegt werden müssen, spricht dies erst recht für eine ausreichende Einbeziehung der Kommission in die Verfahren nach Art. 290 f. AEU.

Ferner ist den Vorschriften gem. Art. 290 f. AEU kein Verbot der (Sub-)Delegation für vorbereitende Handlungen zu entnehmen[797]. Eine weitere Übertragung müsste mit Hinblick auf das Demokratieprinzip zulässig sein, wenn die Kommission die Entscheidungsgewalt nicht völlig aus der Hand gibt. Entscheidend ist daher, dass die Kommission bei der Verabschiedung von technischen Regulierungs- und Durchführungsstandards das letzte Wort hat. Sie trifft die letztendlich verbindliche Entscheidung. Dies wird auch dadurch deutlich, dass die EBA-Verordnung von der Befugnis zum Erlass technischer Regulierungsstandards der Kommission, und nicht der EBA, spricht[798]. Des Weiteren kann die Befugnis zur Ausarbeitung technischer Regulierungsstandardentwürfe im Einklang mit Art. 290 Abs. 2 lit a) AEU jederzeit gem. Art. 12 Abs. 1 EBA-VO von Parlament und Rat widerrufen werden. Die Kontrolle kann hinsichtlich der Durchführungsstandards über Art. 291 Abs. 3 AEU erfolgen.

Schließlich haben die Staats- und Regierungsvertreter der Mitgliedstaaten den Rückgriff der Kommission auf Experten bei der Erarbeitung von delegierten Gesetzesentwürfen gebilligt, was in der 39. Erklärung[799] zur Schlussakte des Lissaboner Vertrages zum Ausdruck kommt.

(2) Leitlinien und Empfehlungen

Eine Grauzone bilden demgegenüber Leitlinien und Empfehlungen, die von der EBA nach Maßgabe des Art. 16 EBA-VO herausgegeben werden können. Sie sind nicht mit der Kommission abzustimmen und können völlig selbständig von

796 EuG, Rs. T-13/99, Rn. 201.

797 Anders früher im Geltungsbereich des EWG-Rechts *Schindler*, Delegation von Zuständigkeiten in der Europäischen Gemeinschaft, S. 213 ff., der die Möglichkeit einer Subdelegation grundsätzlich ablehnt; näher dazu unten, unter Teil 3/C./III./2./a)/bb)/(1).

798 Vgl. Art. 11 Abs. 1 EBA-VO.

799 39. Erklärung zu Art. 290 AEU, ABl. C 83 vom 30.03.2010, S. 350.

der Behörde erarbeitet und beschlossen werden. Die EBA trifft lediglich eine Berichterstattungspflicht, welche einzelnen Leitlinien und Empfehlungen herausgegeben wurden[800]. Eine inhaltliche Einflussnahme ist damit nicht vorgesehen. Dies ist nur dann unbedenklich, solange diese Handlungsformen keinerlei Bindungswirkung entfalten. Wie bereits erörtert[801], kann die Bindungswirkung je nach Fallkonstellation unterschiedlich sein. Deswegen muss zumindest für die Fälle, in denen eine gewisse Bindungswirkung von einer Leitlinie oder Empfehlung ausgeht, dafür Sorge getragen werden, dass diese Maßnahmen rechtlich überprüft werden können[802] und somit eine Rückkopplung über die demokratisch legitimierte Judikative erfolgen kann.

bb) Entscheidungsbefugnisse im Einzelfall

Bei den mehrstufig aufgebauten Einzelfallbefugnissen der EBA (Art. 17-19 EBA-VO) erfolgt auch keine direkte Rückkopplung über die Kommission. Zwar ist die förmliche Stellungnahme der Kommission im Fall der Verletzung von Unionsrecht (Art. 17 EBA-VO) einem EBA-Beschluss vorgeschaltet, Letzterer muss aber nicht, wie im Rahmen der Art. 10 ff. EBA-VO, von der Kommission gebilligt werden. Ein Zustimmungsvorbehalt der Kommission ist auch nicht gewollt, da dies dem Gedanken der *fast track procedure* widersprechen würde. Dennoch kann der EBA-Beschluss nicht völlig losgelöst ergehen. Er muss im Einklang mit der förmlichen Stellungnahme der Kommission stehen, die wiederum der zuvor herausgegeben EBA-Empfehlung Rechnung tragen muss[803].

Des Weiteren können Maßnahmen im Krisenfall (Art. 18 EBA-VO) von der EBA nur erlassen werden, wenn der Rat einen entsprechenden Krisenfeststellungsbeschluss erlassen hat[804]. Die Entscheidungsbefugnis der EBA in Krisensituationen ist damit keine generelle Befugnis, sondern muss für jeden Krisenfall vom Rat gesondert legitimiert werden. Mit der Entscheidung des Rates steht und fällt ein Tätigwerden der EBA.

---

800 Vgl. Art. 16 Abs. 4 EBA-VO.

801 Siehe oben, unter Teil 2/C./III./1./c).

802 Siehe bereits die Schlussanträge von GA *Warner*, Rs. 98/89, Slg. 1981, 1259, 1265 – *Romano/INAMI*, wonach verbindliche Handlungen der Verwaltungskommission ohne eine rechtliche Kontrolle durch den Gerichtshof als mit dem „System des Vertrages" und in den Mitgliedstaaten anerkannten Verfassungsrundsätzen nicht zu vereinen sind; zu den Rechtschutzerwägungen siehe näher unten, unter Teil 3/C./III./4./c).

803 Art. 17 Abs. 4 Unterabs. 1 Satz 2 und Abs. 6 Unterabs. 2 EBA-VO.

804 Siehe dazu im Einzelnen oben, unter Teil 2/C./III./2./b).

Schließlich sind die Schlichtungsbefugnisse (Art. 19 EBA-VO) der EBA zumindest an eine Berichterstattungspflicht gegenüber dem Europäischen Parlament gekoppelt, die über die einzelnen Verfahren und jeweils getroffenen Entscheidungen Aufschluss gibt.

Darüber hinaus werden die im Rahmen der Art. 17-19 EBA-VO erlassenen EBA-Beschlüsse über die rechtliche Kontrolle durch den EuGH bzw. das EuG abgesichert. Die europäische Judikative ist hinreichend demokratisch legitimiert, da die Richter und Generalanwälte des Gerichtshofs gem. Art. 253 Abs. 1 AEU sowie die Richter des Gerichts gem. Art. 254 Abs. 2 AEU von den Regierungen der Mitgliedstaaten ernannt werden.

c) Ergebnis

Die EBA ist damit hinreichend demokratisch legitimiert. Das aus verfassungsstaatlicher Sicht defizitäre Legitimationsniveau der Europäischen Union wird durch die Delegation auf Tertiärebene nicht beeinträchtigt. Es liegt eine ununterbrochene Legitimationskette vor, die über eine ausreichende demokratische Rückkopplung zu den Unionsorganen sichergestellt wird. Diese erfolgt bei der Erarbeitung von technischen Regulierungs- und Durchführungsstandards vorwiegend über die demokratisch legitimierte Kommission, mittelbar gibt es aber auch Anknüpfungspunkte zu Parlament und Rat. Die Einzelfallbefugnisse der EBA setzen teilweise eine Interaktion mit unterschiedlichen Unionsorganen voraus. Entscheidend dürfte aber sein, dass sämtliche EBA-Beschlüsse vom Rechtsschutzsystem der demokratisch legitimierten Unionsgerichtsbarkeit erfasst werden. Dieser Punkt ist hingegen bei der Herausgabe von Leitlinien und Empfehlungen unklar und bedarf einer weiteren Prüfung im Rahmen der Rechtschutzerwägungen. Solange verbindliche Leitlinien oder Empfehlungen keiner rechtlichen Kontrolle unterliegen, kann in Bezug auf diese Befugnis auch nicht die demokratische Legitimation bejaht werden.

III. Rechtsstaatlichkeit

Bevor der Begriff der Rechtsstaatlichkeit (*rule of law*) über Art. 2 EU bzw. Art. 6 EU a.F. den Weg in das geschriebene Primärrecht gefunden hat, wurde er bereits vom Gerichtshof im Sinne eines ungeschriebenen allgemeinen Rechtsgrundsatzes herangezogen[805]. Dabei hat der EuGH aber bislang nicht grundlegend zu diesem Grundsatz Stellung bezogen, sondern verschiedene Aspekte

805 Siehe EuGH, Rs. 101/78, Slg. 1979, 624, Rn. 5 – *Granaria/Hoofdproduktschap*.

der Rechtsstaatlichkeit, wie etwa den Bestimmtheitsgrundsatz[806], das Rückwirkungsverbot[807] oder den Vertrauensschutz[808], aufgegriffen[809]. Die Europäische Union bezeichnet der Gerichtshof in diesem Zusammenhang bewusst nicht als Rechtsstaat, sondern als Rechtsgemeinschaft[810]. Dieser Qualifizierung steht die Begrenzung der Unionsbefugnisse durch die *compétence d'attribution* entgegen, wodurch wesentliche rechtsstaatliche Elemente, wie das Strafrechtsmonopol und die Rechtsdurchsetzung durch polizeiliche oder andere Vollzugsbeamte, den Mitgliedstaaten vorbehalten bleiben.

1. *Prinzip der Gewaltenteilung*

Der innerstaatliche Grundsatz der Gewaltenteilung (*séparations des pouvoirs*), so wie er beispielsweise konkret in Art. 20 Abs. 2 Satz 2, Abs. 3 GG oder allgemeiner in Art. 16 der französischen Menschen- und Bürgerrechtserklärung von 1789[811] statuiert ist, lässt sich nicht ohne weiteres auf die institutionelle Ausrichtung der Union übertragen. Zum einen überlässt die Union die Ausführung des von ihr gesetzten Rechtes grundsätzlich der Exekutive der Mitgliedstaaten, vgl. Art. 197, Art. 291 Abs. 1 AEU und besitzt daher auch keinen stringenten Verwaltungsunterbau. Zum anderen ist das „Exekutivorgan" der EU zugleich Motor der Gesetzgebung, vgl. Art. 17 Abs. 2 EU. Eine klare Linie zwischen Exekutive und Legislative ist damit nicht zu ziehen und erfordert vielmehr die praktische Umsetzung des in Art. 13 Abs. 2 Satz 2 EU festgelegten Grundsatzes der loyalen Zusammenarbeit. Eine klassische Trennung der Unionsgewalten im innerstaatlichen Sinne ist daher aufgrund der Struktur der Rechtsgemeinschaft

806 EuGH, Rs. 169/80, Slg. 1981, 1932, Rn. 17 –*Administration des douanes/Gondrand Frères.*

807 EuGH, Rs. 98/78, Slg. 1979, 69, Rn. 20 – *Racke/Hauptzollamt Mainz*; EuGH, Rs. 99/78, Slg. 1979, 101, Rn. 8 – *Decker/Hauptzollamt Landau*; EuGH, Rs. C-337/88, Slg. 1990, I-14, Rn. 13 – *SAFA/Amministrazione delle finanze.*

808 EuGH, Rs. C-90/95, Slg. 1997, I-2011, Rn. 35 – *De Compte/Parlament.*

809 Zu weiteren von der Rechtsprechung aufgegriffenen rechtsstaatlichen Aspekten siehe die Nachweise bei *Hofmann* in: Hofmann/Marko/Merli/Wiederin, Rechtsstaatlichkeit in Europa, S. 323 ff.; *Stumpf* in: Schwarze, EU-Kommentar (2.Aufl.), Art. 6 EUV a.F., Rn. 7 ff.

810 EuGH, Rs. C-294/83, Slg. 1986, 1357, Rn. 23 – *Les Verts/Parlament.*

811 In der französischen Verfassung findet sich selbst kein Bezug zum Prinzip der Gewaltenteilung. Die Inhalte der Menschen- und Bürgerrechtserklärung (*Déclaration des droits de l'homme et du citoyen de 1789 - DDHC*) werden aber über ihre Präambel berücksichtigt, vgl. *Préambule, Constitution de la République française.*

nicht zweckmäßig[812]. Diesem Verständnis könnte höchstens der EuGH als Judikative gegenüber den übrigen Unionsorganen gerecht werden[813]. Die Unionstruktur und die auf die Unionsorgane verteilten Aufgabenbereiche spiegeln dabei eine eigenständige Ausprägung des Prinzips von „*checks and balances*“[814] wider.

2. *Institutionelles Gleichgewicht*

Als mögliches Unionssubstitut des traditionellen mitgliedstaatlichen Gewaltenteilungsgrundsatzes könnte der richterrechtlich geprägte Begriff des institutionellen Gleichgewichts dienen[815]. Der EuGH hatte bereits wenige Jahre nach Gründung der Montanunion (EGKS) in zwei noch vor Gründung der Europäischen Wirtschafts- und der Europäischen Atomgemeinschaft eingeleiteten Verfahren (*Meroni* I und II) bei der Auslegung des Art. 3 EGKS auf das „Gleichgewicht der Gewalten“ als „grundlegende Garantie“ abgestellt[816]. Nachfolgend hat der Gerichtshof beispielsweise die Beteiligung des Europäischen Parlaments am Gesetzgebungsverfahren in Form des Anhörungsrechtes als einen wichtigen Mechanismus „für das vom Vertrag gewollte institutionelle Gleichgewicht“ angesehen[817]. Darüber hinaus wurde dem Europäischen Parlament eine zusätzliche

---

812 *Hilf/Schorkopf* in: Grabitz/Hilf/Nettesheim, Das Recht der EU, Art. 2 EUV, Rn. 35; *Schorkopf*, Homogenität in der EU, S. 97 f. (Ziff. 136); *Hofmann* in: Hofmann/Marko/Merli/Wiederin, Rechtsstaatlichkeit in Europa, S. 325 ff.; *Ipsen*, Europäisches Gemeinschaftsrecht, § 11 (S. 315 ff.); grundlegend *Seeler*, Die europäische Einigung und das Problem der Gewaltenteilung.

813 So beispielsweise *Scheuing* in: Schulze/Zuleeg/Kadelbach, Europarecht, § 6, Rn. 18.

814 Siehe dazu *Kutscher*, EuR 1981, 392 ff. (410); *Oppermann/Classen/Nettesheim*, Europarecht, § 5, Rn. 19.

815 *Herdegen*, Europarecht, S. 154; *Scheuing* in: Schulze/Zuleeg/Kadelbach, Europarecht, § 6, Rn. 18; *Huber*, EuR 2003, 574 ff. (576); *Streinz* in: Streinz, EUV/AEUV, Art. 13 EUV, Rn. 17; vgl. *Hatje* in: Schwarze, EU-Kommentar, Art. 13 EUV, Rn. 31 ff.; anders *Görisch*, Demokratische Verwaltung durch Unionsagenturen, S. 373 f.; *ders.*, JURA 2012, 42 ff. (48), der das institutionelle Gleichgewicht im Rahmen der *Meroni*-Entscheidungen zumindest auch dem Demokratieprinzip zuordnet; siehe ferner die vergleichende Analyse von Elementen des Gleichgewichtsgrundsatzes auf nationaler und unionaler Ebene bei *Siegel*, DöV 2010, 1 ff.

816 EuGH, Rs. 9/56, Slg. 1985, 16, 44 – *Meroni & Co., Industrier Metallurgiche/Hohe Behörde* (*Meroni* I); EuGH, Rs. 10/56, Slg. 1958, 57, 82 - *Meroni & Co., Industrier Metallurgiche/Hohe Behörde* (*Meroni* II).

817 EuGH, Rs. 138/79, Slg. 1980, 3333, Rn. 33 – *Roquette Frères/Rat*; siehe auch EuGH, Rs. C-21/94, Slg. 1995, I-1845, Rn. 17 – *Parlament/Rat.*

Klagebefugnis als Ausfluss des institutionellen Gleichgewichts eingeräumt[818], um einen Eingriff in seine Organrechte feststellen lassen zu können:

> „Die Wahrung des institutionellen Gleichgewichts gebietet es, dass jedes Organ seine Befugnisse unter Beachtung der Befugnisse der anderen Organe ausübt. Sie verlangt auch, dass eventuelle Verstöße gegen diesen Grundsatz geahndet werden können."[819]

Das institutionelle Gleichgewicht ist nicht näher im Primärrecht verankert. Art. 13 Abs. 2 Satz 2 EU spricht „nur" von einer loyalen Zusammenarbeit der Organe. Erblickt man in Art. 13 Abs. 2 EU dennoch eine primärrechtliche Ausprägung dieses Gedankens[820], so bleibt trotzdem offen, unter welchen Kriterien eine Aufgabenverschiebung innerhalb der Unionstruktur erfolgen darf[821].

Im Schrifttum wird dem institutionellen Gleichgewicht häufig der normative Charakter zur Bestimmung der wechselseitigen Organbeziehungen abgesprochen[822]. Andere Stimmen aus der Rechtslehre haben das institutionelle Gleichgewicht als „normatives, justitiables Gestaltungsprinzip" hingegen begrüßt[823]. Die im Amsterdamer Protokoll über die Anwendung der Grundsätze der Subsidiarität und der Verhältnismäßigkeit[824] in Ziff. 2 geforderte Berücksichtigung des institutionellen Gleichgewichts wird für[825] und gegen[826] eine normative Wertung angeführt. Allerdings ist der Begriff in der Lissabonner Protokollfassung nicht mehr enthalten. Jedoch dürfte der Verzicht aufgrund der verstärkten prozeduralen Funktion des Protokolls als „Entmaterialisierung"[827] zu verstehen sein, die nicht zu einer Abschwächung des Gleichgewichtsgrundsatzes führt.

---

818 EuGH, Rs. C-70/88, Slg. 1991, I-2067, Rn. 21 ff. – *Parlament/Rat* (Tschernobyl).

819 EuGH, Rs. C-70/88, Rn. 22.

820 *Geiger* in: Geiger/Khan/Kotzur, EUV/AEUV, Art. 13 EUV, Rn. 13.

821 So auch *Nettesheim* in: Grabitz/Hilf/Nettesheim, Das Recht der EU, Art. 13 EUV, Rn. 30.

822 *Bieber* in: v. d. Groeben/Schwarze, EUV/EGV, Art. 7 EG, Rn. 66; *ders.* in: Schulze/Zuleeg/Kadelbach, Europarecht, § 1, Rn. 19; *Hummer* in: FS-Verdross, 1980, 459 ff. (483 ff.); *Läufer*, Die Organe der EG – Rechtsetzung und Haushaltsverfahren zwischen Kooperation und Konflikt, S. 220 ff.; *Huber*, EuR 2003, 574 ff. (575 f.).

823 *Hilf*, Die Organisationsstruktur der Europäischen Gemeinschaften, S. 312 ff.; *Priebe*, Entscheidungsbefugnisse vertragsfremder Einrichtungen im Europäischen Gemeinschaftsrecht, S. 76 f.; *Calliess* in: Calliess/Ruffert, EUV/AEUV, Art. 13 EUV, Rn. 10 ff.; *Streinz* in: Streinz, EUV/AEUV, Art. 13 EUV, Rn. 23; *Geiger* in: Geiger/Khan/Kotzur, EUV/AEUV, Art. 13 EUV, Rn. 13.

824 ABl. C 340 vom 10.11.1997, S. 105.

825 *Streinz* in: Streinz, EUV/AEUV, Art. 13 EUV, Rn. 23.

826 *Bieber* in: v. d. Groeben/Schwarze, EUV/EGV, Art. 7 EG, Rn. 66.

827 *Streinz* in: Streinz, EUV/AEUV, Art. 13 EUV, Rn. 23.

Unabhängig davon, ob man dem Begriff deskriptiven oder normativen Gehalt zubilligt, hat der Gerichtshof insbesondere in Bezug auf die Delegation von Hoheitsbefugnissen wichtige Grundsätze aufgestellt, die in einer noch zu determinierenden Weise Berücksichtigung finden müssen.

a) *Meroni*-Doktrin

Das institutionelle Gleichgewicht ist insbesondere bei organisatorischen Veränderungen der EU-Struktur zu berücksichtigen. Neben der Prägung des Begriffs des institutionellen Gleichgewichts hat der Gerichtshof in den sog. *Meroni*-Urteilen strenge Anforderungen an die Übertragung von Hoheitsbefugnissen aufgestellt. In seinen Folgeentscheidungen hat der EuGH zunächst nicht mehr in dieser Deutlichkeit zur Delegation von Entscheidungsbefugnissen Stellung genommen. Erst Anfang 2014 fand in einer jüngsten Entscheidung eine direkt Bezugnahme zu Teilen der *Meroni*-Rechtsprechung statt[828]. Die im Geltungsbereich des EGKS-Vertrages getroffenen Feststellungen sind daher noch heute von erheblicher Bedeutung. Die engen Grenzen der sog. *Meroni*-Doktrin und ihr ungewisser Fortbestand im jetzigen EU-System haben eine langlebige Diskussion im Schrifttum[829] mit sich gebracht.

Im Vorfeld zu den gerichtlichen Verfahren hatte die Hohe Behörde der EGKS eine Ausgleichseinrichtung gegründet, die eine angemessene Schrottversorgung für Abnehmer innerhalb des Gemeinsamen Marktes sicherstellen sollte[830]. Die Aufgaben der neu geschaffenen Einrichtung wurden durch die zu diesem Zeitpunkt

---

828 Näher dazu unten, unter Teil 3/C./III./a)/bb)/(4).

829 Grundlegend, *Priebe*, Entscheidungsbefugnisse vertragsfremder Einrichtungen im Europäischen Gemeinschaftsrecht, S. 31 ff.; ausführlich *Calliess* in: Calliess/Ruffert, EUV/AEUV, Art. 13 EUV, Rn. 47 ff.; *Schwartz* in: v. d. Groeben/Schwarze, EUV/EGV, Art. 308 EG, Rn. 218 ff.; *Nettesheim* in: Grabitz/Hilf/Nettesheim, Das Recht der EU, Art. 13 EUV, Rn. 45 ff.; *Streinz* in: Streinz, EUV/AEUV, Art. 13 EUV, Rn. 36; *Craig*, EU Administrative Law, S. 153 ff.; *Majone*, JCMS 2000, 273 ff. (289); *Kühling*, EuZW 2008, 129; *Wittinger*, EuR 2008, 609 ff. (618 ff.); *Herdegen*, Bankenaufsicht im Europäischen Verbund, S. 66 f.; *Griller/Orator*, European Law Review 2010, 3 ff.; *Häde*, EuZW 2011, 662 ff. (663 f.); *Chamon*, CML Rev. 2011, 1055 ff.; *Ludwigs*, DVBl. 2011, 61 ff. (65 f.); *Michel*, DöV 2011, 728 ff. (731 f.); *Görisch*, JURA 2012, 42 ff. (48 f.).

830 Entscheidung der Hohen Behörde Nr. 22/54 vom 26. März 1954, über die Schaffung einer finanziellen Einrichtung für den Ausgleich der Preise des aus dritten Ländern eingeführten Schrotts, ABl. vom 30.03.1954, S. 286; Entscheidung der Hohen Behörde Nr. 14/55 vom 26. März 1955, über die Schaffung einer finanziellen Einrichtung zur Sicherstellung einer gleichmäßigen Schrottversorgung des gemeinsamen Marktes, ABl. vom 30.03.1955, S. 685.

bereits existenten Brüsseler Organe ausgeführt, welche privatrechtlich ausgestaltet waren[831]. Die Ausgleichseinrichtung war insbesondere dazu ermächtigt, gegenüber den schrottverbrauchenden Unternehmen Beitragssätze durch Beschluss festzulegen[832]. Wurde die Beitragsforderung von einem schrottbeziehenden Unternehmen nicht fristgerecht beglichen, so konnte die Hohe Behörde auf Grundlage des Beitragssatzes eine als vollstreckbaren Titel (Art. 92 Abs. 1 EGKS) ausgerichtete Entscheidung erlassen[833]. Ein als Adressat betroffenes italienisches Metallunternehmen (*Meroni*) hat gegen zwei dieser vollstreckbaren Titel Klage vor dem Gerichtshof erhoben. Im Rahmen dieser Verfahren hatte der EuGH die Möglichkeit, neben den konkreten Beitragssätzen auch inzident die Rechtmäßigkeit der Gründungsakte der Ausgleichseinrichtung zu überprüfen, welche er für rechtswidrig hielt[834].

Der Gerichtshof schloss dabei eine Delegation von Befugnissen auf privatrechtlich organisierte Verbände nicht grundsätzlich aus. Es dürften allerdings nur „genau umgrenzte Ausführungsbefugnisse“ übertragen werden, welche einer Kontrolle durch die Hohe Behörde „in vollem Umfang“ zugänglich sein müssten[835]. In diesem Sinne würden Entscheidungsbefugnisse, die der Einrichtung ein Ermessen einräumen, gegen die im Vertrag (Art. 3 EGKS) „verankerte Garantie des Gleichgewichts der Gewalten“ verstoßen[836]. Bei einer Übertragung von hoheitlichen Befugnissen mit Ermessensspielraum läge nämlich eine „tatsächliche Verlagerung der Verantwortung“ vor[837]. Befugnisse mit einem besonders weiten Ermessensspielraum könnten zudem, je nach Art der Ausübung, zur „Verwirklichung einer ausgesprochenen Wirtschaftspolitik“ führen[838].

aa) EBA-Befugnisse am Maßstab der Meroni-Grundsätze

Zu prüfen ist zunächst, ob die EBA den strengen Anforderungen der *Meroni*-Doktrin gerecht wird[839]. In Bezug auf die Ausgestaltung der EBA-Befugnisse

831 Dazu zählten gem. Art. 1 Ziff. 2 Entscheidung Nr. 22/54 und Art. 1 Abs. 2 Entscheidung Nr. 14/55 das Gemeinsame Büro der Schrottverbraucher und die Ausgleichskasse für eingeführten Schrott, welche mit notarieller Urkunde vom 24. April 1953 gegründet wurden.

832 Art. 3 Abs. 2 Mitteilungen Nr. 22/54 und Nr. 14/55.

833 Art. 4 Abs. 2 Mitteilungen Nr. 22/54 und Nr. 14/55.

834 EuGH, Rs. 9/56, 47 (*Meroni* I); EuGH, Rs. 10/56, 85 (*Meroni* II).

835 EuGH, Rs. 9/56, Leitsatz 8, 44 (*Meroni* I); EuGH, Rs. 10/56, Leitsatz 6, 81 (*Meroni* II).

836 EuGH, Rs. 9/56, Leitsatz 10, 44 (*Meroni* I); EuGH, Rs. 10/56, Leitsatz 8, 82 (*Meroni* II).

837 EuGH, Rs. 9/56, 44 (*Meroni* I); EuGH, Rs. 10/56, 81 (*Meroni* II).

838 EuGH, Rs. 9/56, 43 (*Meroni* I); EuGH, Rs. 10/56, 81 (*Meroni* II).

839 Wäre dies der Fall, müsste im Rahmen der gegenständlichen Prüfung der umstrittene Fortwirkungsgrad der *Meroni*-Doktrin nicht mehr erörtert werden.

sind insbesondere die vom EuGH geforderte umfassende Beaufsichtigung durch die Kommission und die unzulässige Delegation von Ermessensentscheidungen problematisch.

Die der EBA eingeräumten Einzelfallbefugnisse (Art. 17-19 EBA-VO) unterliegen keinen Zustimmungsvorbehalten durch die Kommission oder ähnlichen Kontrollmechanismen. Nur im Rahmen von Art. 17 EBA-VO findet eine indirekte Bindung an die förmliche Stellungnahme der Kommission statt, was aber als ein dem EBA-Beschluss vorgeschalteten Mittel nicht einer Beaufsichtigung gleichgestellt werden kann. Ferner erfüllen die mit Ausnahme von Haushaltsfragen[840] nicht stimmberechtigten Vertreter der Kommission in den EBA-Gremien[841] eine reine Beobachtungsfunktion, die man als rudimentären Ausfluss der allgemeinen Rechtsaufsicht der Kommission nach Art. 17 Abs. 1 EU verstehen könnte. Eine umfassende Kontrolle ermöglicht sie hingegen nicht, zumal der EuGH sogar den Zustimmungsvorbehalt der Hohen Behörde durch einen ständigen Vertreter bei den Brüsseler Organen nicht hat ausreichen lassen[842]. Die fehlende Beaufsichtigung der EBA-Beschlüsse durch die Kommission wird vielmehr, nach erfolglosem Durchlauf des vorgeschalteten Beschwerdeverfahrens, durch eine rechtliche Kontrolle der Unionsgerichte ersetzt.

Auch die selbständige Erarbeitung und Herausgabe von Leitlinien und Empfehlungen (Art. 16 EBA-VO) unterliegen nicht der Aufsicht durch die Kommission. Eine solche Kontrolle kann nur mit Hinblick auf die Entwicklung von technischen Regulierungs- und Durchführungsstandards (Art. 10 ff. EBA-VO) konstatiert werden, welche vor Verabschiedung in jedem Fall von der Kommission letztinstanzlich gebilligt werden müssen.

Des Weiteren „kann" die EBA entsprechende Standards ausarbeiten oder Beschlüsse erlassen, ist aber nicht zwingend dazu verpflichtet. Ihr kommt daher bei der Ausübung ihrer Befugnisse ein wesentlicher Ermessensspielraum zu. Sie kann beispielsweise konkret darüber bestimmen, wann außergewöhnliche Umstände i.S.d. Art. 18 Abs. 3 EBA-VO vorliegen oder generell festlegen, welchen Inhalt die von ihr herausgegebenen Leitlinien oder Empfehlungen annehmen sollen.

In Anlehnung an die Termini der *Meroni*-Rechtsprechung bleibt damit festzuhalten, dass weder eine Beaufsichtigung der EBA durch die Kommission in vollem Umfang gewährleistet noch lediglich genau umgrenzte

840 Vgl. Art. 45 Abs. 2 Unterabs. 3 i.V.m. Art. 63 EBA-VO.

841 Siehe dazu oben, unter Teil 2/C./II.

842 Vgl. EuGH, Rs. 9/56, 46 f. (*Meroni* I); EuGH, Rs. 10/56, 84 (*Meroni* II).

Ausführungsbefugnisse ohne Ermessensspielraum auf die EBA übertragen werden.

bb) Fortbestand der Meroni-Grundsätze

Fraglich ist jedoch, ob die vor über fünfzig Jahren zum EGKS-Vertrag ergangene *Meroni*-Rechtsprechung weiterhin uneingeschränkt auf das heutige Integrationsniveau der Europäischen Union anwendbar ist. Dies wird im Schrifttum unterschiedlich beurteilt. Unerheblich dürfte diesbezüglich sein, dass Unionsagenturen, einschließlich der EBA, juristische Personen des öffentlichen Rechtes sind und nicht wie die Brüsseler Organe eine privatrechtliche Ausgestaltung vorweisen[843]. Denn die Wahl der Rechtsform darf nicht über die Geltung von rechtsgemeinschaftlichen Prinzipien entscheiden.

(1) Weitere Einschränkungen für EWG-Vertrag

Nach einer Ansicht ist die zum EGKS ergangene *Meroni*-Rechtsprechung nicht ohne weiteres auf den um diesen Zeitpunkt in Kraft getretenen EWG-Vertag übertragbar[844]. Eine Delegation von Entscheidungsbefugnissen sei danach nur dann zulässig, wenn diese im (EWG-)Vertrag ausdrücklich vorgesehen ist[845].

Demzufolge könnte allenfalls in Art. 290 f. AEU eine ausdrückliche Ermächtigung für die normenkonkretisierende Tätigkeit der EBA zu sehen sein. Die darin enthaltene Delegations- und Durchführungsbefugnis gilt aber *expressis verbis* nur für die Kommission und nach Anhängern der vorliegenden Ansicht wird die Möglichkeit einer Subdelegation[846] oder einer Delegation an andere Adressaten als die Kommission (Delegatare)[847] grundsätzlich abgelehnt.

---

843 Siehe dazu *Priebe*, Entscheidungsbefugnisse vertragsfremder Einrichtungen im Europäischen Gemeinschaftsrecht, S. 110 (Anm. 231), der es nicht ausschließt auf öffentliche Stellen mildere Maßstäbe anzuwenden; EuGH, Rs. C-270/12, vom 22. Januar 2014, Slg. (noch nicht veröffentlicht), Rn. 43 – *Vereinigtes Königreich/ Parlament u. Rat*, weist in Bezug auf die Brüsseler Organe und ESMA auf die unterschiedlichen Rechtsformen hin, knüpft jedoch an diese Unterscheidung keine direkten Konsequenzen.

844 *Schindler*, Delegation von Zuständigkeiten in der Europäischen Gemeinschaft, S. 102 f.; *Däubler*, DVBl. 1966, 660 ff. (663).

845 *Everling* in: FS-Ophüls, 1965, S. 33 ff. (42); *Däubler*, DVBl. 1966, 660 ff. (662).

846 So zumindest im Geltungsbereich des EWG-Rechts *Schindler*, Delegation von Zuständigkeiten in der Europäischen Gemeinschaft, S. 213 ff.

847 *Schindler*, Delegation von Zuständigkeiten in der Europäischen Gemeinschaft, S. 101.

Für die Befugnisse der EBA würde es daher an einer ausdrücklichen Ermächtigung im AEU-Vertrag fehlen.

(2) Uneingeschränkte Fortgeltung der Meroni-Doktrin

Dem ersten Standpunkt stehen die Befürworter[848] der *Meroni*-Doktrin gegenüber, die jedenfalls innerhalb der darin aufgestellten engen Grenzen eine Delegation von Entscheidungsbefugnissen als zulässig erachten.

Wie soeben aufgezeigt, erfüllt die EBA-Verordnung mangels umfassender Kontrolle durch die Kommission und aufgrund der Übertragung von Ermessensentscheidungen nicht die strengen Anforderungen der *Meroni*-Doktrin. Daher wäre eine Delegation auf die EBA hiernach für unzulässig bzw. rechtswidrig zu erklären.

(3) Lockerung der Meroni-Grundsätze

Von anderen Stimmen in der Literatur wird die Fortgeltung der *Meroni*-Grundsätze angezweifelt[849]. Vereinzelt wird die *Meroni*-Rechtsprechung sogar verworfen[850] oder verteufelt („*Meroni Devil*"[851]). Einige Anhänger versuchen die Anforderungen an eine zulässige Befugnisdelegation aus dem „Korsett" der *Meroni*-Doktrin zu befreien. Dies wird zum Teil mit Folgeentscheidungen des EuGH[852] oder mit dem voranschreitenden Integrationsprozess begründet[853]. Maßgeblich ist nach diesem Standpunkt, dass durch die Befugnisübertragung das institutionelle Kompetenzgefüge nicht beeinträchtigt wird[854].

Hiernach wäre in einem Folgeschritt eine Verletzung des institutionellen Gleichgewichts durch die EBA-Verordnung zu prüfen.

---

848 *Ipsen*, Europäisches Gemeinschaftsrecht, S. 444 f.; *Bieber* in: v. d. Groeben/Schwarze, EUV/EGV, Art. 7 EG, Rn. 22; *Hatje* in: Schwarze, EU-Kommentar, Art. 13 EUV, Rn. 41; *Weis*, EuR 1980, 273 ff. (283); *Remmert*, EuR 2003, 134 ff. (139); *Ludwigs*, DVBl. 2011, 61 ff. (65).

849 *Nicolaysen*, Europarecht I, S. 210 f.; vgl. *Herdegen*, Europarecht, S. 150; *ders.*, Bankenaufsicht im Europäischen Verbund, S. 66 f.

850 *Majone*, JCMS 2000, 273 ff. (289).

851 *Chamon*, CML Rev. 2011, 1055 ff. (1057).

852 *Hilf*, Die Organisationsstruktur der Europäischen Gemeinschaften, S. 319.

853 *Kühling*, EuZW 2008, 129; *Priebe*, Entscheidungsbefugnisse vertragsfremder Einrichtungen im Europäischen Gemeinschaftsrecht, S. 123; *Nettesheim* in: Grabitz/Hilf/Nettesheim, Das Recht der EU, Art. 13 EUV, Rn. 51 ff.

854 *Streinz* in: Streinz, EUV/AEUV, Art. 13 EUV, Rn. 37; *Hilf*, Die Organisationsstruktur der Europäischen Gemeinschaften, S. 316; *Winter*, EuR 2005, 255 ff. (263); *Kühling*, EuZW 2008, 129; *Ehlermann*, EuR 1973, 193 ff. (199 f.); *Lenaerts*, European Law Review 1993, 23 ff. (49).

(4) Jüngste Rechtsprechung des EuGH
Im Januar 2014 hat der EuGH erstmals wieder direkten Bezug auf die *Meroni*-Rechtsprechung und die darin enthaltenen Grenzen für eine Übertragung von Ermessensentscheidungen genommen[855]. Das Vereinigte Königreich hatte in seiner Klage unter anderem vorgeberacht, dass die in Art. 28 Verordnung (EU) Nr. 236/2012 zugunsten von ESMA eingeräumte Befugnis, ein Verbot für Leerverkäufe an private Akteure des Finanzsektors zu erteilen, gegen die in den *Meroni*-Urteilen aufgestellten Grenzen hinsichtlich der Übertragung von Befugnissen verstoße[856].

Das Unionsgericht hat die Klage des Vereinigten Königreichs abgewiesen, musste sich zugleich aber mit der Frage beschäftigen, ob die *Meroni*-Grundsätze weiterhin im jetzigen Vertragsgefüge der EU Fortbestand haben. Dabei hat sich der EuGH nicht grundlegend zur Reichweite der *Meroni*-Doktrin geäußert, sondern sich konsequenterweise auf eine Prüfung der in der Klage vorgebrachten Argumente beschränkt. Zentraler Angriffspunkt war hier, dass ESMA durch die Ermächtigung in Art. 28 Verordnung (EU) Nr. 236/2012 ein „sehr weites Ermessen" eingeräumt würde. Der EuGH hat in diesem Zusammenhang zunächst die in der *Meroni*-Rechtsprechung vorgebrachten Grenzen rezitiert[857] und auf den vorliegenden Fall angewendet. Im Unterschied zu den Brüsseler Organen sei hier aber die Wahrnehmung der Befugnisse nach Art. 28 Verordnung (EU) Nr. 236/2012 „an verschiedene Kriterien und Bedingungen geknüpft, die den Handlungsspielraum der ESMA begrenzen"[858]. Maßnahmen nach Art. 28 Abs. 1 Verordnung (EU) Nr. 236/2012 können nur dann ergriffen werden, wenn gem. Art. 28 Abs. 2 Verordnung (EU) Nr. 236/2012 die ordnungsgemäße Funktionsweise und Integrität der Finanzmärkte oder die Stabilität des gesamten oder eines Teils des Finanzsystems in der Union mit grenzübergreifenden Auswirkungen bedroht sind. Zudem darf keine zuständige nationale Behörde bereits Maßnahmen ergriffen haben, um der Bedrohung zu begegnen, oder eine oder mehrere der zuständigen Behörden nur solche Maßnahmen ergriffen haben, die der Bedrohung nicht in angemessener Weise gerecht geworden sind. Des Weiteren würde der Ermessensspielraum von ESMA aufgrund der Vorläufigkeit eines Verbotes und der Konsultationspflicht gegenüber dem ESRB und gegebenenfalls

855 EuGH, Rs. C-270/12, vom 22. Januar 2014, Slg. (noch nicht veröffentlicht) – *Vereinigtes Königreich/Parlament u. Rat.*

856 Vgl. EuGH, Rs. C-270/12, Rn. 27 ff.

857 EuGH, Rs. C-270/12, Rn. 41 f.

858 EuGH, Rs. C-270/12, Rn. 45.

nationalen Behörden weiter eingeschränkt[859]. Insgesamt würde ESMA durch Art. 28 Verordnung (EU) Nr. 236/2012 daher nicht „ein weites Ermessen" eingeräumt, weshalb deren Befugnisse im Einklang mit den Erfordernissen aus der *Meroni*-Rechtsprechung stünden[860].

Damit hat sich der EuGH grundsätzlich für einen Fortbestand der *Meroni*-Grundsätze in Bezug auf die Übertragung von Ermessensentscheidungen ausgesprochen, wobei in Zukunft die Beurteilung, ob im Einzelfall von „einem weiten Ermessen" auszugehen ist, stark von den an die Befugnisausübung geknüpften Voraussetzungen der konkreten Ermächtigungsnorm abhängen wird. Ein unzulässiges und damit besonders weites Ermessen scheint erst dann vorzuliegen, wenn die Ausübung der Befugnisse nicht an zusätzliche Tatbestandsvoraussetzungen (Funktionsfähigkeit und Integrität der Finanzmärkte) geknüpft wird und auch keine Konsultation von Unionsorganen oder anderen Einrichtungen der EU zu erfolgen hat. Ferner kann auch die Endgültigkeit der ergriffenen Maßnahme zur Beurteilung dieser Frage eine Rolle spielen. Demgegenüber setzt Generalanwalt *Jääskinen* die Akzente der *Meroni*-Doktrin auf der gerichtlichen Überprüfbarkeit der Maßnahme und dem Prinzip, dass die Unionsorgane nicht Befugnisse übertragen dürfen, die weiter reichen als ihre eigenen und daher willkürlich sind[861], was im Fall von Art. 28 Verordnung (EU) Nr. 236/2012 nicht zu einem Verstoß gegen diese Grenzen führt.

Bedauerlicherweise hat das Vereinigte Königreich seine Klage auf eine Überprüfung von Art. 28 Verordnung (EU) Nr. 236/2012 beschränkt[862], welche vom Unionsgericht dankend angenommen wurde[863]. In diesem Zusammenhang hätte man auch die Zulässigkeit der ESMA-VO zumindest mittels eines subsidiären Hilfsantrages in Frage stellen können, für den Fall, dass der Hauptantrag (Überprüfung von Art. 28 Verordnung (EU) Nr. 236/2012) ins Leere geht. Auch Ausführungen zum institutionellen Gleichgewicht und zur ausreichenden Kontrolle durch die Unionsorgane hätten hier vorgebracht werden können. Zumindest Generalanwalt *Jääskinen* ist auf diese beiden Punkte im Zusammenhang mit der *Meroni*-Rechtsprechung eingegangen[864].

---

859 EuGH, Rs. C-270/12, Rn. 50.

860 EuGH, Rs. C-270/12, Rn. 53 f.

861 GA *Jääskinen*, Schlussanträge, Rs. C-270/12, Slg. (noch nicht veröffentlicht), Rn. 64 und 88 – *Vereinigtes Königreich/Parlament u. Rat*; auch das Parlament nimmt Bezug zum institutionellen Gleichgewicht, dies aber im Rahmen von Art. 290 f. AEU, siehe EuGH, Rs. C-270/12, Rn. 72.

862 Siehe EuGH, Rs. C-270/12, Rn. 18.

863 Siehe EuGH, Rs. C-270/12, Rn. 26.

864 GA *Jääskinen*, Schlussanträge, Rs. C-270/12, Rn. 64.

Wie bereits oben ausgeführt[865], ist grundsätzlich davon auszugehen, dass die der EBA in Art. 17-19 EBA-VO eingeräumten Vollzugsbefugnisse auch einen gewissen Ermessensspieleraum beinhalten. Wie im Fall von Art. 28 Verordnung (EU) Nr. 236/2012 ist die Ausübung dieser Befugnisse ebenfalls an das ordnungsgemäße Funktionieren und die Integrität der Finanzmärkte gekoppelt und EBA-Beschlüsse dürfen nur unter dem Vorbehalt ergehen, dass die zuständigen nationalen Aufsichtsbehörden nicht entsprechend tätig geworden sind[866]. Daher ist anzunehmen, dass die Befugnisse der EBA im Einklang mit dieser neuen Rechtsprechung stehen und nicht von „einem weitem Ermessen“ in diesem Zusammenhang auszugehen ist. Dieses unbestimmte Kriterium beinhaltet allerdings auch die Gefahr einer recht subjektiv geprägten Beurteilung im Einzelfall.

(5) Stellungnahme

Zunächst ist auf die von der ersten Meinung verneinte Übertragungsmöglichkeit der *Meroni*-Grundsätze einzugehen. Wenn der EuGH bereits innerhalb des Geltungsbereichs des mittlerweile ausgelaufenen EGKS-Vertrages eine Delegation von Hoheitsbefugnissen grundsätzlich, gleichwohl unter strengen Voraussetzungen, für zulässig erklärt hat, wäre es widersprüchlich, für den flexibleren EWG-Vertrag eine restriktivere Handhabung zu fordern[867]. Vielmehr müsste die Zulässigkeit der Hoheitsübertragung nach dem EGKS-Vertrag prinzipiell auch *a fortiori* für den EWG-Vertrag gelten. Dagegen spricht jedoch, insoweit ist der ersten Meinung zuzustimmen, dass der EGKS-Vertrag eine ausdrückliche Ermächtigung für die Kommission in Art. 53 EGKS zur Errichtung von finanziellen Einrichtungen vorgesehen hat[868]. Eine solche Regelung war im EWG-Vertrag nicht enthalten. Mit Inkrafttreten des Lissabonner Vertrages finden sich aber zumindest Hinweise auf die Existenz von Europäischen Agenturen. Was die Art und den Umfang der Agenturbefugnisse betrifft, so sind zwar noch immer keine konkreten Angaben im AEU-Vertrag enthalten, allerdings bietet an dieser Stelle Art. 263 Abs. 5 AEU eine geeignete Orientierungshilfe. Danach können in den Gründungsakten von Einrichtungen und sonstigen Stellen der Union Bestimmungen zu Rechtsbehelfen für einen Personenkreis festgelegt werden, gegenüber welchem die Handlungen der Einrichtung Rechtswirkung entfalten. Diese Vorschrift setzt damit voraus, dass Unionsagenturen Entscheidungsbefugnisse

865 Siehe Teil 3/C./III./2./a)/aa).

866 Vgl. Art. 17 Abs. 6, Art. 18 Abs. 4 und Art. 19 Abs. 4 EBA-VO.

867 So auch schon *Ehlermann*, EuR 1971, 250 ff. (260 f.).

868 *Everling* in: FS-Ophüls, 1965, S. 33 ff. (41).

mit verbindlicher Wirkung gegenüber Dritten übertragen werden dürfen. Sie wäre überflüssig, wenn neben ihr zusätzlich eine ausdrücklich vorgesehene Ermächtigung gefordert würde, die in der derzeitigen Fassung des Vertrages nicht vorhanden ist. Die deutsche Fassung spricht zwar „nur" von Einrichtungen und sonstigen Stellen der Union. Letzte Zweifel des Agenturbezuges können jedoch durch einen Blick in die englische Fassung beseitigt werden. Dort wird sogar selbst der Begriff der „*agencies*" verwendet. Spätestens mit Inkrafttreten des Vertrages von Lissabon dürfte damit ein Festhalten an den Forderungen der ersten Meinung nur noch schwer zu begründen sein.

Hinsichtlich des Problems der Subdelegation ist darauf hinzuweisen, dass es sich im Fall der EBA nicht um eine echte Form der Subdelegation handelt. *Schindler* spricht im Rahmen des EWG-Vertrages von einer unzulässigen Subdelegationsbefugnis der Kommission[869]. Die in Art. 10 ff. EBA-VO festgelegte Befugnis, technische Regulierungs- und Durchführungsstandards zu entwerfen, wurde der EBA aber nicht über die Kommission, sondern direkt von Parlament und Rat übertragen. Es handelt sich daher um eine einfache Delegation im Verhältnis von Parlament und Rat zur EBA. Die auf diesem Wege delegierten Befugnisse beschränken sich aber auf die Ausarbeitung von Rechtsaktentwürfen. Deshalb wäre die Schwelle zur unzulässigen (Sub-)Delegation erst dann überschritten, wenn die Delegations- und Durchführungsrechtsakte der Kommission i.S.d. Art. 290 f. AEU zu eigenen Rechtsakten der EBA würden. In diesem Zusammenhang hat der EuGH in seiner jüngsten Entscheidung zum Verbot von Leerverkäufen durch ESMA keine abschließende Regelung in den Art. 290 f. AEU gesehen, weshalb der Unionsgesetzgeber grundsätzlich auch die Übertragung von Zuständigkeiten auf Einrichtungen oder sonstige Stellen der Europäischen Union in Erwägung ziehen darf.[870]

Diese Argumentation steht auch im Einklang mit einer weiteren Entscheidung des EuGH, in welcher zwar nicht direkt auf die *Meroni*-Rechtsprechung eingegangen wird, die aber gleichwohl Aussagen zur Delegationsbefugnis des Rates auf andere Adressaten als die Kommission beinhaltet. In Sachen *Köster*[871] nahm der Gerichtshof Stellung zu der Frage, ob das vom Rat ins Leben gerufene Verwaltungsausschussverfahren zu einer Verfälschung des institutionellen Gleichgewichts führe. Die mit Vertretern der Mitgliedstaaten besetzten

869 Vgl. *Schindler*, Delegation von Zuständigkeiten in der Europäischen Gemeinschaft, S. 214 f.

870 Vgl. EuGH, Rs. C-270/12, Rn. 77 ff.

871 EuGH, Rs. 25/70, Slg. 1970, 1162 – *Einfuhr- und Vorratsstelle für Getreide und Futtermittel/Köster*.

Verwaltungsausschüsse wurden durch Ratsverordnungen[872] am delegierten Rechtssetzungsverfahren der Kommission im Agrarbereich beteiligt, indem sie zu Entwürfen der Kommission Stellungnahmen abgaben[873]. Sofern die Maßnahmen der Kommission von der in der Stellungnahme vertretenen Position abwichen, musste sie umgehend den Rat darüber informieren[874]. Der Gerichtshof hat eine Verletzung des institutionellen Gleichgewichts durch die Einbindung der Verwaltungsausschüsse zu Recht verneint[875]. Entscheidend ist dabei, dass der Verwaltungsausschuss nicht befugt sei, anstelle des Rates oder der Kommission zu entscheiden[876]. So verhält es sich auch im Fall der EBA. Zwar geht die Beteiligung der Europäischen Bankenaufsichtsbehörde mit der Erarbeitung von vollständigen Entwürfen weiter als die Abgabe von Stellungnahmen. Wie die Rechtsprechung zum Expertenausschuss „SCAN" jedoch gezeigt hat[877], steht die Bindungswirkung von Stellungnahmen oder Gutachten den EBA-Entwürfen in nichts nach. Zudem lässt sich die verstärkte Einbindung der EBA in den Rechtsetzungsprozess mit der hohen Komplexität und Technizität der bankenaufsichtsrechtlichen Materie begründen[878].

Die unterschiedlichen Ermächtigungssubjekte (Deleganten) sprechen im Übrigen auch gegen den zweiten Standpunkt. Die finanzielle Ausgleichseinrichtung für eine angemessene Schrottversorgung wurde von der Hohen Behörde als Vorgängerin der Kommission gegründet und nicht von Rat und Parlament. Die *Meroni*-Doktrin kann aber auch aus anderen Gründen nicht als Grundsatzentscheidung betrachtet werden. Zum einen war die Hohe Behörde zur Gründung der finanziellen Einrichtung ausdrücklich vertraglich ermächtigt. Zum anderen verlangte bereits Art. 53 EGKS die Kontrolle der finanziellen Einrichtung durch die Kommission. Daher ist die vom EuGH geforderte umfassende Beaufsichtigung durch die Kommission auf den Wortlaut dieser Vorschrift gestützt. Aufgrund der klaren Vorgaben des Art. 53 EGKS war es dem Gerichthof damit

872 Im Fall *Köster* ging es insbesondere um Art. 25 f. der Verordnung Nr. 19 über die schrittweise Errichtung einer gemeinsamen Marktorganisation (GMO) für Getreide, ABl. Nr. 933 vom 20.04.1962, S. 62; für die übrigen GMOs gab es mit Hinblick auf das Verwaltungsausschussverfahren identische Verordnungen.

873 Art. 26 Ziff. 2 Verordnung Nr.19.

874 Art. 26 Ziff. 3 Verordnung Nr.19.

875 EuGH, Rs. 25/70, Rn. 8 ff. (*Köster*); siehe auch die damit übereinstimmende Argumentation in einer Parallelentscheidung, EuGH, Rs. 30/70, Slg. 1970, 1197, Rn. 12 ff. - *Einfuhr- und Vorratsstelle für Getreide und Futtermittel/Scheer*.

876 EuGH, Rs. 25/70, Rn. 9 (*Köster*).

877 Siehe oben, unter Teil 3/C./II./2./b)/aa)/(1).

878 *Herdegen*, Bankenaufsicht im Europäischen Verbund, S. 68.

auch nicht möglich, eine Kontrolle oder Beaufsichtigung durch andere Unionsorgane zu erörtern. Die Aussagen des Unionsgerichts lassen deshalb nicht den Umkehrschluss zu, dass eine Beaufsichtigung durch andere Unionsorgane *a priori* unzulässig ist. In seinem Gutachten hinsichtlich der Errichtung eines europäischen Stilllegungsfonds für die Binnenschifffahrt hat der Gerichthof die generelle Frage aufgeworfen, ob es zulässig sei, dass ein Unionsorgan Befugnisse auf eine vertragsfremde Einrichtung übertragen dürfe[879]. Er hat dies dann aber im Ergebnis offen gelassen, da die dem Fonds von den Unionsorganen eingeräumten Befugnisse aufgrund ihrer so deutlichen und genauen Beschreibung im Fondsstatut nur als „bloße Durchführungsbefugnisse" angesehen werden könnten[880]. Nichtsdestotrotz hat der Gerichtshof damit, wenn auch ungewollt, impliziert, dass zumindest klar umschriebene Befugnisse auf vertragsfremde Einrichtungen übertragen werden dürfen. Zudem spricht der EuGH in einem seiner Leitsätze von der grundsätzlichen Befugnis der Union, an eine zusammen mit Drittstaaten gegründete Einrichtung „angemessene Entscheidungsbefugnisse" zu übertragen[881]. Im Vergleich zur *Meroni*-Rechtsprechung könnte mit dieser Begrifflichkeit auch die Übertragung von Ermessensentscheidungen[882] zulässig sein. Dabei muss der Umfang der Ermessensbefugnisse dort enden, wo die Verwirklichung politischer Ziele beginnt. Insofern dürfte das aus den *Meroni*-Urteilen abzuleitende Verbot, Befugnisse mit politischem Charakter zu übertragen[883], weiterhin fortgelten[884].

Im Widerspruch[885] dazu stehen auf den ersten Blick die Urteile des Gerichthofes zur sozialen Sicherheit der Wanderabreitnehmer *Van der Vecht*[886] und *Romano*[887]. In den vorgenannten Entscheidungen führte der EuGH aus, dass Beschlüsse der Verwaltungskommission keine Bindungswirkung entfalten und daher nur den Rang eines „Gutachtens" einnehmen könnten[888]. Die Beschlüsse

---

879 EuGH, Rs. 1/76, Slg. 1977, 741, Rn. 15 – *Stilllegungsfonds für die Binnenschifffahrt.*

880 EuGH, Rs. 1/76, Rn. 16 (*Stilllegungsfonds für die Binnenschifffahrt*).

881 EuGH, Rs. 1/76, Leitsatz 4 (*Stilllegungsfonds für die Binnenschifffahrt*).

882 *Hilf*, Die Organisationsstruktur der Europäischen Gemeinschaften, S. 319.

883 Vgl. EuGH, Rs. 9/56, 43 (*Meroni* I); EuGH, Rs. 10/56, 81 (*Meroni* II).

884 Vgl. dazu beispielsweise *Priebe*, Entscheidungsbefugnisse vertragsfremder Einrichtungen im Europäischen Gemeinschaftsrecht, S. 123; *Streinz* in: Streinz, EUV/AEUV, Art. 13 EUV, Rn. 37.

885 Kritisch zur Vereinbarkeit mit den *Meroni*-Grundsätzen *Calliess* in: Calliess/Ruffert, EUV/AEUV, Art. 13 EUV, Rn. 51 und 57.

886 EuGH, Rs. 19/67, Slg. 1967, 463 – *Van der Vecht/Sociale Verzekeringsbank.*

887 EuGH, Rs. 98/80, Slg. 1981, 1241 – *Romano/INAMI.*

888 EuGH, Rs. 19/67, 474 (*Van der Vecht*).

dienen den Sozialversicherungsträgern höchstens als Orientierungshilfe. Der Verwaltungskommission könne aber nicht die Ermächtigung übertragen werden, „Rechtsakte mit normativem Charakter zu erlassen“[889]. Isoliert betrachtet könnte man daraus schließen, dass die Ausführungen des EuGH, anders als bei *Meroni*, grundsätzlich gegen die Möglichkeit einer Delegation von Hoheitsbefugnissen sprechen. Die rechtliche Qualität der Verwaltungskommissionsbeschlüsse muss aber im Zusammenhang mit der weiteren Argumentation des Unionsgerichts betrachtet werden. Sowohl im Fall *Van der Vecht* als auch bei *Romano* knüpft der EuGH seine Ausführungen an Rechtschutzerwägungen. So sei eine weitergehende Ermächtigung der Verwaltungskommission insbesondere nicht mit dem Rechtschutzsystem der Union zu vereinen[890]. Noch deutlicher wird die Besorgnis einer fehlenden rechtlichen Kontrolle in den Schlussanträgen des Generalanwaltes *Warner*, wonach verbindliche Entscheidungen der Verwaltungskommission ohne eine Kontrolle durch die Unionsgerichte mit dem „System des Vertrages“ nicht zu vereinen wären[891]. Aufgrund der nicht tragfähigen Rechtsschutzlücken hatte der Gerichtshof damit keine andere Wahl, als den Beschlüssen der Verwaltungskommission die Rechtsverbindlichkeit abzusprechen. Erst die allgemeine Einbindung von Nicht-Unionsorganen in das Rechtsschutzsystem der Unionsgerichte, so wie es nunmehr in Art. 263 AEU vorgesehen ist, ermöglicht dem Gerichtshof eine von Rechtschutzerwägungen losgelöste Entscheidung zur Delegationsfrage zu fällen. In diesem Sinne hat der EuGH in seiner jüngsten Rechtsprechung zum Verbot von Leerverkäufen durch ESMA bestätigt, dass der durch den Lissabonner Vertrag geschaffene institutionelle Rahmen ausdrücklich die Befugnis für Einrichtungen und sonstige Stellen der Europäischen Union, insbesondere aufgrund deren Einbeziehung in Art. 263 Abs. 1 und Art. 277 AEU, beinhaltet, Rechtsakte mit allgemeiner Geltung zu erlassen[892].

Im Ergebnis ist festzuhalten, dass die *Meroni*-Doktrin doch einige Besonderheiten aufweist, die nicht ohne weiteres auf die Gründung von Unionsagenturen übertragen werden können. Dazu zählen insbesondere die Vorschrift des Art. 53 EGKS und die unterschiedlichen Deleganten (Kommission bzw. Rat und Parlament). Die heterogenen Tendenzen des Gerichthofs in den vorgenannten Folgeentscheidungen haben die dogmatische Einordnung der *Meroni*-Rechtsprechung zusätzlich erschwert. Die Verwendung unterschiedlicher Termini im Gutachten 1/76 und die grundsätzliche Versagung einer Delegation

889 EuGH, Rs. 98/80, Rn. 20 (*Romano*).

890 Vgl. EuGH, Rs. 19/67, 474 (*Van der Vecht*); EuGH, Rs. 98/80, Rn. 20 (*Romano*).

891 GA *Warner*, Rs. 98/89, 1265 (*Romano*).

892 EuGH, Rs. C-270/12, Rn. 65.

von verbindlichen Befugnissen auf die Verwaltungskommission in den Fällen *Van der Vecht* und *Romano* würde jedenfalls gegen eine Qualifizierung der *Meroni*-Doktrin als reine Grundsatzentscheidung sprechen. Jedoch hat der EuGH erst kürzlich zu erkennen gegeben, dass er hinsichtlich der Übertragung von Ermessensentscheidungen an den Grenzen der *Meroni*-Doktrin festhalten will. Da die Befugnisse der EBA im Vergleich zu Art. 28 Verordnung (EU) Nr. 236/2012 ähnlich ausgestaltet sind, ist zu vermuten, dass der EuGH auch im Fall von Art. 17-19 EBA-VO nicht von „einem weiten Ermessen" ausgehen wird. In diesem Zusammenhang hätte der Kläger im Fall von Art. 28 Verordnung (EU) Nr. 236/2012 die Gelegenheit nutzen können, auch inzident die Gründungsverordnung der ESMA anzugreifen.

Des Weiteren enthalten die *Meroni*-Urteile insbesondere mit dem Verweis auf das Gleichgewicht der Gewalten und dem damit verbundenen Verbot, Befugnisse mit politischer Dimension zu übertragen, wichtige Ansätze, die auf andere Bereiche, wie die Gründung von Unionsagenturen, im beschränkten Umfang übertragbar sind. Zusammen mit den Folgeentscheidungen erscheint es zweckmäßig, zumindest auf die „gemeinsame Schnittmenge"[893] der Rechtsprechung zurückzugreifen. Die Wahrung des institutionellen Gleichgewichts sollte im Folgenden als Schranke der zulässigen Übertragung von Hoheitsrechten auf die EBA Berücksichtigung finden. Der Inhalt dieser Schranke kann nicht ausschließlich abstrakt bestimmt werden, sondern muss konkret anhand des jeweiligen Errichtungsaktes beurteilt werden. Es kommt dabei wesentlich auf den „institutionellen Standort" der Einrichtung an[894]. Inhaltsbestimmend wirkt sich diesbezüglich aus, in welchem Ausmaß die Befugnisse der Einrichtung in das Kompetenzfeld einzelner Unionsorgane eingreifen und in welchem Umfang diese Befugnisse von den Unionsorganen beaufsichtigt werden. Mit der Intensität der übertragenen Befugnisse müssen auch die Kontrollmechanismen der Unionsorgane wachsen. Ferner ist die Einbindung von Rechtswirkung erzeugenden Agentur-Befugnissen in das Rechtsschutzsystem der Union eine widerspruchsfreie und zwingende Voraussetzung der obigen Rechtsprechung[895].

---

893 *Calliess* in: Calliess/Ruffert, EUV/AEUV, Art. 13 EUV, Rn. 57.

894 *Hilf*, Die Organisationsstruktur der Europäischen Gemeinschaften, S. 316.

895 Vgl. EuGH, Rs. 9/56, 40 (*Meroni* I); EuGH, Rs. 10/56, 79 (*Meroni* II); EuGH, Rs. 25/70, Rn. 12 (*Köster*); EuGH, Rs. 1/76, Rn. 18 ff. (*Stilllegungsfonds für die Binnenschifffahrt*); EuGH, Rs. 19/67, 474 (*Van der Vecht*); EuGH, Rs. 98/80, Rn. 20 (*Romano*).

b) Verletzung des institutionellen Gewaltgefüges

Fraglich ist demzufolge, ob die Gründungsverordnung der EBA das institutionelle Gleichgewicht verletzt. Eine Einwirkung auf das Kompetenzgefüge der Union kann zum einen auf vertikaler Ebene durch die Beteiligung der Mitgliedstaaten in den EBA-Gremien erfolgen und sich zum anderen auf horizontaler Ebene durch EBA-Befugnisse äußern, die in die jeweiligen Kompetenzbereiche der einzelnen Unionsorgane eingreifen.

aa) Einfluss der Mitgliedstaaten

Die Auswirkungen der mitgliedstaatlichen Dominanz in den entscheidungstragenden Organen einer vertragsfremden Einrichtung hat das Gutachten 1/76 besonders deutlich veranschaulicht. Der Gerichtshof hielt den Entwurf der ihm vorgelegten Fondsstatuten für nicht vertragskonform, da das leitenden Gremium, der Aufsichtsrat, ausschließlich mit Vertretern der Mitgliedstaaten besetzt werden sollte, während für die Kommission neben Sekretariatsaufgaben zwar der Vorsitz angedacht war, jedoch ohne Stimmberechtigung[896]. Im Gutachten wurde dabei hervorgehoben, dass die Mitgliedstaaten aufgrund der Fondsstruktur unzulässigerweise die Position der Unionsorgane einnehmen würden[897].

Abgesehen von der Einbindung der Schweiz als Drittstaat und vereinzelten mitgliedstaatlichen Sonderrechten hat der Fondaufsichtsrat beachtliche Ähnlichkeit mit dem Rat der Aufseher der EBA. Die einzigen stimmberechtigten Mitglieder des EBA-Rates sind die Leiter der nationalen Bankenaufsichtsbehörden, mithin Vertreter der nationalen Exekutive. Die Kommission führt nicht einmal den Vorsitz, sondern ist lediglich durch ein nicht stimmberechtigtes Mitglied in dem Aufsichtsgremium vertreten. Eine Aufteilung des EBA-Rates in stimmberechtigte Mitglieder der Mitgliedstaaten und der Kommission wäre aber auch problematisch, da so eine Mischverwaltung entstünde, die weder eindeutig der Unions- noch der nationalen Ebene zugeordnet werden könnte[898]. Deshalb wäre im Fall der Mischverwaltung ebenfalls an ausreichende Aufsichts- und Kontrollmechanismen der Union zu denken. Das „Gebot übernationaler

---

896 EuGH, Rs. 1/76, Rn. 9 f. (*Stilllegungsfonds für die Binnenschifffahrt*); siehe dazu auch ausführlich *Schwartz* in: v. d. Groeben/Schwarze, EUV/EGV, Art. 308 EG, Rn. 238 ff.

897 EuGH, Rs. 1/76, Rn. 11 lit. a) (*Stilllegungsfonds für die Binnenschifffahrt*): „In einem Bereich, der zur gemeinsamen Politik gehört, die Artikel 3 des Vertrages ausdrücklich der „Tätigkeit der Gemeinschaft" vorbehalten hat, treten in der Struktur des Fonds einige Mitgliedstaaten an die Stelle der Gemeinschaft und ihrer Organe."

898 Siehe dazu *Uerpmann*, AöR 125 (2000), 551 ff. (563 f.).

Steuerung und Beaufsichtigung"[899] könnte aber auf anderem Wege gewahrt werden. Im Gegensatz zum Stilllegungsfonds kann die relativ schwache Position der Kommission im Aufseherrat der EBA über ihre Beteiligung zur Besetzung des Beschwerdeausschusses ausgeglichen werden. Zwar werden die Mitglieder von den Verwaltungsräten der ESAs ernannt[900], diese können jedoch nur von einer Auswahlliste rekrutiert werden, die nach Maßgabe des Art. 58 Abs. 3 EBA-VO von der Kommission erstellt und im Amtsblatt der Europäischen Union veröffentlicht wurde. Die Kommission kann dadurch eine neutrale von den Mitgliedstaaten nicht beeinflusste Besetzung dieser EBA-Kontrollinstanz sicherstellen. Hinzu kommt die Einbindung in das Rechtschutzsystem der Union gem. Art. 61 EBA-VO für rechtsverbindliche Beschlüsse der EBA oder des Beschwerdeausschusses.

Anders als beim Stilllegungsfonds ist im Fall der EBA daher nicht von einer übermäßigen Einflussnahme der Mitgliedstaaten in deren Gremien auszugehen. Dennoch ist die mitgliedstaatliche Dominanz in den Entscheidungsorganen der EBA nicht zu verleugnen. Diese kann aber hinreichend durch Kontrollmechanismen eingegrenzt werden, die im Fondstatut nicht vorgesehen waren[901].

bb) Politische Entscheidungen

Eine Verletzung des institutionellen Gleichgewichts ist in Bezug auf die Aufgaben von Parlament und Rat insbesondere dann anzunehmen, wenn auf die EBA Befugnisse übertragen werden, die eine Ausübung politischer Verantwortung beinhalten. Dieser „absoluten Grenze"[902] trägt die EBA-Verordnung insbesondere in Art. 10 Abs. 1 Unterabs. 2 und Art. 15 Abs. 1 Satz 2 Rechnung, in welchen darauf hingewiesen wird, dass die Regulierungs- und Durchführungsstandards rein technischer Natur sind und keine strategischen oder politischen Entscheidungen beinhalten[903]. Zudem ist diese EBA-Tätigkeit in das Ermächtigungsfeld der Kommission nach Art. 290 f. AEU eingebettet. Die von der EBA entworfenen Standards werden als delegierte Rechtsakte (Art. 290 AEU) oder als

899 *Schwartz* in: v. d. Groeben/Schwarze, EUV/EGV, Art. 308 EG, Rn. 241.

900 Als gemeinsames Gremium der ESA ernennt jede ESA jeweils ein Drittel der Mitglieder des Beschwerdeausschusses, siehe dazu oben, unter Teil 2/C./II./5.

901 Im Fondstatut war hingegen die Errichtung eines eigenen (Fonds-)Gerichtes vorgesehen, welche aber nach Ansicht des EuGH keine eindeutige Zuständigkeitszuweisung enthielt und daher insbesondere Bedenken der Rechtssicherheit ausgesetzt war, siehe dazu EuGH, Rs. 1/76, Rn. 18 ff. (*Stilllegungsfonds für die Binnenschifffahrt*).

902 *Calliess* in: Calliess/Ruffert, EUV/AEUV, Art. 13 EUV, Rn. 57.

903 Siehe auch Erwägungsgrund 22 EBA-VO.

Durchführungsrechtsakte (Art. 291 AEU) der Kommission und nicht der EBA selbst angenommen. Eine politische Dimension wäre dieser Aufgabe erst dann zu entnehmen, wenn die Rechtsakte nach Art. 290 f. AEU ihren exekutiv geprägten Rahmen verlassen würden. Damit wäre aber auch gleichsam die Exekutivfunktion der Kommission nach Art. 17 Abs. 1 Satz 5 Fall 2 EU in systemwidriger Weise erschöpft. Dafür gibt es bis dato noch keine Anhaltspunkte.

Demgegenüber fungiert die Herausgabe von Leitlinien und Empfehlungen nicht als Unterbau einer Kommissionsbefugnis. Sie können ohne eine Abstimmung mit der Kommission selbständig erlassen werden. Zwar entfalten sie keine allgemeingültige Bindungswirkung, je nach Fallkonstellation[904] können sie dennoch verpflichtend wirken. Inhaltlich sind diese Handlungsformen auf die Etablierung wirkungsvoller Aufsichtspraktiken und die Sicherstellung der einheitlichen Anwendung des Unionsrechts beschränkt[905]. Die Verwendung der Termini „Praktiken" und „Anwendung" bezieht sich auf den Vollzug des von Parlament und Rat erlassenen materiellen Aufsichtsrechts. Durch den Erlass von Leitlinien und Empfehlungen soll die Ausführung des Unionsrechts verbessert werden. Damit verfolgen sie ebenfalls eine exekutive Zielrichtung. Politische Tendenzen können daraus nicht abgeleitet werden.

cc) Verwerfungsmonopol des EuGH

Im Verhältnis zur Unionsgerichtsbarkeit gibt es in erster Linie über die Befugnisse nach Art. 17 ff. EBA-VO Berührungspunkte. Die EBA wird bei Verletzungen gegen das Unionsrecht sowohl im generellen Fall des Art. 17 EBA-VO als auch in den beiden Spezialkonstellationen nach Art. 18 und Art. 19 EBA-VO ermächtigt, verpflichtende EBA-Beschlüsse zum Ergreifen der erforderlichen Maßnahmen zu erlassen. Dies impliziert die Befugnis, im begrenzten Umfang die Vereinbarkeit mitgliedstaatlichen Verhaltens (Aufsichtsbehörden) mit unionsrechtlichen Bestimmungen (Aufsichtsrecht) zu überprüfen. Ein EBA-Beschluss greift damit einer Entscheidung des EuGH nach Art. 260 Abs. 1 AEU vor. Im Gegensatz zum Gerichtshof kann die EBA aber ihre Beschlüsse nicht zwangsweise durch die Verhängung von Zwangsgeldern (Art. 260 Abs. 2 und 3 AEU) durchsetzen. Zwangsgelder kann nur die ESMA im Bereich der Ratingagenturaufsicht verhängen. Daher ist die Ermächtigung zur Beaufsichtigung der Bewertungshäuser nicht nur mit Hinblick auf Art. 114 AEU[906], sondern auch hinsichtlich des unionsinternen Gewaltgefüges problematisch.

904 Siehe oben, unter Teil 2/C./III./1./c).
905 Vgl. Art. 16 Abs. 1 EBA-VO.
906 Siehe oben, unter Teil 2/C./IV./2./d).

Ein gewisses Vorgreifen des EBA-Beschlusses ist aufgrund des Wesens der *fast track procedure* auch gewollt, da das Abwarten einer EuGH-Entscheidung nach Durchlauf des langwierigen Vertragsverletzungsverfahrens[907] das Risiko von irreversiblen Schäden in astronomischer Höhe im schnelllebigen Finanzsektor begünstigt. Dennoch wird dadurch das Verwerfungsmonopol des EuGH nicht angetastet. Die Beschlüsse der EBA unterliegen der vollständigen Kontrolle durch die Unionsgerichte. Die EBA nimmt daher vielmehr eine Voreinschätzung vor, die vom Gerichtshof ohne Einschränkungen revidiert werden kann.

dd) Aufgaben der Kommission

Schließlich weisen die Ermächtigungen der EBA noch Überschneidungen mit den exekutiven Aufgabenfeldern der Kommission vor. Diesbezüglich berühren die normenkonkretisierenden Befugnisse der EBA gem. Art. 10 ff. EBA-VO die Kompetenzen der Kommission nach Art. 290 f. AEU[908]. Das Unionsorgan übernimmt bei entsprechender Ermächtigung der EBA in den Basisrechtsakten nicht mehr die Erstellung der Rechtsaktentwürfe. Seine Aufgabe beschränkt sich auf die Billigung oder Nichtbilligung des Entwurfs respektive einer Billigung mit Änderungen. Im Zuge der Vorlage ihrer Entwürfe zum CRD IV-Paket hat die Kommission auch Bedenken hinsichtlich dieser Beschränkung im Rahmen der Rechtsetzung nach Art. 290 f. AEU geäußert[909]. Die Vorarbeit der EBA und die damit einhergehenden Beschränkungen der Kommission lassen sich auf die Besonderheiten im Finanzdienstleistungssektor zurückführen. Eine derartige Tendenz ist auch der 39. Erklärung[910] zur Schlussakte des Vertrages von Lissabon zu entnehmen, in welcher die Kommission ihre Intention bekräftigt hat, innerhalb der delegierten Rechtsetzung weiterhin auf mitgliedstaatliches Expertenwissen zurückgreifen zu wollen. Ziel der EBA-Aufgabe ist es daher nicht, die Kompetenzen der Kommission zu begrenzen, sondern sie bei der Erstellung von komplexen und technischen Aufsichtsstandards zu entlasten. Ein übermäßiger Eingriff in den Kompetenzbereich der Kommission ist zudem aufgrund des ihr weiter zustehenden Billigungsrechtes

---

907 Siehe dazu beispielsweise die Entschließung des Europäischen Parlaments vom 22. Mai 2012 zu dem Binnenmarktanzeiger (2011/2155(INI)), worin die Kommission in Ziffer 12 aufgefordert wird, ein beschleunigtes Vertragsverletzungsverfahren für Verstöße gegen die Binnenmarktvorschriften einzuführen.

908 Siehe auch *Herdegen*, Bankenaufsicht im Europäischen Verbund, S. 68 f.

909 Siehe Vorschläge der Kommission, KOM(2011) 452, S. 11; KOM(2011) 453, S. 11 (CRD IV-Paket).

910 ABl. C 83 vom 30.03.2010, S. 350.

nicht anzunehmen. Im Zweifel kann die Kommission jeden EBA-Entwurf verwerfen. Die Begründungspflicht[911] der Kommission stellt diesbezüglich keine weitere Einschränkung dar. Sie sichert vielmehr die Qualität der zu verabschiedenden Aufsichtsstandards ab und verhindert, dass willkürliche oder sachfremde Erwägungen die Nichtbilligung eines EBA-Entwurfes beeinflussen.

Die Einzelfallbefugnisse nach Art. 17 ff. EBA-VO betreffen die Kommission in ihrer Funktion als Hüterin der Verträge (Art. 17 Abs. 1 Satz 3 EU). Dies gilt zumindest für die Verfahrensstufe, in welcher Beschlüsse an die nationalen Aufsichtsbehörden gerichtet werden. Solche Beschlüsse greifen der an die Mitgliedstaaten gerichtete Stellungnahme i.S.d. Art. 258 AEU vor. Wie aber soeben erörtert, ist dies aufgrund der Schnelllebigkeit des Finanzsektors erforderlich. Zudem bleibt der Kommission ihr Recht nach Art. 258 AEU unbenommen, welches sie jederzeit neben und unbeschadet ihrer Beteiligung in den Verfahren gem. Art. 17 ff. EBA-VO ausüben kann[912]. Die Verfahren sind damit unabhängig voneinander. Leitet die Kommission ein Vertragsverletzungsverfahren ein und wird ein in diesem Zusammenhang erlassener EBA-Beschluss vor dem EuGH angefochten, sollte aus prozessökonomischen Gründen und im Sinne einer einheitlichen Rechtsprechung dennoch über eine Verfahrensverbindung oder -aussetzung bis zum Urteil in der anderen Sache nachgedacht werden.

Die letzte Verfahrensstufe, welche die EBA als *ultima ratio* ermächtigt, auch verbindliche Beschlüsse an einzelne Finanzinstitute zu richten, betrifft hingegen nicht den Kompetenzbereich der Kommission. Sie ist gar nicht dazu ermächtigt, in dieser Weise direkt an einzelne Finanzinstitute heranzutreten. Vielmehr ist die grundsätzlich den Mitgliedstaaten obliegende Vollzugsbefugnis des Unionsrechts, die sich in Art. 197 und Art. 291 Abs. 1 AEU widerspiegelt, tangiert. Ein Ausufern des direkten Vollzugs auf Unionsebene ist an der Schranke des Subsidiaritätsgrundsatzes[913] gem. Art. 5 Abs. 1 Satz 2, Abs. 3 EU zu messen, dessen Einhaltung die Mitgliedsaaten mittlerweile mit der Subsidiaritätsklage nach Art. 8 Subsidiaritätsprotokoll überprüfen lassen können.

ee) Ergebnis

Der Errichtungsakt der EBA führt damit nicht zu einer unangemessenen Abschwächung des institutionellen Gleichgewichts. Dies gilt sowohl für die horizontale unionsinterne als auch die vertikale Ebene zu den Mitgliedstaaten. Einer übermäßigen Einflussnahme der nationalen Finanzaufsichtsexperten in den

911 Zum Verfahren im Einzelnen siehe oben, unter Teil 2/C./III./1./a) und b).

912 Vgl. Art. 17 Abs. 6, Art. 18 Abs. 4 und Art. 19 Abs. 4 EBA-VO.

913 Näher dazu unten, unter Teil 3/C./IV.

EBA-Gremien kann durch angemessene Kontrollmechanismen wie der Etablierung des Beschwerdeausschusses entgegengewirkt werden. Des Weiteren verbleiben die elementaren und wesensbestimmenden Befugnisse bei den jeweiligen Unionsorganen. Insbesondere werden die bei politischen Entscheidungen angesiedelte absolute Obergrenze und das Verwerfungsmonopol des EuGH nicht angetastet. Der Kommission bleiben ferner wichtige Zustimmungsvorbehalte im Rahmen der Art. 290 f. AEU und Rechte, wie nach Art. 258 AEU vorzugehen, erhalten.

3. *Selbstbindung der EBA bei Leitlinien und Empfehlungen*

Ein weiterer Aspekt der Rechtstaatlichkeit i.S.d. Art. 2 Satz 1 EU ist die Selbstbindung[914] der Verwaltung. Die Leitlinien und Empfehlungen der EBA erreichen, wie bereits erörtert, nicht den Grad einer formellen Bindungswirkung. Bislang wurden aber nur die Rechtswirkungen dieser Handlungsformen im Verhältnis zu ihren Adressaten durchleuchtet. Durch die Herausgabe von Leitlinien und Empfehlungen können aber auch Rechtswirkungen gegenüber der EBA selbst entstehen. Mit diesen Handlungsformen werden Kriterien für einen möglichst einheitlichen Vollzug des Aufsichtsrechts festgelegt. Überträgt man die Rechtsprechung des EuGH[915] zu den Leitlinien der Kommission auf die EBA, so wird durch die Aufstellung von Verhaltensregeln i.S.d. Art. 16 EBA-VO der Ermessensspielraum der Unionsbankenbehörde beschränkt. Die EBA kann von den von ihr aufgestellten Aufsichtspraktiken nur noch dann abweichen, wenn dies nicht gegen allgemeine Rechtsgrundsätze wie die der Gleichbehandlung oder des Vertrauensschutzes verstößt[916]. Denn die in den Leitlinien enthaltenen allgemeinen und abstrakten Verfahrensbestimmungen erzeugen eine gewisse Rechtssicherheit für die betroffenen Finanzinstitute[917].

Revidiert die EBA ihre Auffassung zu bestimmten Aufsichtspraktiken nach Herausgabe einer entsprechenden Leitlinie, macht dies aber nicht durch eine neue Leitlinie unter unmissverständlicher Aufhebung der bisherigen Leitlinie kenntlich, kann sie nicht einen Beschluss i.S.d. Art. 17 Abs. 6 EBA-VO an ein

---

914 Siehe dazu *Szczekalla* in: Terhechte, Verwaltungsrecht der EU, § 5, Rn. 49 ff.; *Schwarze*, EuR 2011, 3 ff. (8); *Mestmäcker/Schweitzer*, Europäisches Wettbewerbsrecht, § 44, Rn. 19 ff.

915 Der EuGH hat sich dazu wiederum an den zu internen Verwaltungsmaßnahmen entwickelten Grundsätzen orientiert und diese *a fortiori* auf Verhaltensnormen mit Außenwirkung (Leitlinien) übertragen, siehe EuGH, Rs. C-189/02 P u.a., Slg. 2005, I-5488, Rn. 209 f. – *Dansk Rørindustri u.a./Kommission.*

916 EuG, Rs. T-73/04, Slg. 2008, II-2661, Rn. 71 – *Le Carbonne-Lorraine/ Kommission.*

917 Vgl. EuG, Rs. T-73/04, Rn. 72.

Finanzinstitut richten, wenn dies zur herausgegebenen Leitlinie im Widerspruch steht, d.h., sich der Beschluss gegen die in der Leitlinie umgesetzten Vorgaben richtet. Das Finanzinstitut muss auf den Fortbestand der von ihm berücksichtigten Aufsichtspraktiken vertrauen dürfen und begründet dadurch eine Selbstbindung der EBA an die von ihr herausgegebenen Leitlinien und Empfehlungen. Im Verhältnis zu anderen Finanzinstituten kann im Einzelfall auch der Gleichbehandlungsgrundsatz betroffen sein.

4. *Rechtsschutz*

Elementares Element der Rechtsstaatlichkeit ist die rechtliche Kontrolle staatlichen Handelns. Ohne die Etablierung eines Rechtsschutzmechanismus kann ein Rechtsstaat nicht funktionieren[918]. Dies gilt für die Union als Rechtsgemeinschaft entsprechend, da sie sich ansonsten über die ihr anvertrauten Befugnisse hinwegsetzen könnte.

Die lückenlose rechtliche Überprüfbarkeit staatlich legitimierten Handelns wird in erster Linie durch das Gebot des effektiven Rechtsschutzes abgesichert, welches auf Unionsebene zunächst aus den Bestimmungen der Art. 6 Abs. 1 und Art. 13 EMRK[919] sowie den mitgliedstaatlichen Verfassungstraditionen[920] abgeleitet wurde. Seit Inkrafttreten des Vertrages von Lissabon lassen sich auch noch verstärkt die in der Grundrechte-Charta verbürgten Rechte, insbesondere Art. 47 Grundrechte-Charta, als nunmehr dem Primärrecht gleichwertige Normen (Art. 6 Abs. 1 Halbsatz 2 EU) anführen.

Der EuGH sprach diesbezüglich im Jahr 1986 in Verbindung mit der Auslegung von Bestimmungen des Sekundärrechts ausdrücklich von einem „Anspruch auf effektiven gerichtlichen Rechtsschutz“[921]. Im gleichen Jahr hat der Gerichtshof in der *Les Verts*-Entscheidung festgestellt, dass neben der zuvor eingeräumten zusätzlichen Klagebefugnis[922] im Gegenzug auch Handlungen des noch nicht

918 Grundlegend dazu *Merli* in: Hofmann/Marko/Merli/Wiederin, Rechtsstaatlichkeit in Europa, S. 31 ff.

919 *Brenner*, Die Verwaltung 31 (1998), 1 ff. (12); siehe ferner *Schmidt-Aßmann* in: FS-Bernhardt, 1995, 1283 ff. (1290 ff.).

920 *Riedel*, EuZW 2009, 565 ff. (567); zu den unterschiedlichen mitgliedstaatlichen Ausprägungen siehe *Tonne*, Effektiver Rechtsschutz durch staatliche Gerichte als Forderung des Europäischen Gemeinschaftsrechts, S. 47 ff.

921 EuGH, Rs. C-22/84, Slg. 1986, 1661, Rn. 58 f. – *Johnston/Chief Constable of the Royal Ulster Constabulary*.

922 EuGH, Rs. C-70/88, Slg. 1991, I-2067, Rn. 21 ff. – *Parlament/Rat* (Tschernobyl); siehe dazu auch oben, unter Teil 3/C./III./2.

in dem einschlägigen Art. 173 EGV (Art. 230 EG [Art. 263 AEU]) aufgeführten Parlaments mit der Nichtigkeitsklage angefochten werden können[923]. Später hat dann das EuG die *Les Verts*-Entscheidung aufgegriffen und im Fall der Europäischen Agentur für Wiederaufbau (*European Agency for Reconstruction* – EAR) den Anwendungsbereich des Art. 230 EG (Art. 263 AEU) auch auf selbständige Verwaltungseinrichtungen erstreckt[924]. Die *Les Verts*-Rechtsprechung bezog sich zwar im Gegensatz zum EAR-Fall auf ein Unionsorgan i.S.d. Art. 13 Abs. 1 EU (bzw. Art. 7 Abs. 1 EG) und nicht auf eine Europäische Agentur, sie enthalte aber den allgemeinen Grundsatz, dass

> „jede Handlung einer *Unionseinrichtung*, die dazu bestimmt ist, Rechtwirkungen gegenüber Dritten zu erzeugen, gerichtlich nachprüfbar sein muss. [...] In einer Rechtsgemeinschaft kann es nicht hingenommen werden, dass solche Handlungen der richterlichen Kontrolle entzogen werden."[925]

Im EAR-Fall hat das EuG damit verdeutlicht, dass die Union durch die sekundärrechtliche Gründung von Unionsagenturen nicht das Gebot des effektiven Rechtsschutzes aushebeln kann. Mit dieser Entscheidung konnten elementare Rechtschutzbedenken in Bezug auf rechtsverbindliche Handlungsformen der zu diesem Zeitpunkt bereits rasant angestiegenen Anzahl[926] von Unionsagenturen beseitigt werden. Die Neufassung des Art. 230 EG im Zuge der Lissaboner Vertragsänderung scheint diese Rechtsprechung einbezogen zu haben, da nunmehr Art. 263 Abs. 1 Satz 2 AEU den Klagegenstand *expressis verbis* auf Handlungen von Unionsagenturen[927] erstreckt, die gegenüber Dritten Rechtswirkungen entfalten. Daneben bietet Art. 263 Abs. 5 AEU die Option, Bestimmungen zur rechtlichen Überprüfbarkeit bereits in den Gründungsakt der Unionsagentur mitaufzunehmen.

a) Beschwerdeausschuss für EBA-Beschlüsse

Für verbindliche Einzelfallentscheidungen der EBA und der anderen beiden ESAs hat sich das ESFS auf Mikroebene für ein einheitliches Beschwerdeausschussmodell entschieden, das im Wesentlichen dem Prinzip des Beschwerdekammermodells[928] folgt. Die ESA-Gründungsverordnungen haben somit

---

923 EuGH, Rs. C-294/83, Slg. 1986, 1357, Rn. 24 f. – *Les Verts/Parlament*.

924 EuG, Rs. T-411/06, Slg. 2008, II-2771 – *Sogelma/EAR*; siehe dazu auch *Riedel*, EuZW 2009, 565 ff.

925 EuG, Rs. T-411/06, Rn. 37 (EAR).

926 Siehe oben, unter Teil 3/B./I./1.

927 Siehe dazu insbesondere die englische Version der Vorschrift.

928 Siehe dazu beispielsweise *Saurer*, EuR 2010, 51 ff. (57 ff.); *Siegel*, EuZW 2008, 141 ff. (142 f.).

von der Möglichkeit des Art. 263 Abs. 5 AEU Gebrauch gemacht, besondere Bedingungen für die Erhebung der Nichtigkeitsklage festzulegen. Dies äußert sich in der Verpflichtung, gegen Beschlüsse der EBA nach Art. 17-19 EBA VO zunächst den Rechtsbehelf der Beschwerde (Art. 60 EBA-VO) einlegen zu müssen, bevor eine Klageerhebung erfolgen kann.

Rechtschutzlücken sind hier nicht zu erkennen, da die Beschlüsse des Beschwerdeausschusses vollumfänglich vom EuGH bzw. EuG überprüfbar sind. Auch wird die Rechtsschutzposition von Finanzinstituten nicht geschmälert, da den Adressaten von EBA-Beschlüssen und den sonstigen Beschwerdeberechtigten[929] eine zusätzliche Überprüfungsinstanz geschenkt wird, welche unabhängig und unparteiisch von der Unionsaufsichtbehörde agiert.

Für den umgekehrten Fall, dass die EBA trotz Verpflichtung einen entsprechender Beschluss nicht erlässt, steht ferner die Untätigkeitsklage gem. Art. 61 Abs. 3 EBA-VO i.V.m. Art. 265 AEU zur Verfügung. Dabei ist allerdings zu beachten, dass der EBA beim Erlass von Einzelfallbeschlüssen nach Art. 17-19 EBA-VO ein Ermessensspielraum zukommt. Das einer Unionseinrichtung eingerichtete Ermessen kann nach der Rechtsprechung des EuG einer Verpflichtung zum Tätigwerden entgegenstehen[930]. Der Prüfungsumfang der Unionsgerichte dürfte sich daher auf die Feststellung von Ermessensfehlern[931] beschränken, wonach die Unionseinrichtung bei einem entsprechenden Ermessensfehlgebrauch verpflichtet werden könnte, erneut unter der Ausübung pflichtgemäßen Ermessens über ein Tätigwerden zu entscheiden. Ob und wann darüber hinaus ein Ermessenspielraum derartig reduziert werden kann, dass im Einzelfall nur noch die Verpflichtung zum Tätigwerden als Handlungsalternative zur Verfügung steht, ist bislang noch nicht ersichtlich[932]. Die beispielsweise in Art. 17 Abs. 6 EBA-VO enthaltenen allgemein gefassten Voraussetzungen, neutrale Wettbewerbsbedingungen herzustellen oder das ordnungsgemäße Funktionieren des Finanzsystems zu gewährleisten, dürften der EBA dabei einen besonders großzügigen Ermessensspielraum einräumen. Eine Ermessensreduzierung auf null könnte dennoch dann anzunehmen sein, wenn ein Verstoß gegen das europäische Bankenaufsichtsrecht offenkundig ist und ein Verfahren nach Art. 258 ff. AEU wegen der Dringlichkeit nicht abgewartet werden kann, da etwa der Eintritt von Vermögensschäden in astronomischer Höhe in naher Zukunft zu erwarten ist.

---

929 Vgl. Art. 61 Abs. 1 EBA-VO, wonach die Voraussetzungen für die Beschwerdebefugnis an die Termini der Klagebefugnis gem. Art. 263 Abs. 4 AEU anknüpfen.

930 Siehe zum Ermessen der Kommission, EuG, Rs. T-32/93, Slg. 1994, II-1018, Rn. 36 ff. – *Ladbroke Racing/Kommission*.

931 Vgl. *Kotzur* in: Geiger/Khan/Kotzur, EUV/AEUV, Art. 265 AEUV, Rn. 16.

932 Vgl. dazu *Cremer* in: Calliess/Ruffert, EUV/AEUV, Art. 265 AEUV, Rn. 15.

b) Rechtsakte nach Art. 290 f. AEU

Technische Regulierungs- und Durchführungsstandards, zu denen die EBA der Kommission gem. Art. 10 ff. EBA-VO bei entsprechender Ermächtigung im Basisrechtsakt Entwürfe vorlegen kann, sind mit der Nichtigkeitsklage gem. Art. 263 AEU angreifbar. Hier wird der Klagegenstand bereits von Art. 263 Abs. 1 Satz 1 AEU erfasst, da die technischen Standards als Rechtsakte der Kommission i.S.d. Art. 290 f. AEU verabschiedet werden und daher als „Handlungen der Kommission" anzusehen sind. Für Klagen von natürlichen und juristischen Personen ist jedoch das zusätzliche Erfordernis der unmittelbaren und individuellen Betroffenheit[933] gem. Art. 263 Abs. 4 AEU zu beachten. Aufgrund der hohen „Technizität" der Aufsichtsstandards dürfte den Mitgliedstaaten respektive ihren Aufsichtsbehörden nur wenig bis gar kein Ermessensspielraum bei der Umsetzung zukommen. Zumindest dort, wo keine Umsetzungsspielräume[934] bestehen, dürften somit auch die Finanzinstitute aufgrund der unmittelbaren Betroffenheit klagebefugt sein[935].

Ergehen Entscheidungen von nationalen Aufsichtsbehörden gegen Finanzinstitute auf Grundlage technischer Aufsichtsstandards i.S.d. Art. 10 ff. EBA-VO i.V.m. Art. 290 f. AEU besteht in einem innerstaatlichen Gerichtsverfahren zusätzlich die Vorlagemöglichkeit bzw. –pflicht gem. Art. 267 AEU.

c) Handlungen ohne formelle Bindungswirkung

Leitlinien und Empfehlungen i.S.v. Art. 16 EBA-VO können nicht einem Unionsorgan zugerechnet werden. Sie werden von der EBA in vollständiger Eigenregie herausgegeben. Auch sind sie nicht in das Beschwerdeausschussverfahren eingegliedert. Die Beschwerde ist gem. Art. 60 Abs. 1 EBA-VO nur gegen Beschlüsse der EBA statthaft. Eine analoge Anwendung der Vorschrift erscheint auch nicht zweckmäßig, da die Einzelfallbefugnisse der EBA nach Art. 17-19 EBA-VO konkret-individueller Natur sind. Leitlinien und Empfehlungen sind demgegenüber aufgrund ihrer abstrakt-generellen Ausrichtung ein *aliud* und eher im normativen Bereich[936] anzusiedeln.

Vor der Etablierung eines agenturinternen Beschwerdekammer- bzw. Beschwerdeausschussmodells folgten insbesondere Unionsagenturen der ersten

---

933 Zu den Voraussetzungen im Einzelnen siehe *Cremer* in: Calliess/Ruffert, EUV/AEUV, Art. 263 AEU, Rn. 33 ff.

934 Siehe dazu *Cremer* in: Calliess/Ruffert, EUV/AEUV, Art. 263 AEU, Rn. 36; vgl. auch EuGH, Rs. 113/77, Slg. 1979, 1185, Rn. 11 – *NTN Toyo Bearing Company/Rat.*

935 *Herdegen*, Bankenaufsicht im Europäischen Verbund, S. 71.

936 Vgl. auch *Sonder*, BKR 2012, 8 ff. (9).

Generation dem Aufsichtsmodell[937], wonach unmittelbar und individuell Betroffene eine rechtliche Überprüfung des entsprechenden Agenturverhaltens bei der Kommission anstreben können. Gegen eine ablehnende Entscheidung der Kommission ist dann wiederum der Rechtsweg vor dem EuGH eröffnet. Das Aufsichtsmodell hat sich auch für den neueren Typus der Exekutivagenturen durchgesetzt. In ihrer Statusverordnung[938] ist in Art. 22 die Erhebung einer sog. Verwaltungsbeschwerde bei der Kommission vorgesehen, deren negative Entscheidung ebenfalls mit der Anfechtungsklage nach Art. 263 AEU angegriffen werden kann.

Fraglich ist, ob die Verwaltungsbeschwerde für Leitlinien der EBA entsprechend Anwendung finden könnte. Im Gegensatz zu den Exekutivagenturen ist die EBA aber nicht bei der Kommission angesiedelt. Erstere werden zudem von der Kommission und nicht von Rat und Parlament ins Leben gerufen. Das Aufgabengebiet der Exekutivagenturen ist ferner gem. Art. 3 der Statusverordnung eng begrenzt und dient ausschließlich der Unterstützung der Kommission ohne die Übertragung von selbständigen Tätigkeiten. Die Wahl des Aufsichtsmodells ist für die Exekutivagenturen aufgrund der starken inhaltlichen sowie organisatorischen Bindung an die Kommission nur konsequent. Im Fall der EBA ist dieses enge Näheverhältnis gerade nicht zu beobachten. Zudem haben sich die ESA-Verordnungen insgesamt für ein agenturinternes Beschwerdeverfahren entschieden, das gegenüber einer partiellen Heranziehung des Aufsichtsmodells unter Umständen eine gewisse Sperrwirkung entfalten könnte.

Ein analoger Rückgriff auf die Beschwerde beim Beschwerdeausschuss oder die Verwaltungsbeschwerde bei der Kommission ist aber dann nicht erforderlich, wenn auf andere Weise effektiver Rechtsschutz gewährt werden kann. In Betracht käme hier eine direkte Anwendung von Art. 263 Abs. 1 Satz 2 AEU. Leitlinien und Empfehlungen nach Art. 16 EBA-VO sind unstreitig Handlungen der EBA, also einer Einrichtung oder sonstigen Stelle i.S.d. Vorschrift. Zu prüfen bleibt jedoch, ob diese Handlungsformen gem. Art. 263 Abs. 1 Satz 2 AEU auch Rechtswirkungen gegenüber Dritten erzeugen können. Dies kann für die Leitlinien nicht allgemeingültig beantwortet werden. Es ist vielmehr nach Adressat und Fallkonstellation zu unterscheiden[939]. Für nationale Aufsichtsbehörden besteht ein Wahlrecht, ob sie einer Handlungsform i.S.d. Art. 16 EBA-VO

---

937 Siehe dazu *Uerpmann*, AöR 125 (2000), 551 ff. (572 f.); *Saurer*, EuR 2010, 51 ff. (57).

938 Verordnung (EG) Nr. 58/2003, ABl. L 11 vom 16.01.2003, S. 1; näher dazu oben, unter Teil 3/B./I./1./a).

939 Siehe dazu oben, unter Teil 2/C./III./1./c).

nachkommen oder nicht. Kommen sie dieser nicht nach, so kann auch von den beaufsichtigten Finanzinstituten aufgrund des innerstaatlichen Aufsichtsverhältnisses nicht verlangt werden, deren Vorgaben einzuhalten. Befolgen die nationalen Aufsichtsbehörden hingegen die Leitlinien und/oder Empfehlungen, übt dies einen Zwang auf die Finanzinstitute aus, den Inhalten ebenfalls nachzukommen. In der letzten Fallkonstellation ist daher für die Finanzinstitute von einer atypischen aus dem Aufsichtsverhältnis resultierenden Bindungswirkung auszugehen. Ob diese Bindungswirkung nur für Leitlinien oder auch für Empfehlungen gilt, ist unklar, da letztere tendenziell unverbindlicher Natur zu sein scheinen[940]. Auch Art. 263 Abs. 1 Satz 1 AEU schließt die rechtliche Überprüfbarkeit von Empfehlungen und Stellungnahmen des Rates, der Kommission und der EZB *a priori* aus. Diese sind aber gem. Art. 288 Abs. 5 AEU ausdrücklich nicht verbindlich. Die Wahl der Handlungsform und ihre Bezeichnung dürfen allein nicht für die rechtliche Überprüfbarkeit entscheidend sein[941]. Ausschlaggebend ist daher, inwiefern die Empfehlung inhaltlich mit der Leitlinie vergleichbar ist. Sollte dies im Einzelfall bejaht werden, muss dies auch Auswirkungen auf die rechtliche Überprüfbarkeit der Empfehlung haben. Entgegen der Aussage von Art. 263 Abs. 1 Satz 1 und Art. 288 Abs. 5 AEU hat auch der EuGH zumindest für auf Art. 126 Abs. 7 AEU gestützte Empfehlungen Rechtswirkungen i.S.d. Art. 263 AEU angenommen[942] und sie damit als zulässigen Klagegegenstand akzeptiert. Des Weiteren können die von der Kommission i.V.m. Art. 108 Abs. 1 AEU durch Leitlinien, Entscheidungen oder Mitteilungen veröffentlichte Aufsichtspraktiken nach Ansicht des Unionsgerichts ebenfalls Rechtswirkungen entfalten[943].

Aus der Kasuistik der Unionsrechtsprechung kann man damit für die rechtliche Überprüfbarkeit von Leitlinien und Empfehlungen keinen generellen Schluss ziehen. Ungeachtet der Handlungsform kommt es darauf an, ob der angefochtene Klagegenstand die Rechtsstellung des Klägers beeinträchtigt[944]. Dies ist dann der Fall, wenn sich ein beaufsichtigtes Finanzinstitut durch die

---

940 Siehe auch oben, unter Teil 2/C./III./1./c).

941 Vgl. dazu EuGH, Rs. 60/81, Slg. 1981, 2639, Rn. 9 – *IBM/Kommission*; EuGH, Rs. 114/86, Slg. 1988, 5317, Rn. 12 – *Vereinigtes Königreich/Kommission*; EuGH, Rs. C-303/90, Slg. 1919, I-5340, Rn. 8 – *Frankreich/Kommission*; EuGH, Rs. C-27/04, Slg. 2004, I-6679, Rn. 44 – *Kommission/Rat*.

942 EuGH, Rs. C-27/04, Rn. 50; siehe dazu auch *Häde*, EuR 2004, 750 ff. (757 ff.); *Kotzur*, JZ 2004, 1072 ff. (1072 f.); vgl. ferner *Nicolaysen*, DVBl. 2004, 1321 ff.

943 EuGH, Rs. C-135/93, Slg. 1995, I-1673, Rn. 29 – *Spanien/Kommission*.

944 EuGH, Rs. 60/81, Rn 9.

Reaktion seiner innerstaatlichen Aufsichtsbehörde „genötigt" fühlt, die von der EBA vorgeschriebenen Aufsichtspraktiken, sei es in Form einer Leitlinie oder Empfehlung gem. Art. 16 EBA-VO, umsetzen zu müssen. Aufgrund ihrer Adressatenstellung ist die Klagebefugnis der betroffenen Finanzinstitute gem. Art. 263 Abs. 4 1. Alt. AEU unproblematisch zu bejahen.

Aufgrund des normativen Charakters dieser Handlungsformen steht dieses Ergebnis auch nicht im Wertungswiderspruch zu den Rechtschutzmöglichkeiten von Adressaten oder sonstigen Betroffenen der nach Art. 17-19 EBA-VO ergangenen EBA-Beschlüsse, welche den zusätzlichen Weg über den Beschwerdeausschuss gehen müssen, denn die normenkonkretisierenden technischen Regulierungs- und Durchführungsstandards sind als der Kommission zurechenbare Handlungen ebenfalls direkt über Art. 263 AEU anfechtbar.

d) Schlussfolgerung

Unter der Prämisse, dass Leitlinien und ggf. Empfehlungen i.S.d. Art. 16 EBA-VO im Rahmen der oben dargestellten Fallkonstellation von Finanzinstituten mit der Nichtigkeitsklage gem. Art. 263 Abs. 1 Satz 2 AEU direkt angefochten werden können, bestehen keine Bedenken in Bezug auf die Wahrung des Gebots effektiven Rechtsschutzes. Die übrigen rechtsschutzrelevanten Handlungen der EBA können im Fall der Art. 10 ff. EBA-VO im Rahmen der von der Kommission gem. Art. 290 f. AEU erlassenen Rechtsakte über Art. 263 Abs. 1 Satz 1 AEU überprüft werden. Nach Art. 17-19 EBA-VO erlassene Beschlüsse können nach erfolglosem Durchlauf des agenturinternen Beschwerdeverfahrens ebenfalls mit der Nichtigkeitsklage angefochten werden.

5. *Ergebnis*

Die Gründung der EBA verstößt damit nicht gegen den allgemeinen Rechtsgrundsatz der Rechtsstaatlichkeit i.S.d. Art. 2 Satz 1 EU. Mangels uneingeschränkter Fortgeltung der *Meroni*-Doktrin verletzt die EBA-Verordnung nicht das institutionelle Gleichgewicht. Auch das Gebot effektiven Rechtschutzes als elementarer Bestandteil der Rechtsstaatlichkeit kann unter der obigen Prämisse gewahrt werden. Leitlinien und Empfehlungen, welche die EBA aufgrund der eintretenden Selbstbindung in ihrem Ermessen beschränken, müssen in bestimmten Situationen einer gerichtlichen Kontrolle zugänglich sein.

IV. Subsidiaritätsprinzip

Außerhalb der ausschließlichen Zuständigkeit der Union (Art. 2 Abs. 1 i.V.m. Art. 3 AEU) ist ferner der allgemeine Rechtsgrundsatz der Subsidiarität gem. Art. 5 Abs. 1 Satz 2, Abs. 3 EU zu beachten. Das Subsidiaritätsprinzip schränkt den Handlungsspielraum des Unionsgesetzgebers dahingehend ein, dass nur solche Maßnahmen erlassen werden dürfen, die nicht ausreichend auf innerstaatlichem Wege ergriffen werden können und besser auf Unionsebene zu verwirklichen sind[945].

Die Gründung einer zentralen Unionsaufsichtsbehörde an sich kann *per se* nicht auf innerstaatlicher Ebene erfolgen. Aber auch die der EBA eingeräumten Aufgaben und Befugnisse müssten effizienter auf EU-Ebene zu realisieren sein. Der normenkonkretisierende Beitrag der EBA durch den Entwurf von technischen Regulierungs- und Durchführungsstandards gem. Art. 10 ff. EBA-VO kann wegen ihres unionsweiten Geltungsbereichs nicht von mitgliedstaatlichen Einrichtungen erbracht werden[946]. Dies gilt auch für die Leitlinien und Empfehlungen gem. Art. 16 EBA-VO, welche ebenfalls abstrakt-generelle Inhalte vorweisen. Die Einzelentscheidungsbefugnisse der EBA gegenüber Finanzinstituten nach Art. 17-19 EBA-VO greifen zwar tendenziell in das Vollzugsrecht der Mitgliedstaaten ein, dies aber nur dann, wenn die nationalen Aufsichtsbehörden bei der Ausführung des materiellen EU-Bankenaufsichtsrechts versagt haben bzw. sich der Anwendung widersetzen. Dieses eng umgrenzte Recht zum Einschreiten kann unmöglich auf nationaler Ebene verwirklicht werden, ohne dass es zu erheblichen Abweichungen bei der Rechtsanwendung käme. Im Extremfall könnte dies zu 27 unterschiedlichen Aufsichtspraktiken führen. Damit ist auch hinsichtlich der Aufgaben und Befugnisse der EBA der Grundsatz der Subsidiarität gewahrt.

In der Agenturgründungspraxis scheint die Kompetenzausübungsschranke der Subsidiarität bislang keine ernstzunehmende Hürde darzustellen[947]. In Bezug auf die einheitliche Ausführung des Unionsrechts sind die Europäischen Einrichtungen gegenüber den nationalen Exekutivorganen regelmäßig privilegiert. Hinzu kommt, dass die zur Beurteilung des Negativ- und Positivkriteriums heranzuziehenden unbestimmten Rechtsbegriffe in Art. 5 Abs. 3 EU aufgrund des damit verbundenen weiten Ermessensspielraums nur bedingt justitiabel sind[948]. Die Erhebung einer Subsidiaritätsklage nach Art. 8 Subsidiaritätsprotokoll dürfte daher nur in wenigen Ausnahmefällen, in denen ein Verstoß gegen das Subsidiaritätsprinzip offensichtlich ist, zum Erfolg führen. Bislang ist auch noch keine

945 Negativ- und Positivkriterium, siehe dazu auch oben, unter Teil 2/C./IV./2./d)/dd).

946 So auch *Herdegen*, Bankenaufsicht im Europäischen Verbund, S. 62.

947 Ebenfalls kritisch *Wittinger*, EuR 2008, 609 ff. (616 f.).

948 *Bast/von Bogdandy* in: Grabitz/Hilf/Nettesheim, Das Recht der EU, Art. 5 EUV, Rn. 58 f.; *Lienbacher* in: Schwarze, EU-Kommentar, Art. 5 EUV, Rn. 16 ff.; *Vetter*, DöV 2005, 721 ff. (728).

Gründungsverordnung einer Unionsagentur wegen eines Verstoßes gegen das Subsidiaritätsprinzip aufgehoben worden. Die Kompetenzausübungsschranke des Art. 5 Abs. 1 Satz 2, Abs. 3 EU ist damit kein probates Mittel, um die Ausbreitung des europäischen Agenturwesens effizient einzudämmen. Das Subsidiaritätsprinzip gewährt den Mitgliedstaaten in erster Linie *political comfort* mit der Gewissheit, dass der Unionsgesetzgeber im Rahmen der konkurrierenden Gesetzgebung ein zusätzliches formelles Erfordernis zu berücksichtigen hat.

V. Verhältnismäßigkeitsprinzip

Der Grundsatz der Verhältnismäßigkeit ist ein weiterer allgemeiner Rechtsgrundsatz der Union[949], welcher ebenso in Art. 5 Abs. 1 Satz 2, Abs. 4 EU primärrechtlich verankert ist. Danach darf die EBA-Verordnung inhaltlich wie formal nicht über das zur Erreichung der unionsvertraglichen Ziele erforderliche Maß hinausgehen. Die im Vergleich zur Vorgängervorschrift (Art. 5 Abs. 3 EG) vorgenommene Klarstellung von inhaltlicher und formaler Reichweite des Verhältnismäßigkeitsgrundsatzes steht im Kontext zu Art. 296 Abs. 1 AEU[950], wonach die Unionsorgane auch bei der Wahl der Handlungsform diesem Grundsatz Rechnung zu tragen haben[951]. Inhaltlich weist der Prüfungsmaßstab des EuGH Parallelen zur Verhältnismäßigkeitsdogmatik im deutschen Recht auf[952]. So darf die Maßnahme zur Erreichung des angestrebten Zieles nicht als offensichtlich ungeeignet erscheinen[953]. Des Weiteren ist entsprechend des Wortlautes des Art. 5 Abs. 4 EU die Erforderlichkeit einer Maßnahme zu prüfen. Diese ist zu verneinen, soweit andere ebenso wirksame Maßnahmen zur Verfügung stehen, die weniger beeinträchtigend wirken[954]. Hinzu kommt eine Beurteilung der Zweck-Mittel-Relation, die zwischen angestrebten Ziel und Intensität der Maßnahme ein angemessenes Verhältnis fordert[955].

---

949 EuGH, Rs. 41/79, Slg. 1980, 1979, Rn. 21 – *Vittorio Testa u.a./Bundestanstalt für Arbeit.*

950 So auch *Bast/von Bogdandy* in: Grabitz/Hilf/Nettesheim, Das Recht der EU, Art. 5 EUV, Rn. 72.

951 Siehe dazu oben, unter Teil 3/A./III.

952 Näher dazu *Pache*, NVwZ 1999, 1033 ff. (1035 f.); *Kischel*, EuR 2000, 380 ff. (382 ff.); *Calliess* in: Calliess/Ruffert, EUV/AEUV, Art. 5 EUV, Rn. 45 f.; *Herdegen*, Europarecht, S. 164 f.

953 EuGH, Rs. 40/72, Slg. 1973, 125, Rn. 14 – *Schroeder/Deutschland.*

954 EuGH, Rs. 261/81, Slg. 1982, 3961, Rn. 17 – *Rau/De Smedt.*

955 EuGH, Rs. 44/79, Slg. 1979, 3727, Rn. 23 – *Hauer/Land Rheinland-Pfalz*; vgl. auch EuGH, Rs. 122/78, Slg. 1979, 677, Rn. 16/18 – *Buitoni/Forma.*

Die EBA-Verordnung verfolgt zusammen mit den übrigen Rechtsakten des ESFS das Ziel eines stabilen und einheitlichen Finanzdienstleistungssektors der Union[956]. Die Errichtung der EBA erscheint zur Erfüllung dieses Zwecks nicht als offensichtlich ungeeignet, da die verschiedenen Aufgaben und Befugnisse der EBA Defizite, die aus dem dezentralen Ansatz der Bankenaufsicht herrühren, zu beseitigen sucht. Dies äußert sich beispielsweise durch eine Krisenbefugnis, um in systemrelevanten Stresssituationen eine schnelle und unionsweite Reaktionsmöglichkeit zu schaffen oder die Schlichtungsbefugnis, die bei unterschiedlichen Auslegungswegen der nationalen Aufsichtsbehörden eine einheitliche Lösung ermöglicht. Generell sorgt die Etablierung der *fast track procedure* für eine schnellere Antwort auf Verstöße gegen das Unionsrecht im Finanzsektor. Das Kriterium der Erforderlichkeit wurde insbesondere bei den Vollzugsbefugnissen der EBA durch ihre abgestuften Ermächtigungen berücksichtigt. Nur, wenn ein Beschluss gegen die nationalen Aufsichtsbehörden keinen Erfolg hat, darf auch gegen private Akteure vorgegangen werden. Denkbar wäre auch eine weniger beeinträchtigende Befugnis, die sich auf Entscheidungsbefugnisse gegenüber den mitgliedstaatlichen Aufsichtsbehörden beschränkt. Weigern sich diese, einem EBA-Beschluss nachzukommen, bestünde allerdings nur noch die Möglichkeit, ein Vertragsverletzungsverfahren einzuleiten. Aufgrund der Schnelllebigkeit des Finanzsektors wäre ein solches Vorgehen aber nicht zweckmäßig, da der jeweiligen Gefahrensituation nach Ablauf des mehrjährigen Verfahrens nicht mehr wirksam entgegengewirkt werden könnte. Die EBA-Einzelentscheidungsbefugnisse, welche nur auf letzter Stufe als *ultima ratio* in die Rechtssphäre von Finanzinstituten eingreifen können, sind schließlich auch angemessen. Die Beschlussbefugnis dient der Erhaltung der Finanzmarktstabilität und schützt damit im Wesentlichen auch die Rechte der Einleger als Verbraucher. Die Reichweite der EBA-Befugnisse steht daher nicht außer Verhältnis zu diesem Schutzgut. Gestützt auf den Einlegerschutz könnten sogar noch weiterreichende Befugnisse als angemessen angesehen werden. Ein weiterer Schritt in diesem Sinne wäre die in der EBA-Verordnung nicht vorgesehene zwangsweise Durchsetzung von EBA-Beschlüssen, welche der EBA beispielsweise auch die Möglichkeit einräumen würde, bei Zuwiderhandlungen Sanktionen zu verhängen. Befugnisse von diesem Ausmaß wären allerdings nicht mehr von der Rechtsangleichungskompetenz des Art. 114 AEU gedeckt und müssten auf eine andere Rechtgrundlage, wie etwa Art. 352 AEU, gestützt werden. Aufgrund des betroffenen Schutzgutes könnte aber zumindest die Kompetenzschranke der Verhältnismäßigkeit überwunden werden.

---

956 Erwägungsgrund 8 EBA-VO.

Somit wird die EBA-Verordnung auch dem Grundsatz der Verhältnismäßigkeit gem. Art. 5 Abs. 1 Satz 2, Abs. 4 EU gerecht.

VI. Haftung

Die Europäische Union haftet außerhalb der vertraglichen Verantwortlichkeit nach den allgemeinen Rechtsgrundsätzen gem. Art. 340 Abs. 2 AEU. Der darin aufgeführte Begriff der Organe ist jedoch weiter zu verstehen als der Katalog des Art. 13 Abs. 1 EU[957]. Daher haftet die Union auch für durch den Vertrag geschaffene Einrichtungen, welche in ihrem Namen und für ihre Rechnung handeln[958]. Zusätzlich stellen Unionsagenturen aufgrund ihrer Ausrichtung als juristische Personen selbständige Haftungssubjekte dar[959]. Deshalb sehen die Gründungsakte Europäischer Einrichtungen meist eine an die Vorschrift des Art. 340 Abs. 2 und Abs. 4 AEU angelehnte Haftungsregelung vor[960]. Auch in der EBA-Verordnung findet sich eine solche Regelung in Art. 69 EBA-VO, die zudem in Art. 69 Abs. 1 Satz 2 EBA-VO die Zuständigkeit in Haftungsfällen dem EuGH zuweist.

Fraglich ist, ob die speziellere Haftungsregelung des Art. 69 EBA-VO zulasten der EBA eine allgemeine Inanspruchnahme der Union nach Art. 340 AEU ausschließt. Grundsätzlich müsste die Europäische Union neben der EBA zumindest subsidiär haften, da sie sich nicht ohne weiteres durch die Delegation an eine selbständige Verwaltungseinrichtung exkulpieren kann[961]. Mit der finanziellen Unabhängigkeit der Einrichtung könnte jedoch auch die subsidiäre Durchgriffshaftung schwinden[962]. Die EBA verfügt zwar über einen eigenen Haushalt und eigene Einnahmen in Form von Pflichtbeiträgen und Gebühren[963], soweit die Ausgaben aber die Einnahmen übersteigen, bleibt die EBA auf den Zuschuss der Union aus dem Gesamthaushaltsplan i.S.d. Art. 314 AEU zum Ausgleich

957 EuGH, Rs. C- 370/89, Slg. 1992, I-6244, Rn. 16 – SGEEM/EIB.

958 EuGH, Rs. C-370/89, Rn. 15.

959 *Czaja*, Die außervertragliche Haftung der EG für ihre Organe, S. 192; *Uerpmann*, AöR 125 (2000), 551 ff. (580).

960 Vgl. *Koch*, EuZW 2005, 455 ff. (457).

961 *Ruffert* in: Calliess/Ruffert, EUV/AEUV, Art. 340 AEUV Rn. 8; *Hilf*, Die Organisationsstruktur der Europäischen Gemeinschaften, S. 348; *Uerpmann*, AöR 125 (2000), 551 ff. (580 ff.).

962 Siehe dazu *Uerpmann*, AöR 125 (2000), 551 ff. (581 ff.); vgl. auch *Hilf*, Die Organisationsstruktur der Europäischen Gemeinschaften, S. 346 ff.

963 Art. 62 Abs. 1 lit. a) und c) EBA-VO.

der Differenz angewiesen[964]. Die daraus resultierende finanzielle Abhängigkeit der EBA spricht damit auch für eine subsidiäre Haftung der Union. Dieser Haftungsdurchgriff auf die Europäische Union steht dem Geschädigten ungeachtet der dogmatischen Einordnung als eigenständiges Institut oder auf Grundlage von Art. 340 Abs. 2 AEU zur Verfügung[965].

Erleidet ein beaufsichtigtes Finanzinstitut aufgrund der Maßnahme einer nationalen Aufsichtsbehörde, die der Umsetzung einer an sie gerichteten EBA-Entscheidung dient, einen Schaden, so kommt eine gesamtschuldnerische Haftung in Betracht[966]. Solange der nationalen Aufsichtsbehörde kein schadensrelevantes Verhalten vorgeworfen werden kann, haftet die EBA und subsidiär die Union vollumfänglich im Innenverhältnis der Gesamtschuldner. Dies ist insbesondere dann anzunehmen, wenn die jeweilige EBA-Entscheidung der innerstaatlichen Aufsichtsbehörde keinen Umsetzungsspielraum überlässt[967].

VII. Haushaltsautonomie der EBA

Die EBA stellt gem. Art. 63 EBA-VO einen eigenen Haushaltsplan auf, der die in Art. 62 EBA-VO aufgeführten Einnahmen (Abs. 1) und Ausgaben (Abs. 2) der Behörde ausweist. Fraglich ist, ob die Einnahmen und Ausgaben der EBA auch als Einnahmen und Ausgaben der Union gem. Art. 310 Abs. 1 AEU zu verstehen sind. Dies hätte die Konsequenz, dass etwa die gegenüber den nationalen Aufsichtsbehörden erhobenen Pflichtbeiträge (Art. 62 Abs. 1 lit. a) EBA-VO) von dem Eigenmittelbeschluss des Rates i.S.d. Art. 311 Unterabs. 3 AEU, welcher nur mit Zustimmung der Mitgliedstaaten in Kraft treten kann, erfasst werden müssten. Der sich derzeit bis Ende 2013 in Kraft befindliche Eigenmittelbeschluss weist diese Art von Einnahmen nicht explizit aus[968], so dass ein weiterer Beschluss erforderlich wäre. Gegen eine Eingliederung des EBA-Haushalts in den Gesamthaushalt der Union spricht aber die rechtliche Selbständigkeit von Unionsagenturen[969]. Auch die Haushaltspraxis der Union scheint von einer Trennung der

---

964 Vgl. Art. 62 Abs. 1 lit. b) i.V.m. Art. 63 Abs. 3 und Abs. 4 EBA-VO.

965 Vgl. *Uerpmann*, AöR 125 (2000), 551 ff. (583).

966 *Herdegen*, Bankenaufsicht im Europäischen Verbund, S. 72.

967 Vgl. *Herdegen*, Bankenaufsicht im Europäischen Verbund, S. 72.

968 Siehe insbesondere Art. 2 Beschluss des Rates vom 7. Juni 2007 über das System der Eigenmittel der Europäischen Gemeinschaften (2007/436/EG, Euratom), ABl. L 163 vom 23.06.2007, S. 17.

969 So wohl *Waldhoff* in: Calliess/Ruffert, EUV/AEUV, Art. 310 AEUV Rn. 22; siehe auch die ausführliche Darstellung bei *Schwartz* in: v. d. Groeben/Schwarze, EUV/EGV, Art. 308 EG, Rn. 279 ff.

beiden Haushalte auszugehen, da im aktuellen Gesamthaushaltsplan der Union für das Jahr 2012[970] eine Eingliederung der Agenturhaushalte nicht erfolgt ist. Für eine selbständige Existenz des EBA-Haushaltes spricht auch die Vorschrift des Art. 287 Abs. 1 AEU zum Prüfungsumfang des Rechnungshofes. Sie unterscheidet in Unterabs. 1 deutlich zwischen Einnahmen und Ausgaben der Union (Satz 1) und Einnahmen und Ausgaben jeder von der Union geschaffenen Einrichtung oder sonstigen Stellen (Satz 2). Würden die Einnahmen und Ausgaben von Unionsagenturen bereits von den Einnahmen und Ausgaben der Union erfasst, wäre die Klarstellung in Art. 287 Abs. 1 Unterabs. 1 Satz 2 AEU überflüssig.

Damit ist Art. 311 Unterabs. 3 AEU zumindest nicht unmittelbar für den EBA-Haushalt heranzuziehen. Dennoch stellt sich die Frage, auf welcher rechtlichen Grundlage Pflichtbeiträge von den innerstaatlichen Aufsichtsbehörden verlangt werden können. Da dies in die Finanzhoheit der Mitgliedstaaten eingreifen könnte, käme eine entsprechende Anwendung von Art. 311 Unterabs. 3 AEU oder aber ein Rückgriff auf Art. 352 AEU, der den Mitgliedstaaten ein Vetorecht einräumt, in Betracht. Für eine unzulässige Beeinträchtigung der mitgliedstaatlichen Finanzhoheit müssten diese Pflichtbeiträge aber zumindest mittelbar von den nationalen Haushalten abgeschöpft werden. Die nationalen Bankenaufsichtsbehörden verfügen jedoch in der Regel über einen eigenen Haushalt und finanzieren sich ausschließlich über die von den beaufsichtigten Bankenhäusern vereinnahmten Gebühren[971]. Sofern dies unionsweit für alle nationalen Aufsichtsbehörden angenommen werden kann, läge daher kein Anknüpfungspunkt zur Finanzhoheit der Mitgliedstaaten vor, weshalb ein Rückgriff auf die obigen Vorschriften verzichtbar ist.

Allerdings darf die von Art. 310 f. AEU unabhängige Haushaltsplanung der EBA nicht zur Umgehung von Kontrollmechanismen führen. Daher müssen auch die Haushalte von eigenständigen juristischen Personen der Union einer Überprüfung durch Unionsorgane zugänglich sein[972]. Dies wird durch Art. 287 Abs. 1 Unterabs. 1 Satz 2 AEU sichergestellt. Zudem legt Art. 64 EBA-VO verfahrensrechtliche Bestimmungen hinsichtlich der Kontrolle des Haushaltsplanes fest. Ferner sind auch selbständige Europäische Einrichtungen an die Haushaltsgrundsätze der Union gebunden[973].

970 Endgültiger Erlass des Gesamthaushaltsplans der Europäischen Union für das Haushaltsjahr 2012 (2012/70/EU, Euratom), ABl. L 56 vom 29.02.2012, S. 1.

971 Siehe etwa im Fall der BaFin §§ 12 ff. FinDAG.

972 *Schwartz* in: v. d. Groeben/Schwarze, EUV/EGV, Art. 308 EG, Rn. 281 mit Verweis auf *Bieber* in der Vorauflage.

973 Siehe dazu Verordnung (EG, Euratom) Nr. 2343/2002 der Kommission vom 19. November 2002 betreffend die Rahmenfinanzregelung für Einrichtungen

VIII. Ergebnis

Die EBA-Verordnung verstößt damit nicht gegen allgemeine Rechtsgrundsätze des Unionsrechts. Den in Art. 2 Satz 1 EU aufgeführten Werten der Demokratie und der Rechtstaatlichkeit wird hinreichend Rechnung getragen. Des Weiteren wurden die Grundsätze der Subsidiarität und der Verhältnismäßigkeit gewahrt. Schließlich führt die Errichtung einer selbständigen Einrichtung auch nicht zu Haftungslücken und die Haushaltsautonomie der EBA wird über ausreichende Kontrollmechanismen, wie das Prüfungsrecht des Rechnungshofes, legitimiert.

D. Resümee

Insgesamt ist damit die im ordentlichen Gesetzgebungsverfahren verabschiedete EBA-Verordnung mit dem geltenden Unionsrecht vereinbar.

Nach dem hier vertretenen Standpunkt ist für die Errichtung der EBA ein Rückgriff auf die Vertragsabrundungskompetenz gem. Art. 352 AEU verzichtbar, da die Rechtsangleichungskompetenz des Art. 114 AEU Annexregelungen zulässt. Die Vollzugsbefugnisse der EBA gem. Art. 17-19 EBA-VO sind zwar nicht unmittelbar als Maßnahme der Rechtsangleichung i.S.d. Art. 114 AEU zu verstehen, sie dienen aber der Absicherung der von der Vorschrift erfassten rechtsangleichenden Maßnahmen im Bereich der Bankenaufsicht. Diese Einzelfallbefugnisse werden durch zusätzliche Tatbestandsvoraussetzungen und Verfahrensstufen hinreichend eingegrenzt, weshalb der rechtsangleichende Beitrag der EBA gem. Art. 10 ff. EBA-VO im Vordergrund steht. Daher wird die im Annex aufgefangene Beschlussbefugnis der EBA auch nicht zum Hauptanwendungsbereich der Vorschrift des Art. 114 AEU. Die Rechtsprechung des EuGH zum ENSIA-Fall trifft dahingehend zwar keine Aussage, allerdings hat der Gerichtshof bereits im Bereich des Umweltschutzes strafrechtliche Annexzuständigkeiten legitimiert, welche nunmehr in Art. 83 Abs. 2 AEU ausdrücklich primärrechtlich normiert sind. Zudem wird die Annexkompetenz, wenn auch mit unterschiedlichen Einschränkungen, weitestgehend im Schrifttum anerkannt.

Des Weiteren verstößt die EBA-Verordnung auch nicht gegen allgemeine Rechtsgrundsätze des Unionsrechts. Dazu zählen insbesondere die in Art. 2 Satz 1 EU aufgeführten Werte der Demokratie und der Rechtstaatlichkeit.

---

gemäß Artikel 185 der Verordnung (EG, Euratom) Nr. 1605/2002 des Rates über die Haushaltsordnung für den Gesamthaushaltsplan der Europäischen Gemeinschaften, ABl. L 357 vom 31.12.2002, S. 72.

Diesbezüglich wird das demokratische Legitimationsniveau der Europäischen Union durch die Auslagerung von Aufgaben und Befugnissen auf eine der Tertiärebene angehörigen Einrichtung nicht beeinträchtigt, da im Fall der EBA eine ausreichende demokratische Rückkopplung zu den Unionsorganen sichergestellt ist. Der Wert der Rechtsstaatlichkeit wird weder mit Hinblick auf das institutionelle Gleichgewicht noch in Bezug auf das Gebot effektiven Rechtsschutzes verletzt. Die *Meroni*-Grundsätze sind nicht im vollen Umfang auf die Errichtung von Unionsagenturen übertragbar, da sie zum einen im Vergleich zur Schrottausgleichskasse in der Regel nicht von den gleichen Unionsorganen gegründet werden. Nur bei den Exekutivagenturen ist das Gründungsorgan (Hohe Behörde/Kommission) identisch. Die Regulierungsagenturen werden hingegen durch eine Ratsverordnung oder durch einen gemeinsamen Rechtsakt von Rat und Parlament ins Leben gerufen. Zum anderen bezieht sich die *Meroni*-Rechtsprechung auf den besonderen Fall des Art. 53 EGKS, der für die Errichtung von Einrichtungen durch die Hohe Behörde ausdrückliche Bestimmungen enthielt. Mit Hinblick auf die Wahrung des institutionellen Gleichgewichts reicht es damit aus, dass die EBA einer ausreichenden Kontrolle durch die Unionsorgane unterworfen ist und nicht solche Aufgaben oder Befugnisse delegiert werden, die den Wesensgehalt eines Unionsorganes entfremden würden. In Bezug auf den Rechtsschutz hat die EBA-Verordnung nur im Bereich der Leitlinien und Empfehlungen eine klare Regelung versäumt. Eine generelle rechtliche Überprüfbarkeit dieser Handlungsformen ist indes auch nicht erforderlich, da sie grundsätzlich keine Bindungswirkung entfalten. Je nach Reaktion der nationalen Aufsichtsbehörden kann allerdings ein Befolgungszwang für Finanzinstitute generiert werden. In diesen Fallkonstellationen muss Art. 263 AEU eine gerichtliche Kontrolle ermöglichen.

Zudem übernimmt die EBA Aufgaben, die nicht oder nur mit unverhältnismäßigem Aufwand auf nationaler Ebene ausgeführt werden könnten. Ferner besitzt sie keine Generalbefugnisse, sondern klar abgestufte Vollzugsbefugnisse für bestimmte Einzelfälle. Damit werden auch die Kompetenzausübungsschranken des Subsidiaritätsgrundsatzes und des Verhältnismäßigkeitsgebotes gewahrt.

Teil 4: Exkurs zur Europäischen Bankenunion - SSM

Die vorliegende Untersuchung hat gezeigt, dass sich der Finanzdienstleistungssektor der Europäischen Union in einem stetigen Reformprozess befindet. Kaum ist die Tinte der ESFS-Legitimationsakte getrocknet, mehren sich schon wieder Stimmen, die eine weitergehende Reform fordern. In institutioneller Hinsicht äußert sich dies insbesondere durch die Diskussion einer zu errichtenden zentralen Bankenaufsichtsbehörde, welche der EZB unterstellt werden soll[974]. Dadurch soll die Beaufsichtigung der größten Bankenhäuser in den Euro-Mitgliedstaaten verschärft werden. Wie bereits eingangs erwähnt, haben sich diese Forderungen dahingehend konkretisiert, dass die Kommission im September 2012 einen Verordnungsvorschlag zur Errichtung eines einheitlichen Aufsichtsmechanismus (SSM) eingereicht[975] und der Rat die SSM-Verordnung am 15. Oktober 2013 einstimmig verabschiedet hat[976]. Darin wurden der EZB zentrale Aufgaben der Bankenaufsicht übertragen. Diesbezüglich weist die SSM-Verordnung der EZB die ausschließliche Zuständigkeit insbesondere hinsichtlich der Zulassung von Kreditinstituten, der Festlegung von Kapitalpuffern und Maßnahmen zum frühzeitigen Eingreifen bei versäumten aufsichtsrechtlichen Anforderungen eines Kreditinstitutes zu[977]. Zur Legitimation dieser Befugnisübertragung stützt sich die Kommission und auch der Rat auf Art. 127 Abs. 6 AEU. Ob sich die Etablierung des SSM jedoch noch innerhalb der tatbestandlichen Grenzen der Vorschrift bewegt, ist sehr fraglich. Problematisch ist in diesem Zusammenhang, ob die Ansiedlung der Bankenaufsicht bei der EZB mit dem vorgeschlagenen Umfang noch als „besondere Aufgabe“ verstanden werden kann. Die Vorschrift des Art. 127 Abs. 6 AEU gestattet jedenfalls keine generelle Übertragung der Bankenaufsicht auf die EZB[978].

974 Siehe etwa, Wall Street Journal, Tighter Control for Euro Banks, 09.07.2012.

975 Siehe oben, unter Einleitung/C.

976 Verordnung (EU) Nr. 1024/2013 des Rates vom 15. Oktober 2013 zur Übertragung besonderer Aufgaben im Zusammenhang mit der Aufsicht über Kreditinstitute auf die Europäische Zentralbank, ABl. L 287 vom 29.10.2013, S. 63.

977 Siehe zu den Aufgaben im Einzelnen den ausführlichen Katalog des Art. 4 Ziff. 1 Verordnung (EU) Nr. 1024/2013.

978 Vgl. *Geerlings*, DöV 2003, 322 ff. (328); *Glatzl*, Geldpolitik und Bankenaufsicht im Konflikt, S. 257; *Häde* in: FS-Stober, 2008, 467 ff. (471); *Kempen* in: Streinz, EUV/AEUV, Art. 127 AEUV, Rn. 25; *Smits*, The European Central Bank, S. 356.

Diese Grenze scheint aber bei dem Aufgabenkatalog des SSM-Vorschlages überschritten zu sein. Insbesondere bei der Zulassung von Kreditinstituten dürfte es sich um eine generelle Aufgabe der Bankenaufsicht handeln. Die Entscheidung über die Zulassung stellt einen elementaren Grundpfeiler der Bankenaufsicht dar und kann nicht mehr als „besondere" Aufgabe verstanden werden. Es handelt sich vielmehr um eine grundsätzliche das Aufsichtsverhältnis begründende Tätigkeit. Art. 127 Abs. 6 AEU stellt damit für die verabschiedete SSM-Verordnung keine taugliche Rechtsgrundlage dar[979]. Daher wäre grundsätzlich eine Vertragsänderung i.S.d. Art. 48 EU erforderlich. Ohne eine Vertragsänderung hätte der Kommissionsvorschlag vom Rat erheblich eingeschränkt werden müssen, damit er noch von der Vorschrift des Art. 127 Abs. 6 AEU abgedeckt würde, was indes nicht geschehen ist.

Sieht man die Vorschrift des Art. 127 Abs. 6 AEU als abschließend an[980], so wäre ein Rückgriff auf andere Vertragsvorschriften wie Art. 114 AEU oder Art. 352 AEU von vorneherein ausgeschlossen.

Der Heranziehung von Art. 114 AEU stehen aber auch inhaltliche Bedenken gegenüber. Im Gegensatz zum ESFS beschränkt sich der SSM primär auf die Eurozone. Von einer Angleichung der Rechtsvorschriften könnte daher nur für den Euroraum gesprochen werden. Im Vergleich zu den Mitgliedstaaten, die nicht dem SSM auf freiwilliger Basis beitreten, entstünde innerhalb der EU ein zweigleisiges bankenaufsichtsrechtliches Niveau. Die damit verbundene Aufsichtsdiskrepanz spricht für eine „De-harmonisierung" der europäischen Bankenaufsichtslandschaft. Die Errichtung des SSM kann deshalb gerade nicht als eine Rechtsangleichungsmaßnahme i.S.d. Art. 114 AEU verstanden werden, zumal mit Hinblick auf die Bonitätsabsicherung des „Euro-Rettungsschirms" (Europäische Finanzstabilisierungsfazilität – EFSF bzw. Europäischer Stabilitätsmechanismus – ESM) eher die Finanzstabilität[981], als die Rechtsangleichung im Vordergrund steht[982].

Auch ein Rückgriff auf Art. 352 AEU kommt in diesem Fall nicht in Betracht. Die Vertragsabrundungskompetenz fordert ein Tätigwerden zur Verwirklichung eines der in den Verträgen festgelegten Ziele. Die Funktionsfähigkeit des Binnenmarktes gem. Art. 3 Abs. 3 Satz 1 EU i.V.m. Art. 26 AEU umfasst grundsätzlich

979 So auch *Sacarcelik*, BKR 2013, 353 ff. (356); *Kämmerer*, NVwZ 2013 830 ff. (832 ff.); *Herdegen*, WM 2012, 1889 ff (1891 f.); kritisch *Wolfers/Voland*, BKR 2014, 177 ff. (179); a.A. *Ceyssens*, NJW 2013, 3704 ff. (3706); *Dinov*, EuR 2013, 593 ff. (603 f.).

980 Siehe dazu oben, unter Teil 2/B./I./2.

981 Vgl. Erwägungsgrund 13 Verordnung (EU) Nr. 1024/2013.

982 *Herdegen*, WM 2012, 1889 ff (1891).

auch die des systemrelevanten Bankensektors. Allerdings müssten sich die die Funktionsfähigkeit der Banken sichernden Vorschriften auf den gesamten Binnenmarkt erstrecken[983]. Dies muss bei einem auf den Euro-Raum beschränkten Aufsichtspaket jedoch bezweifelt werden. Des Weiteren umfasst das Funktionieren des Binnenmarktes auch die Vermeidung von Wettbewerbsverfälschungen[984]. Die Einführung einer Zweiklassenaufsicht im Rahmen des SSM würde diesem Ziel widersprechen, da ein Aufsichtsgefälle zwischen im Euro-Raum und Nicht-Euro-Raum ansässigen Kreditinstituten entstehen könnte. Ferner würde auch im Rahmen der Subsidiarität die uneinheitliche Beaufsichtigung der im Euro-Raum und Nicht-Euro-Raum ansässigen Kreditinstitute gegen einen Vollzug der Bankenaufsicht auf EU-Ebene sprechen.

Des Weiteren ging mit der Einführung des SSM notwendigerweise auch eine Anpassung der bestehenden EBA-Verordnung einher[985] Fraglich ist, ob diese Änderungen die oben gewonnenen Ergebnisse signifikant beeinflussen. Die vorgenommenen Änderungen sind zumindest in quantitativer Hinsicht beachtlich. Inhaltlich soll den zwischen EZB und EBA entstandenen Berührungspunkten Rechnung getragen werden. Zunächst wurde die SSM-Verordnung in Art. 2 EBA-VO mitaufgenommen und eine Anpassung von Art. 4 EBA-VO stellt klar, dass die EZB beschränkt auf den Aufgabenkatalog der SSM-Verordnung in den Kreis der zuständigen (nationalen) Aufsichtsbehörden aufgenommen wird. Darüber hinaus wurden die Einzelfallbefugnisse nach Art. 18 und Art. 19 EBA-VO ergänzt, damit auch die EZB Adressatin einer EBA-Maßnahme sein kann. Die EZB hat sich gegenüber einem EBA-Beschluss gemäß des bereits bekannten Act-or-Explain-Mechanismus[986] zu verhalten und wird, wie die übrigen zuständigen Aufsichtsbehörden, zur Herausgabe von Information an die EBA durch eine Anpassung des Art. 35 EBA-VO verpflichtet. Schließlich betrifft ein letzter Regelungskomplex die Abstimmungsmodalitäten des Aufseherrates der EBA mittels einer Ergänzung der Art. 41 f. und Art. 44 f. EBA-VO. Sinn und Zweck dieser Überarbeitung ist es, stimmberechtigte Mitglieder des Entscheidungsorgans, die nicht der Eurozone angehören und auch nicht dem SSM

983 *Herdegen*, Bankenaufsicht im Europäischen Verbund, S. 64.

984 Siehe oben, unter Teil 3/B./I./3./b).

985 Verordnung (EU) Nr. 1022/2013 des Europäischen Parlaments und des Rates vom 22. Oktober 2013 zur Änderung der Verordnung (EU) Nr. 1093/2010 zur Errichtung einer Europäischen Aufsichtsbehörde (Europäische Bankenaufsichtsbehörde) hinsichtlich der Übertragung besonderer Aufgaben auf die Europäische Zentralbank gemäß Verordnung (EU) Nr. 1024/2013, ABl. L 287 vom 29.10.2013, S. 5.

986 Siehe dazu oben, unter Teil 2/B./III./2./a).

auf freiwilliger Basis beigetreten sind, nicht zu benachteiligen. Art. 41 EBA-VO sieht daher für die Beschlussfassung im Rahmen der Einzelfallbefugnisse nach Art. 17-19 EBA-VO die Einrichtung eines unabhängigen Gremiums vor, welches sich aus dem Vorsitzenden, einem SSM-Mitglied und einem Nicht-SSM-Mitglied zusammensetzt. Das unabhängige Gremium wird jedoch nur Beschlussvorschläge i.V.m. Art. 17-19 EBA-VO unterbreiten. Die endgültige Entscheidung wird weiterhin vom Rat der Aufseher gefasst. Beschlüsse können allerdings nur dann abgelehnt werden, wenn diese Haltung von mindestens drei SSM-Mitgliedern und drei Nicht-SSM-Mitgliedern unterstützt wird. Ansonsten gilt der Vorschlag des unabhängigen Gremiums i.S.d. Neufassung des Art. 44 EBA-VO als angenommen.

Folglich wird mit der verabschiedeten Änderung der EBA-Verordnung in qualitativer Hinsicht der Umfang der EBA-Befugnisse nicht grundlegend verändert. Zwar wird danach die EZB als zusätzliche Adressatin einer Maßnahme nach Art. 18 f. EBA-VO hinzugefügt, die zulässige inhaltliche Dimension eines EBA-Beschlusses wird damit aber nicht angetastet. Auch die Änderung der Abstimmungsmodalitäten des Rates der Aufseher wirkt sich nicht auf die grundsätzliche Frage der demokratischen Legitimation der EBA als Einrichtung auf Tertiärebene der Union aus, da sie die demokratische Rückkopplung zu den Unionsorganen/Mitgliedstaaten nicht beeinflusst. Die oben gewonnenen Ergebnisse zu den elementaren Fragen der zulässigen Errichtung der EBA und den unionsrechtlichen Grenzen hinsichtlich des Umfangs ihrer Befugnisse bleiben damit weiterhin von Bedeutung.

Teil 5: Abschließendes Resümee und Ausblick

In materieller Hinsicht hat das Europäische Bankenaufsichtsrecht noch nicht seinen Regulierungszenit erreicht. Mit der Verabschiedung des CRD IV-Paketes als einheitliches Regelwerk („*Single Rule Book*") ist die Kommission ihrem ursprünglichen Versuch der Vollharmonisierung und der Etablierung eines „Europäischen KWGs" jedoch einen wichtigen Schritt näher kommen. Eine solche Tendenz ist auch im Versicherungssektor durch den Solvabilität II-Prozess zu erkennen. Des Weiteren trägt die erstmalige Verwendung einer CRD-Verordnung zur direkteren Umsetzung der Basel III-Kriterien bei. Mangels nationalen Umsetzungsspielraums geht das CRD-IV-Paket über die Formulierung von Mindeststandards hinaus und trägt zu einer homogeneren Regulierung der europäischen Bankenhäuser bei.

Die Etablierung des zweigleisigen ESFS versucht die im Zuge der jüngsten Finanzkrise ans Licht getretenen Regulierungsschwachstellen sowohl auf makroprudentieller als auch auf mikroprudentieller Ebene zu bekämpfen. Durch den ESRB werden erstmalig systemrelevante Risiken auf der Makroebene berücksichtigt, die mittels unverbindlicher Warnungen und Empfehlungen kommuniziert werden. Die beachtliche Größe des ESRB-Entscheidungsgremiums birgt die Gefahr, in Krisensituation nicht in der erforderlichen Geschwindigkeit reagieren zu können. Die moralische Autorität des *soft law*-Ausschusses wird durch die weiterreichenden Befugnisse der ESAs abgesichert. Auch wenn die Analyse und Auswertung von Systemrisiken nicht unmittelbar der Angleichung der mitgliedstaatlichen Rechts- und Verwaltungsvorschriften dienen, kann Art. 114 AEU als Rechtsgrundlage für die Errichtung des ESRB herangezogen werden, da Systemrisiken zwangsläufig auch auf die Mikroebene durchschlagen und daher mittelbar die nationalen Vorschriften im Finanzdienstleistungssektor berühren. Die institutionelle Ausrichtung des ESRB als bei der EZB angesiedeltes Gremium ohne Rechtspersönlichkeit ist unter Berücksichtigung der ENISA-Rechtsprechung rechtmäßig, da in dem Urteil die auf die Rechtsangleichungskompetenz gestützte Errichtung einer Unionsagentur legitimiert wurde. Die Errichtung des ESRB geht als Minus in diesem Regelungsbereich auf. Die mit Hilfe des Art. 127 Abs. 6 AEU vorgenommene Einbindung des ESRB in den Verwaltungsapparat der EZB ist hinsichtlich der tatbestandlichen

Beschränkungen zweifelhaft. Sofern man zwischen Makro- und Mikroebene eine gewisse Wechselwirkung anerkennt, bezieht sich die Tätigkeit zumindest mittelbar auch auf den Versicherungssektor, der von Art. 127 Abs. 6 AEU *expressis verbis* ausgenommen ist. Eine Klarstellung im Vertrag wäre hier hilfreich. Damit könnte die Anfechtbarkeit der Übertragung von „besonderen Aufgaben" auf die EZB im sektorübergreifenden Bereich der Makroaufsicht auch mit Hinblick auf zukünftige Vorhaben zweifelsfrei ausgeschlossen werden. Das einmalige Doppelmandat des EZB-Präsidenten *Mario Draghi* als Vorsitzender des ESRB ist aufgrund der zeitlichen Befristung und der beschränkten Einflussnahme hingegen weniger problematisch. Etwas anderes gilt allerdings für die Besetzung des Aufseherrates der EBA mit einem stimmberechtigten Mitglied der EZB. Man könnte die Begründung dieses Amtes noch auf das Beratungsmandat der EZB gem. Art. 25.1 EZB-Satzung stützen. Allerdings bleibt höchst zweifelhaft, ob dadurch das Erfordernis einer einstimmigen Ratsverordnung nach Art. 127 Abs. 6 AEU beseitigt werden kann.

Auf Mikroebene wurden die drei beratenden *Level 3*-Ausschüsse (CEBS, CEIOPS und CESR) mit Inkrafttreten des ESFS zu Aufsichtsbehörden (EBA, EIOPA und ESMA) mit Vollzugsbefugnissen aufgerüstet. Die weitreichendsten Befugnisse der ESAs beziehen sich zum einen auf die Beteiligung am Normsetzungsverfahren und zum anderen auf die verbindliche Regelung von Einzelfällen. Den Schwerpunkt bilden dabei die normenkonkretisierenden Befugnisse gem. Art. 10 ff. ESA-VO, welche durch die abgestuften Einzelfallbefugnisse nach Art. 17-19-ESA-VO abgerundet werden. Letztere sind insbesondere mit Hinblick auf die Rechtsgrundlage des Art. 114 AEU problematisch, da sie nicht unmittelbar von dessen Wortlaut erfasst werden. Allerdings mündet die Beschlussbefugnis der ESAs nicht in eine generelle Aufsicht der privaten Finanzmarktteilnehmer, sondern greift nur in bestimmten Ausnahmefällen. Der dezentrale Ansatz, welcher den nationalen Aufsichtsbehörden die laufende Beaufsichtigung der Unternehmen überlässt, bleibt grundsätzlich aufrecht erhalten. Nur im Bereich der Ratingagenturaufsicht durch ESMA kommt es zu einem Ausschluss der mitgliedstaatlichen Aufsichtsbehörden, welcher nicht von Art. 114 AEU getragen werden kann. Die Aufsicht der Bewertungshäuser hätte auf die Vertragsabrundungskompetenz des Art. 352 AEU gestützt werden müssen. Ratingagenturen, die von einer Beaufsichtigungsmaßnahme durch ESMA betroffen sind, können bei der Erhebung der Nichtigkeitsklage gem. Art. 263 AEU nicht nur die Maßnahme selbst, sondern auch inzident die Ermächtigung von ESMA zum Erlass solcher Maßnahmen von der Unionsgerichtsbarkeit überprüfen lassen. Vorbehaltlich einer anderen Auslegung durch die Unionsgerichte müsste nach dem Ergebnis der vorliegenden Untersuchung die Verordnung (EU) Nr. 513/2011 i.S.d. Art. 264 AEU für nichtig erklärt werden.

Des Weiteren ist die Heranziehung des Art. 114 AEU für die Errichtung der EBA, deren Gründungsverordnung als Vorlage für die Ausgestaltung der EIOPA- und ESMA-Verordnung diente, näher untersucht worden. Die Aufgaben und Befugnisse der neuen Bankenaufsichtsbehörde enthalten Ermächtigungen, die nicht ausschließlich zur Rechtsangleichung beitragen, sondern auch verbindliche Regelungen von Einzelfällen beinhalten. Der Unionsgesetzgeber stützt sich in diesem Zusammenhang auf die ENISA-Rechtsprechung des EuGH, welche nur sehr bedingt zur Legitimation der EBA-Befugnisse herangezogen werden kann. Nur in Bezug auf den nach Art. 114 AEU erforderlichen Beitrag zur Rechtsangleichung hat der Gerichtshof einen hypothetischen nicht nachgewiesenen Beitrag der ENISA ausreichen lassen. Die Befugnisse der EBA gehen mit der Ausarbeitung von technischen Durchführungs- und Regulierungsstandardentwürfen sowie der Herausgabe von Leitlinien und Empfehlungen bei weitem über dieses Erfordernis hinaus. Da die ENISA aber nicht über Vollzugsbefugnisse verfügt, schweigt auch die Rechtsprechung zu dieser Thematik. Solche Einzelfallbefugnisse lassen sich jedoch im begrenzten Umfang mit Hilfe einer von Rechtsprechung und Literatur anerkannten Annexkompetenz rechtfertigen. Die Vollzugsbefugnisse der EBA gem. Art. 17-19 EBA-VO berücksichtigten die besonderen Gegebenheiten im schnelllebigen Finanzdienstleistungssektor und ermöglichen durch ein gegenüber Art. 258 AEU schnelleres aber vorläufiges Verfahren (*fast track procedure*), dass der normenkonkretisierende Beitrag der EBA bei Gefahr im Verzug nicht völlig wirkungslos bleibt. Die zusätzlichen Tatbestandsvoraussetzungen tragen dazu bei, dass EBA-Beschlüsse nur im begrenzten Maße erlassen werden können und damit gegenüber dem EBA-Beitrag an der Rechtsangleichung als Annex in den Hintergrund rücken.

Nach Bejahung der wegen Art. 5 Abs. 1 Satz 1, Abs. 2 EU erforderlichen Rechtsgrundlage war die EBA-Verordnung in einem weiteren Schritt an den allgemeinen Rechtsgrundsätzen des Unionsrechts zu messen. Da durch die Gründung einer Unionsagentur ein neues Zuordnungssubjekt auf EU-Ebene geschaffen wird, ist seine Verträglichkeit mit dem Gesamtgefüge zu untersuchen. Für die Europäische Union als internationale Organisation betrifft dies zum einen die Frage der demokratischen Legitimation in Bezug auf die Gründung von verselbständigten Verwaltungseinheiten, welche im Fall der EBA durch eine hinreichende Rückkopplung zu den Unionsorganen sichergestellt wird und nicht zu einer Unterbrechung der notwendigen Legitimationskette führt. Zum anderen sind rechtstaatliche Aspekte zu berücksichtigen. Als Pendant zum innerstaatlichen Prinzip der Gewaltenteilung hat der EuGH den Begriff des institutionellen Gleichgewichts ins Leben gerufen. Dies hatte in Bezug auf Europäische Einrichtungen bereits sehr früh in den *Meroni*-Urteilen zu beachtlichen Konsequenzen geführt. Allerdings steht die *Meroni*-Rechtsprechung nicht im völligen Einklang zu Folgeentscheidungen des Gerichtshofs und kann wegen seiner speziellen Bezugnahme auf Art. 53 EGKS nicht als reine Grundsatzentscheidung angesehen werden. Eine ausreichende Wahrung des institutionellen Gleichgewichts muss nichtsdestotrotz sichergestellt werden. Dies ist in Bezug auf die EBA zu bejahen, da sie einer ausreichenden Kontrolle durch die Unionsorgane unterliegt und letztere durch die Befugnisdelegation nicht in ihrem elementaren Wesensgehalt angetastet werden.

Ferner sind die Leitlinien und Empfehlungen der EBA nicht eindeutig einer bestimmten Gattung von Handlungsformen zuzuordnen, was aufgrund der offenen und nicht abschließenden Regelung des Art. 288 AEU auch nicht erforderlich ist. Dennoch fordert das Gebot effektiven Rechtschutzes, dass diese Handlungsformen dann gerichtlich überprüfbar sind, wo Finanzinstitute durch das Verhalten der nationalen Aufsichtsbehörden unter Druck gesetzt werden, deren Inhalte zu befolgen.

Auch wenn sich die vorliegende Bearbeitung für eine Vereinbarkeit der EBA-Verordnung mit vorrangigem Unionsrecht ausspricht, bleibt eine signifikante Rechtsunsicherheit bestehen. Die Kritik des *House of Commons* des Vereinigten Königreichs in Bezug auf die Anfechtbarkeit der EBA-Gründungsverordnung ist insofern berechtigt, als die Möglichkeit existiert, dass sich die Unionsgerichte den aufgeführten Gegenmeinungen anschließen und sich für eine Nichtigkeit des Rechtsaktes aussprechen. Dies gilt insbesondere für zwei Problemkreise. Der erste betrifft die Rechtsgrundlage. Dort könnte die Rechtsprechung der Annexkompetenz des Art. 114 AEU einen anderen Umfang zugrunde legen, da die Befugnisse der ENISA bei weitem nicht das Ausmaß des EBA-Spektrums erreichen. Der zweite bezieht sich auf das institutionelle Gleichgewicht und die *Meroni*-Doktrin. Zwar hat der EuGH in seiner jüngsten Entscheidung zum Verbot von Leerverkäufen durch ESMA klargestellt, dass er in Bezug auf die Delegation von Ermessensentscheidungen an den *Meroni*-Grundsätzen festhalten will. Allerdings betraf die Entscheidung nicht die Gründungsverordnung von ESMA selbst, sondern eine nachträglich durch separate Verordnung auf ESMA übertragene Befugnis. Aufgrund der ähnlichen Ausgestaltung der Befugnisse ist jedoch davon auszugehen, dass das Unionsgericht auch in Bezug auf die Gründungsverordnungen der ESAs und insbesondere der EBA nicht von „einem weiten Ermessen" ausgehen wird. Mit der Entscheidung zum Leerverkaufsverbot i.V.m. Art. 28 Verordnung (EU) Nr. 236/2012 ist daher zumindest eine Tendenz der Unionsgerichte zu erkennen. Jedoch hat sich der EuGH in der vorgenannten Entscheidung nicht mehr zu anderen Aspekten der *Meroni*-Urteile, wie das institutionelle Gleichgewicht, geäußert. Die überzeugenderen Argumente sprechen indes für eine Wahrung des institutionellen Gewaltgefüges im Zusammenhang mit der EBA-VO und das vorliegende Ergebnis.

Kämen EuG bzw. EuGH dennoch unter obiger Hypothese zu dem Ergebnis, die EBA für nichtig zu erklären, stellt sich weiterhin die Frage, welche Auswirkungen dies auf die übrigen Mitglieder des ESFS hätte. Da das ESFS als Einheit konzipiert ist und ohne eine ESA im Bankensektor unvollständige wäre, könnte die Nichtigkeit einer Gründungsverordnung auf die Gründungsverordnungen der übrigen ESFS-Mitglieder durchgreifen. Im Übrigen bestünde gem. Art. 264 AEU noch die Möglichkeit der Teilnichtigkeit, bei welcher der Gerichtshof die fortgeltenden Befugnisse der EBA benennen müsste. Diese wäre aber nur möglich, sofern durch den Wegfall der für nichtig erklärten Befugnis nicht das System als Ganzes betroffen wäre.

Es besteht ein ansteigender Handlungsbedarf zu einheitlichen unionsweiten Regelungen nicht nur im Finanzdienstleistungssektor. Dies äußert sich auch an der rasant gestiegenen Anzahl von Unionsagenturen in den letzten Jahren. Die Europäische Union befindet sich diesbezüglich in einem Dilemma. Die begrenzten Einzelermächtigungen sind auf diesen strukturellen Wandel grundsätzlich nicht eingestellt, was zu streitigen Auslegungsfragen führt. Nur der weit gefasste Auffangtatbestand des Art. 352 AEU ermöglicht unstreitig die Gründung von selbständigen Verwaltungseinheiten. Aufgrund der zu überwindenden politischen Hürden stellt dies jedoch keine praktikable Lösung dar. Der Rückgriff auf die Vertragsabrundungskompetenz ist vielmehr auf solche Fälle beschränkt, bei denen innerhalb der gesetzgebenden Organe ein möglichst großer Konsens besteht. Auch hier wäre die sauberste Lösung eine Vertragsänderung, die entweder eine generelle Vorschrift für die Errichtung von Unionsagenturen mit sich führt oder die einzelne Rechtsgrundlagen, wie Art. 114 AEU, entsprechend anpasst. Die derzeitige Gründung von Unionsagenturen außerhalb von Art. 352 AEU bewegt sich auf einem schmalen Grad, bei dem die Gefahr besteht, das Ziel als Rechtfertigung für die Mittel einzusetzen.

Demgegenüber erscheint eine Vertragsänderung in Bezug auf die Errichtung der Europäischen Bankenunion über den bei der EZB anzusiedelnden SSM in seiner jetzigen Form unabdingbar. Die Übertragung von grundlegenden Aufsichtsfunktionen auf die EZB sperrt die Anwendung des Art. 127 Abs. 6 AEU und der auf die Stabilisierung der Eurozone gerichtete Fokus des Aufsichtspaketes lässt auch nicht den Rückgriff auf alternative Ermächtigungsgrundlagen, wie Art. 114 oder Art. 352 AEU, zu, deren Anwendungsbereich aber aufgrund der abschließenden Regelung des Art. 127 Abs. 6 AEU ohnehin nur schwerlich zu begründen wäre. Die Einbindung des SSM in den Aufgabenbereich der EBA ist dagegen weniger problematisch und hat keinen signifikanten Einfluss auf ihre unionsrechtliche Legitimation.

Literaturverzeichnis

Alexander, Kern: Rebuilding International Financial Regulation, ZBB 2011, 337 ff.

Bauer, Hartmut/ Huber, Peter M./ Sommermann, Karl-Peter (Hrsg.): Demokratie in Europa, 2005

Baur, Georg/ Boegl, Martin: Die neue europäische Finanzmarktaufsicht - Der Grundstein ist gelegt, BKR 2011, 177 ff.

Becker, Bernhard/ Böttger, Peter/ Ergün, Ismail/ Müller, Stefan: Basel III und die möglichen Auswirkungen auf die Unternehmensfinanzierung, DStR 2011, 375 ff.

Blaurock, Uwe: Neuer Regulierungsrahmen für Ratingagenturen, EuZW 2013, 608 ff.

Blei, Reinhard: Früherkennung von Bankenkrisen - dargestellt am Beispiel der Herstatt-Bank -, 1984

Boegl, Martin: Neue Strukturen in der Normsetzung, diebank 2012, 14 ff.

Boest, Reinhard: Ein langer Weg zur Demokratie in Europa - Die Beteiligungsrechte des Europäischen Parlaments bei der Rechtsetzung nach dem Vertrag über die Europäische Union, EuR 1992, 182 ff.

Bogdandy, Armin von/ Bast, Jürgen/ Arndt, Felix: Handlungsformen im Unionsrecht, ZaöRV 62 (2002), 77 ff.

Bogdandy, Armin von/ Bast, Jürgen (Hrsg.): Europäisches Verfassungsrecht, 2. Aufl. 2009

Bogdandy, Armin von/ Bernstorff, Jochen von: Die Europäische Agentur für Grundrechte in der europäischen Menschenrechtsarchitektur und ihre Fortentwicklung durch den Vertrag von Lissabon, EuR 2010, 141 ff.

Boos, Karl-Heinz/ Fischer, Reinfried/ Schulte-Mattler, Hermann (Hrsg.): Kreditwesengesetz, Kommentar zu KWG und Ausführungsvorschriften, 4. Aufl. 2012

Borchardt, Klaus-Dieter: Die rechtlichen Grundlagen der Europäischen Union, 5. Aufl. 2012

Borries, Reimer von: Das Subsidiaritätsprinzip im Recht der Europäischen Union, EuR 1994, 263 ff.

Borries, Reimer von: Verwaltungskompetenzen der Europäischen Gemeinschaft, Festschrift für Ulrich Everling, 1995, Bd. 1, 127 ff.

Bouveresse, Aude: Bases juridiques autorisant la création d'organismes dotés d'une personnalité juridique propre, Europe 2006 Juillet Comm. n° 203, 9 f.

Brenner, Michael: Allgemeine Prinzipien des verwaltungsgerichtlichen Rechtsschutzes in Europa, Die Verwaltung 31 (1998), 1 ff.

Bueren, Eckart: Grenzen der Durchführungsrechtssetzung im Unionsrecht – Neuerungen nach Lissabon?, EuZW 2012, 167 ff.

Calliess, Christian/ Ruffert, Matthias (Hrsg.): EUV/AEUV, Kommentar, 4. Aufl. 2011

Ceyssens, Jan: Teufelskreis zwischen Banken und Staatsfinanzen – Der neue Europäische Bankaufsichtsmechanismus, NJW 2013, 3704 ff.

Chaltiel, Florence: L'Union bancaire: retour de la méthode communautaire ou discours d'une méthode renouvelée?, Revue de l'Union européenne 2012, 633 f.

Chamon, Merijn: EU agencies between *Meroni* and *Romano* or the devil and the deep blue sea, CML Rev. 2011, 1055 ff.

Chiti, Edoardo: The Emergence of a Community Administration: The Case of European Agencies, CML Rev. 2000, 309 ff.

Craig, Paul: EU Administrative Law, 2. Aufl. 2012

Czaja, Astrid: Die außervertragliche Haftung der EG für ihre Organe, 1996

Danwitz, Thomas von: Vertikale Kompetenzkontrolle in föderalen Systemen, AöR 131 (2006), 510 ff.

Danwitz, Thomas von: Verwaltungsrechtliches System und Europäische Integration, 1996

Däubler, Wolfgang: Die Delegation von Rechtsetzungsbefugnissen im Recht der EWG, DVBl. 1966, 660 ff.

Dauses, Manfred A. (Hrsg.): Handbuch des EU-Wirtschaftsrechts, 35. Ergänzungslieferung – Stand Februar 2014

Derleder, Peter/ Knops, Kai-Oliver/ Bamberger, Heinz Georg: Handbuch zum deutschen und europäischen Bankrecht, 2. Aufl. 2009

Diekmann, Hans/ Fleischmann, Dermot: Der Verordnungsentwurf der Europäischen Kommission für den OTC-Derivatemarkt, WM 2011, 1105 ff.

Dinov, Stanyo: Europäische Bankenaufsicht im Wandel, EuR 2013, 593 ff.

Dragomir, Larisa: European Prudential Banking Regulation and Supervision, 2010

Dreher, Meinard/ Lange, Martin: Die Vollharmonisierung der Versicherungsaufsicht durch Solvency II, VersR 2011, 825 ff.

Duve, Christian/ Keller, Moritz: MiFID: Die neue Welt des Wertpapiergeschäfts, BB 2006, 2425 ff.

Ehlermann, Claus-Dieter: Anmerkungen zu EuGH, Urteil vom 17.12.1970, Rechtssache 25/70 – Einfuhr- und Vorratsstelle für Getreide und Futtermittel./. Firma Köster, Berodt & Co., EuR 1971, 250 ff.

Ehlermann, Claus-Dieter: Die Errichtung des Europäischen Fonds für währungspolitische Zusammenarbeit, EuR 1973, 193 ff.

Everling, Ulrich: Die allgemeine Ermächtigung der Europäischen Gemeinschaft zur Zielverwirklichung nach Art. 235 EWG-Vertrag, EuR 1976 (Sonderheft), 2 ff.

Everling, Ulrich: Probleme der Rechtsangleichung zur Verwirklichung des europäischen Binnenmarktes, Festschrift für Ernst Steindorff, 1990, 1155 ff.

Everling, Ulrich: Zur Errichtung nachgeordneter Behörden der Kommission der Europäischen Wirtschaftsgemeinschaft, Festschrift für Carl Friedrich Ophüls, 1965, 33 ff.

Fabiano, Laura: Articolo 95 TCE e agenzie comunitarie: una nuova pronuncia della Corte di giustizia, Diritto pubblico comparato ed europeo 2006, 1219 ff.

Ferran, Eilís/ Alexander, Kern: Can Soft Law Bodies be Effective? The Special Case of the European Systemic Risk Board, European Law Review 2010, 751 ff.

Fischer-Appelt, Dorothee: Agenturen der Europäischen Gemeinschaft, 1999

Fischer zu Cramburg, Ralf: Finanztransaktionssteuer: Europäisches Parlament lässt von der Kommission EU-weite Einführung prüfen, NZG 2010, 460

Fischer zu Cramburg, Ralf: Prospektrichtlinie: EP-Berichterstatter will die Zusammenfassung durch ein Key Investor Document (KID) ersetzen, NZG 2010, 221

Frenz, Walter/ Ehlenz, Christian: Rechtsangleichung über Art. 114 AEUV und Grenzen gem. Art. 5 EUV nach Lissabon, EuZW 2011, 623 ff.

Frenzel, Eike Michael: „Völlige Unabhängigkeit“ im demokratischen Rechtsstaat, DöV 2010, 925 ff.

Funke, Susann: Reaktion auf die Finanzmarktkrise Teil 2: MiFID und MiFIR machen das Frühwarnsystem perfekt!, CCZ 2012, 54 ff.

Geerlings, Jörg: Die neue Rolle der Bundesbank im Europäischen System der Zentralbanken, DöV 2003, 322 ff.

Geiger, Andreas: Die neuen Leitlinien der EG-Kommission zur Anwendbarkeit von Art. 81 EG auf Vereinbarungen über horizontale Zusammenarbeit, EuZW 2000, 325 ff.

Geiger, Rudolf/ Khan, Daniel-Erasmus/ Kotzur, Markus: EUV/AEUV, Kommentar, 5. Aufl. 2010

Gerkrath, Jörg: Die Bedingungen der Demokratie in der Europäischen Union / Ein französischer Standpunkt, EuGRZ 2006, 371 ff.

Giovanoli, Mario: The Reform of the International Financial Architecture after the Global Crisis, N.Y.U. Journal of International Law and Politics Volume 42 (2009), 81 ff.

Glatzl, Stefan: Geldpolitik und Bankenaufsicht im Konflikt, 2009

Goldmann, Julius/ Purnhagen, Kai: EIOPA – Die neue europäische Versicherungsaufsicht, VersR 2012, 29 ff.

Görisch, Christoph: Demokratische Verwaltung durch Unionsagenturen, 2009

Görisch, Christoph: Die Agenturen der Europäischen Union, JURA 2012, 42 ff.

Grabitz, Eberhard/ Hilf, Meinhard/ Nettesheim, Martin (Hrsg.): Das Recht der Europäischen Union, 52. Ergänzungslieferung – Stand Januar 2014

Grabitz, Eberhard: Über die Verfassung des Binnenmarktes, Festschrift für Ernst Steindorff, 1990, 1229 ff.

Grande, Mauro: Who's who in Europe: The Banking Supervision Committee of the Eurosystem, Euredia. No. 3 (1999), 425 ff.

Griller, Stefan/ Orator, Andreas: Everything under control? The "way forward" for European agencies in the footsteps of the *Meroni* doctrine, European Law Review 2010, 3 ff.

Groeben, Hans von der/ Schwarze, Jürgen (Hrsg.): Kommentar zum Vertrag über die Europäische Union und zur Gründung der Europäischen Gemeinschaft, 6. Aufl. 2003

Groß, Thomas: Die Kooperation zwischen europäischen Agenturen und nationalen Behörden, EuR 2005, 54 ff.

Gundel, Jörg: Der Rechtsschutz gegen Handlungen der EG-Agenturen – endlich geklärt?, EuR 2009, 383 ff.

Günther, Marcus: Systemrelevanz von Finanzinstituten, WM 2010, 825 ff.

Gutman, Kathleen: Case Law – (Case C-66/04, United Kingdom v. European Parliament and Council (Smoke Flavorings), 2005 E.C.R. I-10553; Case C- 436/03, European Parliament v. Council (CSE), 2006 E.C.R. I-3733; and Case C-217/04, United Kingdom v. European Parliament and Council (ENISA), 2006 E.C.R. I-3771.), Columbia Journal of European Law 2006, 147 ff.

Häde, Ulrich: Anmerkungen zu EuGH, Urteil vom 13.07.2004 – Rechtssache C-27/04 Kommission der EG./. Rat der EU, EuR 2004, 750 ff.

Häde, Ulrich: Jenseits der Effizienz: Wer kontrolliert die Kontrolleure? – Demokratische Verantwortlichkeit und rechtsstaatliche Kontrolle der europäischen Finanzaufsichtsbehörden –, EuZW 2011, 662 ff.

Häde, Ulrich: Rechtliche Vorgaben für die Organisation der Bankenaufsicht, Festschrift für Rolf Stober, 2008, 467 ff.

Hansmann, Uwe: Schaffung der Europ. Agentur für Netz- und Informationssicherheit, DVBl. 2006, 838 f.

Hartig, Helge: Die Befugnisse von EZB und ESRB auf dem Gebiet der Finanzsystemstabilität, EuZW 2012, 775 ff.

Herdegen, Matthias: Bankenaufsicht im Europäischen Verbund, 2010

Herdegen, Matthias: Europäische Bankenunion: Wege zu einer einheitlichen Bankenaufsicht, WM 2012, 1889 ff.

Herdegen, Matthias: Europarecht, 15. Aufl. 2014

Herdegen, Matthias: Internationales Wirtschaftsrecht, 9. Aufl. 2011

Hilf, Meinhard: Die abhängige Juristische Person des Europäischen Gemeinschaftsrechts, ZaöRV 36 (1976), 551 ff.

Hilf, Meinhard: Die Organisationsstruktur der Europäischen Gemeinschaften, 1982

Hilz, Wolfram: Subsidiaritätsprinzip und EU-Gemeinschaftsordnung, 1998

Hoffmann, Sebastian/ Detzen, Dominic: ESMA – Praktische Implikationen und kritische Würdigung der neuen Europäischen Wertpapier- und Marktaufsichtsbehörde, DB 2011, 1261 ff.

Hofmann, Herwig: Legislation, Delegation and Implementation under the Treaty of Lisbon: Typology Meets Reality, European Law Journal 2009, Vol. 15, No. 4, 482 ff.

Hofmann, Rainer/ Marko, Joseph/ Merli, Franz/ Wiederin, Ewald (Hrsg.): Rechtsstaatlichkeit in Europa, 1996

Hölscheidt, Sven: Die Verantwortung des Bundestages für die europäische Integration, DöV 2012, 105 ff.

Hölscheidt, Sven: Formale Aufwertung – geringe Schubkraft: die Rolle der nationalen Parlamente gemäß dem Lissabonner Vertrag, integration 2008, 254 ff.

Hopt, Klaus: Auf dem Weg zu einer neuen europäischen und internationalen Finanzmarktarchitektur, NZG 2009, 1401 ff.

Hopt, Klaus J./ Wohlmannstetter, Gottfried (Hrsg.): Handbuch Corporate Governance von Banken, 2011

Horn, Norbert: Entwicklungslinien des europäischen Bank- und Finanzdienstleistungsrechts, ZBB 1994, 130 ff.

Huber, Peter: Das institutionelle Gleichgewicht zwischen Rat und Europäischem Parlament in der künftigen Verfassung für Europa, EuR 2003, 574 ff.

Hummer, Waldemar: Das „Institutionelle Gleichgewicht" als Strukturdeterminante der Europäischen Gemeinschaften, Festschrift für Alfred Verdross, 1980, 459 ff.

Inwinkl, Petra: Maßnahmen gegen die Finanzmarktkrise – Österreich, RiW 2009, 60 ff.

Ipsen, Hans Peter: Europäisches Gemeinschaftsrecht, 1972

Ipsen, Hans Peter: Zehn Glossen zum Maastricht-Urteil, EuR 1994, 1 ff.

Jarass, Hans D.: Die Kompetenzverteilung zwischen der Europäischen Gemeinschaft und den Mitgliedstaaten, AöR 121 (1996), 173 ff.

Jungmichel, Tim: Basel II und die möglichen Folgen, WM 2003, 1201 ff.

Kadelbach, Stefan: Bedingungen einer demokratischen Europäischen Union / Ein deutscher Standpunkt, EuGRZ 2006, 384 ff.

Kahl, Wolfgang: Hat die EG die Kompetenz zur Regelung des Allgemeinen Verwaltungsrechts?, NVwZ 1996, 865 ff.

Kämmerer, Axel: Bahn frei der Bankenunion?, NVwZ 2013, 830 ff.

Kämmerer, Axel: Das neue Europäische Finanzaufsichtssystem (ESFS) – Modell für eine europäisierte Verwaltungsarchitektur?, NVwZ 2011, 1281 ff.

Kersten, Jens: Herstellung von Wettbewerb als Verwaltungsaufgabe, VVDStRL 69 (2010), 288 ff.

Kilb, Wolfgang: Europäische Agenturen und ihr Personal – die großen Unbekannten?, EuZW 2006, 268 ff.

Kirchhartz, Marcel: Europäisches Bankaufsichtsrecht 1.0: Das CRD IV-Paket und seine Auswirkungen auf das Kreditwesengesetz, GWR 2013, 395 ff.

Kischel, Uwe: Die Kontrolle der Verhältnismäßigkeit durch den Europäischen Gerichtshof, EuR 2000, 380 ff.

Klepper, Marian: Vollzugskompetenzen der Europäischen Gemeinschaft aus abgeleitetem Recht, 2000

Kluth, Winfried: Die demokratische Legitimation der Europäischen Union, 1995

Kment, Martin: Das Eigenverwaltungsrecht der Europäischen Union, JuS 2011, 211 ff.

Koch, Michael H.: Mittelbare Gemeinschaftsverwaltung in der Praxis, EuZW 2005, 455 ff.

Kohtamäki, Natalia: Die Reform der Bankenaufsicht in der Europäischen Union, 2012

Köller, Sandra: Funktionale Selbstverwaltung und ihre demokratische Legitimation, 2009

Kotzur, Markus: Anmerkungen zu EuGH, Urteil vom 13.07.2004 – Rechtssache C-27/04 Kommission der EG./. Rat der EU, JZ 2004, 1072 ff.

Krauskopf, Bernd/ Steven, Christine: The Institutional Framework of the European System of Central Banks: Legal Issues in the Practice of the First Ten Years of its Existence, CML Rev. 2009, 1143 ff.

Krimphove, Dieter: Gesetzgebung im europäischen Bank- und Kapitalmarktrecht – eine ökonomisch-historische Betrachtung, EuR 2007, 597 ff.

Kühling, Jürgen: Die Zukunft des Europäischen Agentur(un)wesens – oder: Wer hat Angst vor Meroni?, EuZW 2008, 129

Kutscher, Hans: Über den Gerichtshof der Europäischen Gemeinschaft, EuR 1981, 392 ff.

Langheid, Theo/ Wandt, Manfred (Hrsg.): Münchener Kommentar zum Versicherungsvertragsgesetz, Band 1, 2010

Läufer, Thomas: Die Organe der EG – Rechtsetzung und Haushaltsverfahren zwischen Kooperation und Konflikt, 1990

Lecheler, Helmut: Der Europäische Gerichtshof und die allgemeinen Rechtsgrundsätze, 1971

Lee, Ruben/ McCahery Joseph A./ Hertig, Gerard: Empowering the ECB to Supervise Banks: A Choice-Based Approach, ECFR 2010, 171 ff.

Lehmann, Matthias/ Manger-Nestler, Cornelia: Das neue Europäische Finanzaufsichtsystem, ZBB 2011, 2 ff.

Lehmann, Matthias/ Manger-Nestler, Cornelia: Die Vorschläge zur neuen Architektur der europäischen Finanzaufsicht, EuZW 2010, 87 ff.

Lehnhoff, Jochen: KWG-Novelle verabschiedet – Grundgesetz der Banken weitgehend neu gefasst –, WM 1993, 277 ff.

Lenaerts, Koen: Regulating the regulatory process: "delegation of powers" in the European Community, European Law Review 1993, 23 ff.

Lenz, Carl Otto/ Borchardt, Klaus-Dieter (Hrsg.): EU-Verträge, Kommentar nach dem Vertrag von Lissabon, 6. Aufl. 2013

Lieb, Julia/ Maurer, Andreas (Hrsg.): Der Vertrag von Lissabon, Kurzkommentar, 3. Aufl. 2009, abrufbar unter http://www.swp-berlin.org/fileadmin/contents/products/arbeitspapiere/Vertrag_Lissabon_Kurzkommentar_3rd_edition_090421_KS.pdf

Louis, Jean-Victor: Vers l'Union bancaire, Cahiers de droit européen 2012, 289 ff.

Ludwigs, Markus: Das veränderte Machtgefüge der Institutionen nach dem Dritten EU-Binnenmarktpaket, DVBl. 2011, 61 ff.

Lutter, Marcus (Hrsg.): Europäisches Unternehmensrecht, 4. Aufl. 1996

Lüttringhaus, Jan D.: Neue Governance- und Aufsichtsregeln für die europäische Versicherungswirtschaft nach Solvency II. Überblick über die qualitativen Anforderungen der zweiten und dritten Säule der Solvency II-Richtlinie 2009/138/EG sowie die neue Gruppenaufsichtsarchitektur, EuZW 2011, 856 ff.

Lüttringhaus, Jan D.: Solvency II - Grundlagen der Reform des europäischen Versicherungsaufsichtsrechts und Auswirkungen der neuen Eigenmittelvorschriften, EuZW 2011, 822 ff.

Majone, Giandomenico: The Credibility Crisis of Community Regulation, JCMS 2000, 273 ff.

Manns, Thorsten/ Schulte-Mattler, Hermann: Aufsichtsfeuerwerk Basel III und CRD IV – Antwort der Bankenaufseher auf die Finanzmarktkrise – , WM 2010, 1577 ff.

Masing, Johannes: Die US-amerikanische Tradition der *Regulated Industries* und die Herausbildung eines europäischen Regulierungsverwaltungsrechts, AöR 128 (2003), 558 ff.

Masing, Johannes: Grundstrukturen eines Regulierungsverwaltungsrechts, Die Verwaltung 36 (2003), 1 ff.

Meibom, Hanspeter von: Lückenfüllung bei den Europäischen Gemeinschaftsverträgen, NJW 1968, 2165 ff.

Mensching, Christian: Der neue Komitologie-Beschluss des Rates, EuZW 2000, 268 ff.

Mestmäcker, Ernst-Joachim/ Schweitzer, Heike: Europäisches Wettbewerbsrecht, 2. Aufl. 2004

Michel, Katja: Die neue Europäische Bankenaufsichtsbehörde, DöV 2011, 728 ff.

Möllers, Thomas/ Achenbach, Jelena von: Die Mitwirkung des Europäischen Parlaments an der abgeleiteten Rechtsetzung der Europäischen Kommission nach dem Lissabonner Vertrag, EuR 2011, 39 ff.

Möllers, Thomas/ Christ, Dominique/ Harrer, Andreas: Das neue Recht zur Regelung ungedeckter Kreditderivate – Das Gesetz gegen missbräuchliche Wertpapier- und Derivategeschäfte versus europäische Regulierungsvorschläge, NZG 2010, 1124 ff.

Moloney, Niamh: EU Financial Market Regulation after the Global Financial Crisis: „More Europe“ or More Risks?, CML Rev. 2010, 1317 ff.

Möschel, Wernhard: Bankenrecht im Wandel, 2010

Möschel, Wernhard: Die Finanzkrise – Wie soll es weitergehen?, ZRP 2009, 129 ff.

Napoleoni, Loretta: Die Ökonomie des Terrors, 2004

Neßler, Volker: Der transnationale Verwaltungsakt – Zur Dogmatik eines neuen Rechtsinstituts, NVwZ 1995, 863 ff.

Neumann, Kerstin: The supervisory powers of national authorities and cooperation with the ECB – a new epoch of banking supervision, EuZW-Beilage 2014, 9 ff.

Nicolaysen, Gert: Der EuGH zum Defizitverfahren nach Art. 104 EGV und dem „Stabilitätspakt“, DVBl. 2004, 1321 ff.

Nicolaysen, Gert: Europarecht I, 2. Aufl. 2002

Nicolaysen, Gert: Zur Theorie von den implied powers in den Europäischen Gemeinschaften, EuR 1966, 129 ff.

Nietsch, Michael/ Graef, Andreas: Regulierung der europäischen Märkte für außerbörsliche OTC-Derivate, BB 2010, 1361 ff.

Ohler, Christoph: Anmerkungen zu EuGH, Urteil vom 02.05.2006 – Rechtssache C-217/04 Vereinigtes Königreich Großbritannien und Nordirland./. Europäisches Parlament u.a., EuZW 2006, 372 ff.

Oppermann, Thomas/ Classen, Claus Dieter/ Nettesheim, Martin: Europarecht, 5. Aufl. 2011

Orator, Andreas: Die unionsrechtliche Zulässigkeit von Eingriffsbefugnissen der ESMA im Bereich von Leerverkäufen, EuZW 2013, 852 ff.

Pache, Eckhard: Der Grundsatz der Verhältnismäßigkeit in der Rechtsprechung der Gerichte der Europäischen Gemeinschaften, NVwZ 1999, 1033 ff.

Pampel, Gunnar: Europäisches Wettbewerbsrecht, EuZW 2005, 11 ff.

Pampel, Gunnar: Rechtsnatur und Rechtswirkungen horizontaler und vertikaler Leitlinien im reformierten europäischen Wettbewerbsrecht, 2005

Papathanassiou, Chryssa/ Zagouras, Georgios: Mehr Sicherheit für den Finanzsektor: der Europäische Ausschuss für Systemrisiken und die Rolle der EZB, WM 2010, 1584 ff.

Partsch, Philippe-Emmanuel: Droit bancaire et financier européen, 2009

Partsch, René: Die Harmonisierung der Europäischen Finanzaufsicht, ZBB 2010, 72 ff.

Pipkorn, Jörn: Das Subsidiaritätsprinzip im Vertrag über die Europäische Union – rechtliche Bedeutung und gerichtliche Überprüfbarkeit, EuZW 1992, 697 ff.

Podewils, Felix: Beipackzettel für Finanzprodukte – Verbesserte Anlegerinformationen durch Informationsblätter und Key Investor Information Documents?, ZBB 2011, 169 ff.

Priebe, Reinhard: Entscheidungsbefugnisse vertragsfremder Einrichtungen im Europäischen Gemeinschaftsrecht, 1979

Priesemann, Johannes: Überblick zum aktuellen Stand des europäischen Bankenaufsichtsrechts, WM 1994, 1155 ff.

Prokopf, Kai Heinrich: Das gemeinschaftsrechtliche Rechtsinstrument der Richtlinie, 2007

Rabe, Hans-Jürgen: Das Verordnungsrecht der Europäischen Wirtschaftsgemeinschaft, 1963

Randazzo, Vincenzo: Annotation to case C-217/04, United Kingdom v. European Parliament and Council of the European Union, CML Rev. 2007, 155 ff.

Redeker, Konrad/ Karpenstein, Ulrich: Über Nutzen und Notwendigkeiten, Gesetze zu begründen, NJW 2001, 2825 ff.

Reich, Norbert/ Micklitz, Hans-W.: Europäisches Verbraucherrecht, 4. Aufl. 2003

Remmert, Barbara: Die Gründung von Einrichtungen der mittelbaren Gemeinschaftsverwaltung, EuR 2003, 134 ff.

Reusch, Philipp/ Burckhart, Andreas: Kompetenz zur Errichtung der Europäischen Agentur für chemische Stoffe – (Vertrags-)Lücke zwischen Theorie und Praxis in der Europäischen Union, StoffR 2009, 224 ff.

Richter, Tanja: Eine zentrale europäische Bankenaufsichtsbehörde?, 2006

Riedel, Daniel: Rechtsschutz gegen Akte Europäischer Agenturen, EuZW 2009, 565 ff.

Rietdorf, Marco: Auswirkungen der Finanzmarktkrise auf kommunale Cross-Border-Leasing-Transaktionen, KommJur 2008, 441 ff.

Roller, Gerhard: Komitologie und Demokratieprinzip, KritV 2003, 249 ff.

Romeike, Frank: Bank of Corruption and Criminal Incompetence – Der Zusammenbruch der BCCI, RISKNEWS 04/2004, 52 ff.

Roth, Tilman/ Kokemoor, Axel: Auf dem Weg zu risikosensitiveren Kapitalanforderungen: Zur beabsichtigten Neuregelung der angemessenen Eigenkapitalausstattung durch den Baseler Ausschuss für Bankenaufsicht, WM 2000, 2409 ff.

Ruffert, Matthias: Der transnationale Verwaltungsakt, Die Verwaltung 34 (2001), 453 ff.

Ruffert, Matthias: Europarecht: Rechtsgrundlagen und Rechtsetzungsbefugnisse von Agenturen, JuS 2014, 279 ff.

Ruffert, Matthias: Regulierung im System des Verwaltungsrechts – Grundstrukturen des Privatisierungsfolgerechts der Post und Telekommunikation –, AöR 124 (1999), 237 ff.

Sacarcelik, Osman: Europäische Bankenunion: Rechtliche Rahmenbedingungen und Herausforderungen der einheitlichen europäischen Bankenaufsicht, BKR 2013, 353 ff.

Salewski, Sabrina: MAD II, MiFID II, EMIR und Co. – Die Ausweitung des europäischen Marktmissbrauchsregimes durch die neue Finanzmarktinfrastruktur, GWR 2012, 265 ff.

Sauer, Heiko: Kompetenz- und Identitätskontrolle von Europarecht nach dem Lissabon-Urteil – Ein neues Verfahren vor dem Bundesverfassungsgericht?, ZRP 2009, 195 ff.

Saurer, Johannes: Individualrechtsschutz gegen das Handeln der Europäischen Agenturen, EuR 2010, 51 ff.

Schammo, Pierre: The European Securities and Markets Authority: Lifting the Veil on the Allocation of Powers, CML Rev. 2011, 1911 ff.

Schimansky, Herbert/ Bunte, Hermann-Josef/ Lwowski, Hans-Jürgen (Hrsg.): Bankrechts-Handbuch, 4. Aufl. 2011

Schindler, Peter: Delegation von Zuständigkeiten in der Europäischen Gemeinschaft, 1972

Schlag, Martin: Grenzüberschreitende Verwaltungsbefugnisse im EG-Binnenmarkt, 1998

Schmidt-Aßmann, Eberhard: Europäische Rechtsschutzgarantien, Festschrift für Rudolf Bernhardt, 1995, 1283 ff.

Schmidt-Aßmann, Eberhard: Verwaltungskooperation und Verwaltungskooperationsrecht in der Europäischen Gemeinschaft, EuR 1996, 270 ff.

Schmidt, Manfred G.: Demokratietheorien, 5. Aufl. 2010

Schmidt, Vivien A.: Democracy in Europe, 2006

Schmolke, Klaus Ulrich: Der Lamfalussy-Prozess im Europäischen Kapitalmarktrecht – eine Zwischenbilanz, NZG 2005, 912 ff.

Schneider, Uwe H.: Europäische Bankenunion – ein Etikettenschwindel!, EuZW 2012, 721 f.

Schneider, Uwe H.: Inconsistencies and unsolved Problems in the European Banking Union, EuZW 2013, 452 ff.

Schnyder, Anton K.: Europäisches Banken- und Versicherungsrecht, 2005

Schorkopf, Frank: Die Europäische Union im Lot – Karlsruhes Rechtsspruch zum Vertrag von Lissabon, EuZW 2009, 718 ff.

Schorkopf, Frank: Homogenität in der Europäischen Union – Ausgestaltung und Gewährleistung durch Art. 6 Abs. 1 und Art. 7 EUV, 2000

Schreiber, Stefanie: Verwaltungskompetenzen der Europäischen Gemeinschaft, 1997

Schulte-Mattler, Hermann/ Manns, Thorsten: CRD-IV-Regulierungspaket zur Stärkung der Widerstandsfähigkeit des Bankensektors – Europäische Umsetzung des Basel-III-Rahmenwerkes im Entwurf – WM 2011, 2069 ff.

Schulze, Reiner/ Zuleeg, Manfred/ Kadelbach, Stefan (Hrsg.): Europarecht, 2. Aufl. 2010

Schwarcz, Steven L.: Systemic Risk, Georgetown Law Journal 2008, Vol. 97, No. 1, 193 ff.

Schwartz, Ivo E.: Artikel 235 EG-Vertrag nach "Maastricht", Festschrift für Ernst-Joachim Mestmäcker, 1996, 467 ff.

Schwarze, Jürgen (Hrsg.): EU-Kommentar, 3. Aufl. 2012

Schwarze, Jürgen (Hrsg.): EU-Kommentar, 2. Aufl. 2009

Schwarze, Jürgen: Europäisches Verwaltungsrecht, 2. Aufl. 2005

Schwarze, Jürgen: Soft Law im Recht der Europäischen Union, EuR 2011, 3 ff.

Schweitzer, Michael/ Hummer, Waldemar/ Obwexer, Walter: Europarecht, 2007

Schwennicke, Andreas/ Auerbach, Dirk: Kreditwesengesetz (KWG), Kommentar, 2. Aufl. 2013

Seeler, Hans-Joachim: Die europäische Einigung und das Problem der Gewaltenteilung, 1957

Sefcovic, Maros: Ein Ordnungsrahmen für die dezentralisierten Agenturen der EU, EuZW 2012, 801 f.

Shirvani, Foroud: New Public Management und europäische Agenturen: Transparenzfragen bei der Modernisierung der Verwaltungsorganisation, DöV 2008, 1 ff.

Siegel, Thorsten: Das Gleichgewicht der Gewalten in der Bunderepublik Deutschland und in der Europäischen Gemeinschaft, DöV 2010, 1 ff.

Siegel, Thorsten: Die Widerspruchskammer im System des europäischen Verwaltungsrechtsschutzes – Wesen und Funktionsweise der Widerspruchskammer nach der neuen REACH-Verordnung für Chemikalien, EuZW 2008, 141 ff.

Siekmann, Helmut: Die Neuordnung der Finanzmarktaufsicht, Die Verwaltung 43 (2010), 95 ff.

Skowron, Magdalena: Kapitalmarktrecht: Rechtmäßigkeit der Eingriffsbefugnisse der ESMA nach Art. 28 Leerverkaufsverordnung, EuZW 2014, 349 ff.

Sloot, Lars: Die Lehre von den implied powers im Recht der Europäischen Gemeinschaften, 2005

Smits, René: The European Central Bank, Institutional Aspects, 1997

Sonder, Nicolas: Rechtsschutz gegen Maßnahmen der neuen europäischen Finanzaufsichtsagenturen, BKR 2012, 8 ff.

Spindler, Gerald/ Tancredi, Sara: Die Richtlinie über Alternative Investmentfonds (AIFM-Richtlinie) – Teil I –, WM 2011, 1393 ff.

Spindler, Gerald/ Tancredi, Sara: Die Richtlinie über Alternative Investmentfonds (AIFM-Richtlinie) – Teil II –, WM 2011, 1441 ff.

Streinz, Rudolf: Europarecht, 9. Aufl. 2012

Streinz, Rudolf (Hrsg.): EUV/AEUV, 2. Aufl. 2012

Streinz, Rudolf/ Ohler, Christoph/ Herrmann, Christoph: Der Vertrag von Lissabon zur Reform der EU, 3. Aufl. 2010

Suhr, Oliver: Strafrechtsharmonisierung in der Europäischen Union – Neue Grenzziehungen und zusätzliche Kontrollaufträge, ZEuS 2008, 45 ff.

Sydow, Gernot: Die Richtlinie als Instrument zur Entlastung des europäischen Gesetzgebers, JZ 2009, 373 ff.

Sydow, Gernot: Externalisierung und institutionelle Ausdifferenzierung, VerwArch 97 (2006), 1 ff.

Terhechte, Jörg Philipp (Hrsg.): Verwaltungsrecht der Europäischen Union, 2011

Thomas, Stefan: Die Bindungswirkung von Mitteilungen, Bekanntmachungen und Leitlinien der EG-Kommission, EuR 2009, 423 ff.

Tonne, Michael: Effektiver Rechtsschutz durch staatliche Gerichte als Forderung des Europäischen Gemeinschaftsrechts, 1997

Troberg, Peter: Europäisches Bankaufsichtsrecht: System oder Wildwuchs?, WM 1991, 1745 ff.

Uerpmann, Robert: Mittelbare Gemeinschaftsverwaltung durch gemeinschaftsgeschaffene juristische Personen des öffentlichen Rechts, AöR 125 (2000), 551 ff.

Vaubel, Roland: Die Europäische Bankenaufsichtsbehörde: ein Eigentor?, abrufbar unter http://www.vwl.uni-mannheim.de/vaubel/pdf-Dateien/EuropaeischeBankenaufsichtsbehoerdeEigentor081209.pdf

Vedder, Christoph/ Heintschel von Heinegg, Wolff (Hrsg.): Europäisches Unionsrecht, EUV, AEUV, Grundrechte-Charta, Handkommentar, 2012

Vetter, Rainer: Die Kompetenzen der Gemeinschaft zur Gründung von unabhängigen europäischen Agenturen, DöV 2005, 721 ff.

Volkenner, Thomas/ Walter, Karl-Friedrich: Die Endfassung der Neuen Baseler Eigenkapitalvereinbarung (Basel II), DStR 2004, 1399 ff.

Walla, Fabian: Die Europäische Wertpapier- und Marktaufsichtsbehörde (ESMA) als Akteur bei der Regulierung der Kapitalmärkte Europas – Grundlagen, erste Erfahrungen und Ausblick, BKR 2012, 265 ff.

Weber-Rey, Daniela: Neue Finanzaufsichtsarchitektur für Europa, AG 2010, 453 ff.

Weis, Hubert: Außervertragliche Institutionen der Gemeinschaft – Das Europäische Markenamt als Beispiel –, EuR 1980, 273 ff.

Weitbrecht, Andreas: Das neue EG-Kartellverfahrensrecht, EuZW 2003, 69 ff.

Weitnauer, Wolfgang: Die AIFM-Richtlinie und ihre Umsetzung, BKR 2011, 143 ff.

Wellens, K. C./ Borchardt, G. M.: Soft Law in European Community Law, European Law Review 1989, 267 ff.

Winter, Gerd: Kompetenzverteilung und Legitimation in der Europäischen Mehrebenenverwaltung, EuR 2005, 255 ff.

Wittinger, Michaela: „Europäische Satelliten": Anmerkungen zum Europäischen Agentur(un)wesen und zur Vereinbarkeit Europäischer Agenturen mit dem Gemeinschaftsrecht, EuR 2008, 609 ff.

Wolfers, Benedikt/ Voland, Thomas: Europäische Zentralbank und Bankenaufsicht – Rechtsgrundlage und demokratische Kontrolle des Single Supervisory Mechanism, BKR 2014, 177 ff.

Wuermeling, Joachim: Legislativer Trilog im Institutionellen Dreieck der Europäischen Gemeinschaft – Das Verfahren der Zusammenarbeit nach Artikel 149 Absatz 2 EWGV, 1990

Wymeersch, Eddy: The reforms of the European Financial Supervisory System, An Overview, ECFR 2010, 240 ff.

Zeising, Michael: Asset Backed Securities (ABS) – Grundlagen und neuere Entwicklungen, BKR 2007, 311 ff.

Zeppenfeld, Meiko/ von Jacobs, Nikolaus: Die neue EU-Richtlinie für Alternative Investmentfondsmanager – Erstmalige Regulierung von Private Equity und Hedgefonds, jurisPR-HaGesR 12/2010 Anm. 2

Zülch, Henning/ Hoffmann, Sebastian/ Detzen, Dominic: ESMA – Die neue europäische Wertpapier- und Kapitalmarktaufsicht, EWS 2011, 167 ff.

www.ingramcontent.com/pod-product-compliance
Ingram Content Group UK Ltd.
Pitfield, Milton Keynes, MK11 3LW, UK
UKHW021907290926
8980IPUK00015B/1100

9 783631 656723